Diamant-Werkzeuge

Darstellung der Anwendung des Diamanten in Industrie und Gewerbe

von

Dipl.-Ing. Paul Grodzinski

Mit 130 Abbildungen und 30 Tafeln

BERLIN W, VERLAG VON M. KRAYN

1936

Inhalt

Vorwort

Das vorliegende Buch macht es sich zur Aufgabe die bisherigen Ergebnisse in der Anwendung des Industriediamanten auf den verschiedensten Arbeitsgebieten übersichtlich nebeneinander zu stellen. Es will damit zur gegenseitigen Kenntnis und Befruchtung der verschiedenen, bisher unabhängig voneinander arbeitenden Gebiete der Technik beitragen und die Erkenntnis wirtschaftlicher Arbeitsverfahren fördern. Der Diamant hat Hochleistungen und höchste Genauigkeit zu erzielen! Er ist der kostbarste und am schwersten behandelbare Rohstoff der neuzeitlichen Technik — und trotzdem in vielen Fällen am wirtschaftlichsten! Der Diamant ist aber nur dort am Platze, wo er wirtschaftlich arbeitet, also Leistungen vollbringt — gleich welcher Art, die kein anderer Werkstoff hergibt. Auf welchen Gebieten der Diamant das geeignetste Werkzeug ist, soll im folgenden dargelegt werden. Es wird auch jeweils untersucht, wo sich die Grenzen seiner Anwendung finden, d. h. diejenige Stelle, an welcher ein anderer Werkstoff den Diamant wirtschaftlich ersetzt.

Der Bearbeiter ist sich bewußt, mit vorliegender Arbeit nichts Vollendetes und Endgültiges geschaffen zu haben, insbesondere da die Entwicklung auf den verschiedensten Gebieten zur Zeit gerade stark im Fluß ist. Durch das vorliegende Büchlein soll jedoch ein Grundstock geschaffen werden, um alle Erfahrungen bei der industriellen Verwertung des Diamanten zu sammeln und für Hersteller und Verbraucher nutzbar zu machen. Der Verfasser nimmt alle Anregungen zur Berichtigung, Ergänzungen, sowie Vorschläge aller Art zur Verwertung bei einer Neuauflage gern entgegen.

Ein erheblicher Teil der in diesem Taschenbuch vereinigten Arbeiten erschien bereits als Mitteilung des Verbandes Deutscher Diamantwerkzeugfabrikanten und -händler im „Technischen Zentralblatt für praktische Metallbearbeitung", von Ende 1933 bis Ende 1934. Diese Arbeiten wurden nochmals genau durchgesehen, auf den neuesten Stand gebracht und durch folgende Abschnitte ergänzt:

Gewinnung, Arten und Handel der Diamanten; Glasbearbeitung mittels Diamanten; Natur- und Kunststeinbearbeitung durch Diamanten; Tiefbohren mit Diamantbohrkronen und Gravieren mit Diamantwerkzeugen.

Ich habe noch die angenehme Pflicht, den zahlreichen Herren und Firmen, die mich bei der Bearbeitung unterstützt haben, zu danken. Insbesondere waren es die Herren O. u. H. Diener, Breslau, A. Meyer, Charlottenburg, K. Fenzki, Berlin, R. Krause, Berlin, E. Winter jun. und W. Winter, Hamburg, die wesentlich zum Gelingen des Buches beitrugen.

Paul Grodzinski

1. Gewinnung, Arten und Handel der Diamanten.

Im Rahmen dieses Werkes sei einleitend kurz auf die Gewinnung der Diamanten und auf die verschiedenen Fundorte eingegangen, da die Diamanten verschiedener Fundorte wesentliche Unterschiede in Form, Gestalt und Härte aufweisen, die großen Einfluß auf die Verwendbarkeit haben. Es sei besonders hervorgehoben, daß etwa die Hälfte der geförderten Diamanten zu Schmucksteinen verarbeitet wird, während der übrige Teil für die hier behandelten technischen Verwendungen und zum Schleifen dient. Hierfür kommen besonders Steine, die kleinere Fehler und Einschlüsse aufweisen, sowie keine helle, klare Farbe besitzen, in Frage.

E n t s t e h u n g : Die besonderen Eigenschaften des Diamanten wecken schon lange das Interesse an seiner E n t s t e h u n g , dies ganz besonders deshalb, weil man auch versuchen wollte, den Diamanten künstlich herzustellen. Die künstliche Herstellung des Diamanten ist zwar gelungen, diese künstlichen Diamanten stimmen auch hinsichtlich Glanz, Kristallform, optischen Eigenschaften, Dichte und Härte mit dem natürlichen Diamanten überein, sie sind jedoch von so mikroskopisch kleiner Größe und verursachen bisher bei der Herstellung außerordentliche Kosten, daß ihre Anwendung sowohl für Schmucksteine als auch in der Industrie heute noch nicht in Frage kommt.

Das Geheimnis der Bildung des Diamanten konnte bisher noch nicht der Natur entrissen werden. Lediglich ist mit Sicherheit festgestellt, daß der Diamant vulkanischer B i l d u n g ist und das Ergebnis der Einwirkung von Naturkräften während unermeßlicher Zeiträume.

Nach heutiger wissenschaftlicher Ansicht nimmt man an, daß der Diamant aus einer dichten Flüssigkeit herauskristallisiert ist. Diese Entstehung muß in unendlichen

Tiefen unter riesigen Drücken in der glühenden inneren Erdmasse vor sich gegangen sein. Durch vulkanische Gasexplosionen ist der Diamant erst an seine jetzigen Lagerstellen gebracht worden. Entweder finden sich die Diamanten in primären Lagerstätten (Kimberlit) oder aber in sog. Seifen (alluviale Funde), in beiden Fällen handelt es sich jedoch um in gleicher Weise entstandene Diamanten, die bei den Seifen aus dem diamantführenden Gestein herausgeschwemmt wurden.

Das merkwürdige diamanttragende Gestein (Muttergrund) soll auf folgende Art entstanden sein: Aus der Tiefe der Erde haben vulkanische Eruptionen unter Durchbrechung der oberen Schicht der Erdrinde in der Art der Schwammvulkane Massen ausgeworfen, die nach Beendigung der vulkanischen Tätigkeit sich in den oberen trichterförmig erweiterten Schloten (pipes), sowie in einzelnen die Gesteinschichten durchsetzenden Gängen erstarrten. Mit dieser Anschauung stimmt auch überein, daß man innerhalb dieser Ausfüllungsmasse zahlreiche, z. T. sehr große Brocken des umgebenden Gesteins findet, die fast nicht verändert sind. Bei ihrem Emporsteigen aus der Tiefe, haben die vulkanischen Massen ein Gestein durchbrochen, das Diamanten enthielt. Daß die Trichter nicht etwa von oben her ausgefüllt und die Diamanten also nicht von außen hineingeschwemmt sein können, ergibt sich aus der Tatsache, daß sowohl die Diamanten als die sie begleitenden Mineralien (Olivin, Zirkon, Chrom-, Magnet- und Titaneisen, Korund, Disthen, Glimmer, Enstatit, Chromdioxyd, Granat- und Hornblende) nicht abgerollt oder abgewaschen und an ihrer Oberfläche beschädigt sind, sondern in ihren natürlichen Kristallformen auftreten. Die Diamanten besitzen ebenfalls ihre kristallinische Form — im Gegensatz zu den alluvialen Funden — und sind häufig zerbrochen, wobei vielfach die Bruchstücke nicht zusammen liegen. Aus der Anwesenheit von verschiedenartigem Gestein geht auch hervor, daß das diamantführende Gestein in seinem jetzigen Zustand keine große Erhitzung erlitten haben kann. Der Diamant muß also aus den großen Tiefen durch die Wirkung von Wasserdampf oder ähnlichen Gasen gefördert sein.

Das merkwürdige Gestein, das diese vulkanischen Schlote ausfüllt, ist in der Tiefe dunkelbläulich, grün bis grau und nimmt nach unten an Festigkeit zu. Man bezeichnet es als Blaugrund (blue ground) und unterscheidet „soft blue“ und „hardblue“. Die oberen Schichten des Schlotes sind durch Verwitterung verändert und von gelblicher Farbe, sie werden deshalb Gelbgrund (yellow ground, yellow stuff) genannt.

Die vulkanischen, diamantführenden Schlote haben sich unabhängig voneinander und wahrscheinlich auch nicht gleichzeitig gebildet, das ergibt sich aus der Tatsache, daß nicht nur der Blaugrund jedes Trichters bestimmte charakteristische Merkmale besitzt, sondern daß auch die Begleitmineralien des Diamanten in den einzelnen Gruben verschieden sind; so führen z. B. einzelne große Mengen von Granaten, die bei anderen völlig fehlen. Ferner gibt es Schlote (pipes), die überhaupt keine Diamanten enthalten. Auch die Diamanten der einzelnen Gruben zeigen charakteristische Unterschiede, so daß erfahrene Kenner südafrikanischer Diamanten meist in der Lage sind anzugeben, aus welcher Grube ein angebotene Partie stammt.

Die a l l u v i a l e n D i a m a n t e n finden sich in trockenen Gebieten als Oberflächensteine, z. B. im Sande (ehemaliges Deutsch-Südwestafrika) oder in Schotterablagerungen der Flußläufe. Diese Schotterablagerungen sind in ihrer Zusammensetzung von dem Blaugrund der vulkanischen Schlote stark verschieden. Man nimmt an, daß diese Ablagerungen durch das Wasser von vulkanischen Schloten der Nachbarschaft mitgeführt und an tieferen Stellen abgesetzt wurden. Diese Diamanten, die durch Auswaschen der Schotterablagerungen gewonnen werden, zeigen oft Anzeichen einer Einwirkung des Wassers. Flußsteine (Riverstones) sind Diamanten, die unmittelbar aus dem Flußbecken gewonnen werden und die daher auch mehr oder weniger abgerollt sind. Diese Steine werden höher bewertet, da sie erfahrungsgemäß besserer Qualität sind, haben sie doch alle Fährnisse des Wassertransportes im Flußgeschiebe überstanden und deshalb eine Auslese durchgemacht.

F u n d s t e l l e n : Obwohl Südafrika zur Zeit die wichtigste Fundstelle für Diamanten ist, waren Diamanten schon lange vor ihrer Entdeckung in Südafrika bekannt, und man findet sie in vielen weit voneinander getrennten Ländern der Welt.

Sämtliche Diamanten der alten Zeit wurden in Indien gefunden, z. B. die großen Steine, wie der „Koh-i-nor", der „Pitt" oder „Regent". Auch der „Groß-Mogul" wurde in den Koltur-Minen um das Jahr 1650 gefunden; er soll ursprünglich ein Gewicht von 787½ Karat besessen haben. Im 17. Jahrhundert scheinen die indischen Minen weitgehend ausgeschöpft worden zu sein. Jedoch behielt Indien das Monopol des einzigen Diamantlieferanten bis zur Entdeckung der brasilianischen Diamanten im Jahre 1725. Im Jahre 1772 erklärte die portugiesische Regierung in Brasilien das Diamantsuchen als königliches Monopol; dies blieb bis zur Trennung Brasiliens von Portugal im Jahre 1834, in dem die neue Regierung das private Suchen von Diamanten gegen Zahlung von Abgaben gestattete.

Die Diamantfelder in der Provinz Bahia wurden im Jahre 1844 entdeckt. Einige Funde, die „Karbone" dieser brasilianischen Mine, sind wegen ihrer besonderen Eigenschaften sehr hoch im Preis.

Britisch-Guyana hat eine geringe Ausbeute an Diamanten sehr guter Qualität, die hauptsächlich zum Brillantschleifen geeignet sind.

1908 wurden Diamanten im Dünensande des ehemaligen Deutsch-Südwestafrika gefunden, sie drohten das englische Diamantmonopol zu durchbrechen.

Eine ziemliche Menge Diamanten wird auch neuerdings in Belgisch-Kongo und Angola gefunden. Ebenso werden Diamanten noch in USA, Kalifornien, Indien und Holländisch-Borneo, jedoch nur in geringen Mengen gefördert.

Die Diamanten aus Brasilien, Australien, Britisch-Guyana, Südwestafrika und dem Kongo sind sämtlich alluviale Diamanten und werden durch eingeborene Arbeiter gewonnen. Das Gewinnverfahren ist das Auswaschen von Schotterhalden mittels Wasser, ein Verfahren, das fälschlicherweise häufig mit „Flußauswaschen" bezeichnet wird.

Die Diamantarten.

Man unterscheidet drei verschiedene Arten von Diamanten für Industriezwecke, und zwar:

Karbone,
Ballas,
Diamantkristalle (Borts).

Der Karbon (Carbonado, schwarzer Diamant) ist von brauner bis schwarzer Färbung, scheinbar „amorph", weil von etwas grober Struktur und Aussehen. Er bildet eine feinporige kristalline Masse, die aus einem Haufwerk mikroskopisch kleiner durcheinander gewachsener Diamantkriställchen besteht. Man findet Karbone ausschließlich in dem Bezirke Chapada-Diamantina in der brasilianischen Provinz Bahia. Die kristallinisch aufgebaute Masse ist scheinbar dicht und mehr oder weniger porös. Das spezifische Gewicht ist deshalb auch geringer als das der Diamantkristalle (Ballas und Borts), es beträgt etwa 3,01 bis 3,45. Die Oberfläche ist stumpf. Die Stücke sind mitunter Koks oder Steinkohle täuschend ähnlich. Über die färbende Substanz ist nichts Sicheres bekannt; man ist im Zweifel, ob die Farbe durch Kohle oder durch Eisen und Titan hervorgerufen wird. Die Verunreinigungen sind nicht unbeträchtlich, da die Aschenrückstände nach der Verbrennung 2 bis 4% betragen.

Gute Karbone sind seit Jahrzehnten die teuersten der technischen Diamanten, da sie scheinbar härter als die kristallisierten Diamanten sind. Wahrscheinlich ist dieser Unterschied auf den besonderen Aufbau aus winzigen Kristallen und die Abwesenheit ausgeprägter Kristallisationsebenen zurückzuführen, weshalb Karbone in jeder Stellung griffiger sind. So liegen in einem Karbon in allen Richtungen Kriställchen und setzen einem Zerbröckeln großen Widerstand entgegen. Die Karbone sind teilweise fest, teilweise schwammig. Diese Eigenschaft erlaubt jedoch keinen Rückschluß auf die „Härte", wie vielfach angenommen wird.

Der Karbon ist auch nicht wie der Diamantkristall nach bestimmten Flächen spaltbar. Er verträgt keine große Erwärmung, da er hierdurch an Härte verliert, die Abnutzung im Gebrauch ist dann wesentlich vergrößert.

Die Karbone werden entweder, wie sie gefunden, in natürlicher Größe (Naturkarbone) oder zerteilt als Stücke größerer Karbone (offene Karbone) benutzt. Da man beim offenen Karbon genauer die Feinheit des Korns, die Dichtigkeit und Härte des Steines feststellen kann, überdies die zerteilten Steine ausgeprägtere Arbeitskanten haben, zieht man diese zerteilten Steine den Naturkarbonen mit unversehrter Oberfläche vor. Mancher Händler und Käufer ist gewohnt, durch Reiben mit einem anderen harten Diamanten, die Härte der Karbone festzustellen. Als Prüfdiamant wird gewöhnlich ein Bruchstück von einem Brasil-Ballas verwendet. Diese Steine sind ebenso hart wie die besten Karbone.

Interessant ist, daß, als man die „schwarzen" Diamanten in Brasilien um 1844 entdeckte, man ihnen gar keinen Wert beilegte, da man sie nicht als Diamanten anerkennen wollte. Infolgedessen war der Preis für längere Zeit sehr gering, erst in den letzten Jahrzehnten wurden ihre besonderen Eigenschaften erkannt, bis sie jetzt auch ihrer Seltenheit wegen die teuersten aller Industriediamanten sind. Man findet die Karbone in kleinsten Stücken bis zu Stücken erheblicher Größe. So z. B. wurden 1894 Stücke von 975 Karat, 1895 von 3150 Karat gefunden. Da man sie so groß nicht verwenden kann, werden sie zerteilt (s. oben).

Mit Karbonen werden Werkzeuge erster Qualität ausgerüstet, z. B. für Tiefbohrkronen und zum Abdrehen von Schleifscheiben. Die Qualitäts-(Härte!)Unterschiede der Karbone sind wesentlich größer als die bei anderen Diamantarten.

B a l l a s (a u c h B o r t k u g e l g e n a n n t) bilden eine Zwischenart zwischen den Karbonen und den weiter unter zu beschreibenden Diamantkristallen. Sie besitzen viele Eigenschaften der Karbone und werden wie diese hauptsächlich in Brasilien gefunden, obgleich sie auch in der Jagersfontein-Mine in Südafrika gewonnen werden. Die Ballas bestehen aus strahlförmig angeordneten stengeligen Diamantkristallen oder aus regellosen Verwachsungen mehrerer Kristalle. Ebenso wie die Karbone sind die Ballas für Schmuckstücke wertlos, auch fehlen ihnen die Spaltflächen. Sie zeichnen sich durch große Dauerhaftigkeit aus und sind in der Technik wegen ihrer ausgezeichneten Arbeitsleistung sehr geschätzt.

Diamantkristalle (Borts): In wissenschaftlichem Sinne sind „Borts" unvollkommen auskristallisierte Diamanten, bzw. eine Ansammlung kleiner Diamantkristalle. Es sind auch Diamanten, die mangels genügenden „Wassers", d. h. mangels Durchsichtigkeit, Reinheit, Farbe oder auch Form als Schmucksteine nicht brauchbar sind. Abfall, d. h. Kleindiamanten, die keinen besonderen Wert besitzen, werden unter dem Sammelnamen Diamantbort gehandelt, er ist jedoch nur zum Zerstoßen zu Diamantstaub zu benutzen. Nach ihrem Fundort unterscheidet man z. B. Brasilborts und Afrikaborts usw. Die Brasilborts genießen den Ruf, die härtesten aller Diamantkristalle zu sein. Es ist wichtig zu wissen, daß dies nur für Diamanten bestimmter Minen zutrifft; ein großer Teil der Brasilborts ist jedoch weicher als die Afrikaborts.

Für das Abdrehen von Schleifscheiben ist (s. Seite 65) nachgewiesen, daß Brasilborts höhere Beständigkeit gegen Abnutzung aufweisen (wobei allerdings noch die Frage offen ist, welche Diamantart wirtschaftlicher ist).

Afrikaborts werden am meisten verarbeitet, liefern doch die afrikanischen Minen in normalen Zeiten 90% der gesamten Welterzeugung. Die afrikanischen Diamanten zeichnen sich zum großen Teil durch günstige Formen aus. Die Diamanten sind gut auskristallisiert und weisen ausgeprägte Kanten und Spitzen auf, was für industrielle Zwecke, bei denen die Diamanten ungeschliffen verwendet werden, sehr wichtig ist. Andererseits ist dies auch nützlich, um die Schleif- und Spaltflächen, d. h. die Struktur des Diamanten, für die nachfolgende Bearbeitung aufzufinden.

Tafel 1[1]) gibt einen Überblick über die Verwendung der einzelnen Diamantenarten.

Umfang der Diamantgewinnung.

Wegen der starken Zersplitterung der Fundstätten und der nicht immer durchgeführten Trennung in Schmuck-

[1]) s. S. 14.

Tafel 1. Übersicht über die technischen Anwendungsgebiete der einzelnen Diamantsorten.

Fundorte	Brasilien		Südafrika, Südwestafrika, Kongo, Australien, Borneo			
Diamantsorten	Karbone Schwarze „amorphe“ Diamanten		Borts und Ballas Kristallisierte Diamanten			
Zurichtung	Naturkanten	Bearbeitet	Naturkanten	Bearbeitet Geschliffen	Bearbeitet Gebohrt	Pulverförmig
Beispiele für die Anwendung.						
Anwendung als Werkstück				Lagersteine	Lagersteine	
Anwendung als Werkzeug	Tiefbohrkronen, Gesteinbohrer, Gesteinsägen, Abdrehwerkzeuge für Porzellan, Kunststein, gehärteten Stahl	Abdrehen von Papierwalzen, Bearbeitung von Hartgummi, Fiber, Zellhorn, Bohren von Steinen, Edelsteinen, Glas	Tiefbohrkronen, Gesteinbohrer, Gesteinsägen, Glasschneider, Abdrehwerkzeuge für gehärteten Stahl, Porzellan, Natur- und Kunststein	Genauigkeitsdrehen von Weich- u. Leichtmetallen u. Kunststoffen	Ziehsteine, Preßdüsen	Sägen, Ausbohren, Gravieren, Polieren, Schleifen } von Glas, Stein, Edelsteinen, Kohle
Anwendung als Werkzeugherstellung	Abdrehwerkzeuge für Schleifscheiben					Schleifen u. Läppen von Hartmetallwerkzeugen
Anwendung als Prüfkörper				Härteprüfgeräte, Ritzschreibegeräte		

ware, Schleifware und Industrieware, ist es sehr schwer, einen genauen Überblick über den Verbrauch der in der Industrie verwendeten Diamanten zu erhalten. Nach einer neueren Aufstellung betrug die Gesamtgewinnung auf der Erde von 1914 bis 1926 41 578 000 Karat, d. s. etwa 3,3 Millionen Karat jährlich. Von 1925 bis 1928 machte sich durch die Entdeckung der neuen Alluvialfelder in Kongo, Angola und der Goldküste, sowie durch die Zunahme der Erzeugung der alten Felder ein starker Anstieg bemerkbar. Den Höhepunkt erreichte die Produktion 1928 mit 7 742 000 Karat. Von da an ist ein Abfallen durch die beginnende Weltkrise und das Sperren bestimmter Minen zu beobachten. Da jedoch dem Ausfall auf der einen Seite eine Steigung der Erzeugung auf der anderen Seite gegenüberstand, ist insgesamt die Erzeugung während der Krise nur langsam zurückgegangen. Auch zur Zeit soll die jährliche Gesamterzeugung bei etwa 7 Millionen Karat, nach anderen Schätzungen bei 8 Millionen Karat liegen, von denen etwa die Hälfte in der Industrie verbraucht werden dürfte. Der Verbrauch der Vereinigten Staaten an Industriesteinen war 1929 etwa 50 000 Karat, 1930 etwa 146 000 Karat und 1931 225 000 Karat. Unter Berücksichtigung dieser Zahlen wäre allerdings ein Weltverbrauch von höchstens 1,5 Millionen Karat an Industriesteinen zu errechnen.

Diamanthandel.

Etwa 90% aller geförderten Diamanten stammen aus Afrika, der Anteil der übrigen diamantliefernden Länder ist also verhältnismäßig gering. Ziemlich alle afrikanischen Minen unterstehen der Kontrolle des mächtigen Diamantsyndikates, das seit Jahren Preise für Diamanten regelt. So sind in den letzten Jahren, da der Absatz der Schmuckdiamanten infolge der Weltkrise stark zurückging, außerdem eine Anzahl neuer Alluvialfundstätten mit überraschend reicher Ausbeute entdeckt wurden, eine Anzahl Minen stillgelegt worden. Diese Maßnahme erfolgte, damit nicht durch Überangebote der Diamantpreis sinkt. Da die intensive Gewinnung der Diamanten eigentlich nur den Schmucksteinen gilt, müssen dabei vorkommende Industriediamanten als eine Art Nebenerzeugnis hingenommen werden. Auch ein größerer Bedarf hieran rechtfertigt noch nicht die kostspielige Aufrechterhaltung des Minenbetriebes[1]).

Der Lauf der Diamanten ist folgender: Die in den Minen geförderten Diamanten werden einer Schätzung und Prüfung unterzogen und sortiert. Die Steine gelangen dann an die großen Sammelstellen in Kapstadt (für die südwestafrikanischen Steine) und Kimberley (für die De Beers Minen zusammen mit anderen Gruben). Die Steine gelangen dann zum Verkauf an die Zentralstelle in London, wo sie nach Handelsgüten sortiert werden (siehe Tafel 2). Zu berücksichtigen ist hierbei noch, daß die Diamanten sich hinsichtlich der Größe und Farbtöne wesentlich unterscheiden, so daß sich insgesamt 400 bis 1000 Klassen ergeben. Aus Steinen verschiedener Beschaffenheit, große und kleine, werden sogenannte „Partien" zusammengelegt. Die Vertriebsstelle legt diese

Tafel 2. Handelsarten von Diamanten.

Bezeichnung	Art	Unterteilung	Verwertung
Goods	vollständige Kristalle	pure spotted brown flatshaped	hauptsächlich Schmucksteine
Cleavage	Bruchstücke (splitstones)	pure spotted brown cleavage	hauptsächlich Schmucksteine
Maçles	flache dreieckige Zwillinge		hauptsächlich Schmucksteine
Rejection	Ausschuß trübe, nur technisch verwertbare Steine		Industrie-diamanten
Boart*)	geringste, besonders zum Zerstoßen verwendete Ware		Industrie-diamanten

1) Hinzu kommen die beim Minenbetrieb sowieso höheren Förderkosten.

*) Nicht zu verwechseln mit den Bort-Diamanten, s. S. 13.

recht umfangreichen und teuren Pakete, deren kleinstes den Wert von etwa 200 000 RM. hat, nur wenigen Großhändlern und Schleifereien vor.

Solche „Originalpartien“ enthalten neben gangbaren Größen und Qualitäten allerhand Arten von Diamanten, die auf diese Weise mit verkauft werden sollen, da ja kein Rest bleiben darf. Die Groß- und Zwischenhändler, die sie übernehmen, teilen sie in kleine Originalpartien mit verschiedenartigen Steinen oder ordnen sie je nach Anforderung, Bedarf und Zweck in „Sortierte Partien“.

Für die technische Anwendung der Diamanten liegt die außergewöhnliche Schwierigkeit darin, daß es hier weniger auf das Aussehen des Steines ankommt, sondern auf seine Härte, Zähigkeit und seinen Abnutzungswiderstand. Hier kann nur ein erfahrener Diamanthändler, der genau die Eigenschaften der Steine aus bestimmten Anzeichen heraus beurteilen kann, eine zweckentsprechende Auswahl treffen. (Allgemeine Regeln für die Auswahl, geschweige denn einwandfreie Prüfverfahren gibt es nicht, ausschlaggebend ist noch immer der Erfolg im Betrieb.)

Für den Verbraucher empfiehlt es sich deshalb, für seinen besonderen Zweck sorgsam ausgewählte Stücke zu kaufen und nicht verschiedene Qualitäten in einem Lot zusammen. In einer Partie oder einem Lot befinden sich stets gute und schlechte Steine, und er wird voraussichtlich nur für einen Teil Verwertung haben. Bei der Auswahl der Steine ist zu beobachten, daß die Farbe der Steine keine Rolle spielt und daß das Urteil des Diamanthändlers viel feinere Unterschiede des Diamanten berücksichtigt.

Die Handelseinheit für die Diamanten ist das Karat, jetzt reichsgesetzlich 1 Karat = 0,200 g, während es früher in den einzelnen Ländern zwischen 0,205 bis 0,208 g betrug[1]). Abb. 1 zeigt in natürlicher Größe, welche Abmessungen Diamantkörner von 0,25 bis 3,5 Karat haben, sowohl die kleinsten als auch die größten

[1]) Der Name Karat ist arabisch-griechischen Ursprunges. Er bezeichnet den Samen des Johannisbrotes, nach anderen die Bohne des Schotengewächses Kuara, die eine ziemlich gleichmäßige Größe aufweist.

Abb. 1.

Natürliche Größe von Diamanten.

(1 Karat 0,2 g)

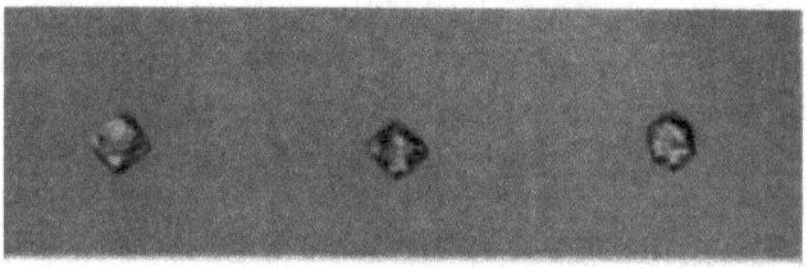

0,25 0,33 0,42

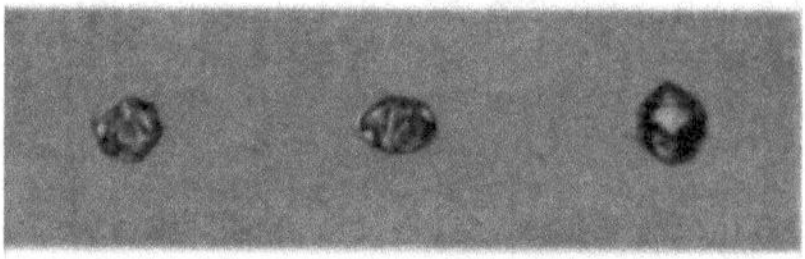

0,50 0,65 0,75

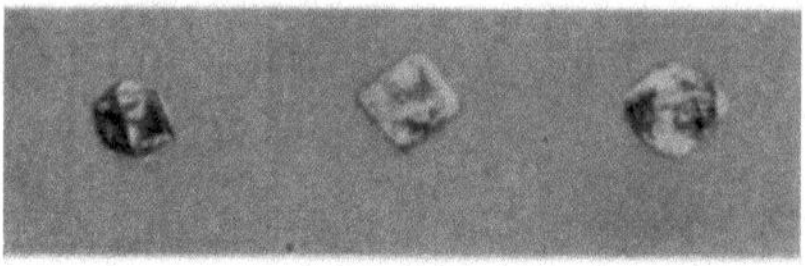

0,85 1.0 1,5

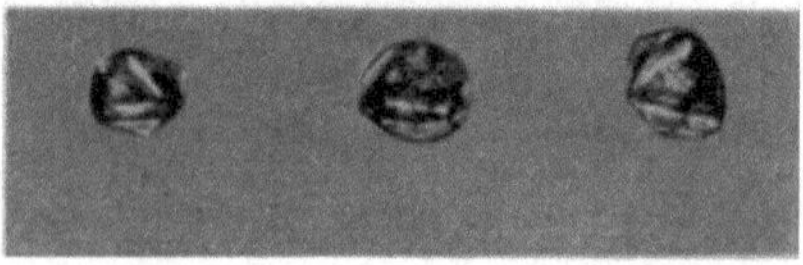

2,0 2,5 3,5

Diamanten werden technisch verwertet. Der Diamantenpreis richtet sich sowohl nach der Größe, als auch Form und Beschaffenheit evtl. Ursprungsland des Diamanten. Auch bei Diamanten sonst gleicher Beschaffenheit wird der größere Stein je Karat Gewicht höher als der kleinere Stein bewertet, schon deshalb, weil er seltener ist.

Bei geschliffenen Diamanten ist zu berücksichtigen, daß ein beträchtlicher Teil des Steines verlorengeht. Beim Schleifen verliert der Stein leicht 20 bis 50%, manchmal mehr des ursprünglichen Gewichtes. Der Schleifer hat darauf zu sehen, daß nicht zuviel des Steins abgeschliffen wird, was durch zweckmäßige Auswahl der Steine wohl vermieden werden kann. Diese Forderung ist nämlich deshalb berechtigt, weil das Schleifen der Diamanten sehr schwierig und zeitraubend ist und deshalb ebenfalls sehr teuer ist, so daß also das Herunterschleifen eines größeren Diamanten mehrfach teurer ist, als das Schleifen eines kleineren Steines.

Markenzeichen.

Obwohl der Diamant ein Naturerzeugnis ist, werden vielfach Diamanten unter einem bestimmten Warenzeichen verkauft, z. B. „Schneemann"-, „Ur"-, „Kronen"- und „Ultra"-Diamant usw. Vom Standpunkt des Lieferers ist es durchaus berechtigt, seinem Erzeugnis einen bestimmten Namen zu geben, da er ja auch nur für dieses Erzeugnis und nicht jeden beliebigen Diamanten eine Gewähr für einwandfreie Untersuchung, Auswahl und Anschliff leisten kann. Bei einem Kunsterzeugnis, z. B. Widia, Volomit, erscheint dies ganz selbstverständlich, und die Anwendung eines bestimmten Warenschutzes muß man auch den Herstellern von Diamantwerkzeugen und -werkstücken zubilligen. Bei dem umfangreichen Handelsangebot ist es für den Verbraucher die einzige Gewähr[2]).

Anders ist es bei vorliegendem Werk, es bezweckt nur die Beschreibung der Anwendungen des Diamantrohstoffes. Es konnte also nicht auf Diamanterzeugnisse hingewiesen werden, die unter einem bestimmten Marken-

[2]) Allerdings gibt auch nicht jede Fabrikmarke wirkliche Garantie für Güte.

zeichen in den Handel kommen. Der Leser dieses Buches sei also nicht enttäuscht, wenn er keine Empfehlungen bestimmter Handelsarten findet.

Diamantwerkzeugindustrie.

Während sich in Belgien und Holland die hauptsächlichen Brillantschleifereien befinden, sind in Deutschland die Schleifereien für Industriezwecke zu Hause. Die deutschen Erzeugnisse versorgen nicht nur den Innenmarkt, sondern sie gehen infolge ihrer hohen Qualität in alle Welt. Bei den jetzigen Hochschutzzöllen ist es verwunderlich, wenn deutsche Firmen noch ausländische Erzeugnisse kaufen, die erwiesenermaßen vielfach qualitativ hinter den deutschen Erzeugnissen zurückstehen.

Schrifttum:

Th. Liebisch, Grundriß der physikal. Kristallographie, Leipzig 1896.
G. Tschermak, Lehrbuch der Mineralogie, Wien 1897.
C. Hintze, Handbuch der Mineralogie, Bd. 11, Leipzig 1904.
M. Bauer, Edelsteinkunde 2, Leipzig 1909.
Eppler, Die Schmuck- und Edelsteine, Stuttgart 1912.
Dr. R. Brauns, Das Mineralreich, Eßlingen und München 1912.
Doelter, Handbuch der Mineralchemie, 1912.
Großmann - Neuburger, Die synthet. Edelsteine, 2. Aufl., Berlin 1918.
P. Krais, Die Werkstoffe, Alische Steine, 3. Bd., Leipzig 1921.
H. Michel, Künstliche Edelsteine, Leipzig 1926.
Dammer und Dietze, Die nutzbaren Mineralien 2, Bd. I (Scheibe: Diamant), Stuttgart 1927.
Dannmeyer-Hartleb, Der Arbeitsdiamant 5; Ernst Winter u. Sohn, Hamburg 19, 1927.
F. Rinne, Gesteinkunde, 10. und 11. Aufl., Leipzig 1928.
F. Krauß, Synthetische Edelsteine, Berlin 1929.
Bauer-Schloßmacher, Edelsteinkunde 3, Leipzig 1932.
W. Fr. Eppler, Der Diamant und seine Bearbeitung, Leipzig 1933.
O. Stutzer, Die wichtigsten Lagerstätten der Nichterze, 1. Teil. 2. Aufl., Berlin 1934.
Gmelin-Kraut, Handbuch der anorg. Chemie.
A. C. Austin and M. Mercer, The Story of Diamonds, Chicago Jewellers Ass., 1935 (englisch).

2. Der Diamant als Werkstoff.

Während es bei allen Bau- und Hilfsstoffen für den Maschinenbau und die Metallbearbeitung ein Grunderfordernis ist, daß sich der Benutzer ein genaues Bild der Eigenschaften des Stoffes macht und zugleich prüft, wie er sich im Verhältnis zu anderen Stoffen verhält, steht man noch beim Diamanten auf dem Standpunkt der reinen Erfahrung. Daß es für die Entwicklung der Technik überaus wichtig ist, von den härtesten Stoffen Gebrauch zu machen, haben schon die alten Völker erkannt. Der Diamant, der härteste Werkstoff überhaupt, der nur in Kristallform und in relativ kleiner Korngröße auftritt und dazu den höchsten Einheitspreis bekannter Stoffe hat, nimmt naturgemäß eine Sonderstellung ein. Seine Anwendung beschränkt sich und wird sich auch in Zukunft nur auf Höchstleistungen beschränken, denen andere Werkstoffe nicht gewachsen sind.

Verwendungsgebiete:

Technologisch gesprochen, gibt es vier Hauptanwendungsgebiete des Diamanten (s. Tafel 1):

1. Werkstück,
2. Prüfkörper an Meß- und Prüfgeräten,
3. Werkzeug,
4. Werkzeug zum Herstellen von Werkzeugen.

Tafel 1. Anwendungen des Diamanten.

Diamant-Rohstoff

Schmuckstein
allseitig geschliffen

Industrie			
Werkstück	Prüfkörper	Werkzeug	Werkzeug zur Herst. von Wzg.
geschliffen	geschliffen (selten roh)	roh (Naturkanten) geschl. oder pulverförmig	

Zu diesen einzelnen Arbeitsgebieten seien nur einige kurze Bemerkungen gemacht. Das Arbeitsgebiet des Diamanten als Werkstück ist, abgesehen vom Schmuckstück, bisher lediglich auf Stellen, die hohen Abnutzungswiderstand haben sollen, beschränkt. Die Prüfkörper an Meß- und Prüfgeräten, wie z. B. Härteprüfgeräte, dürfen auch unter höchsten Beanspruchungen nicht nachgeben und sich nicht abnutzen. Mit der steigenden Anwendung harter Stoffe in der Technik hat der Diamant für diese Zwecke wachsende Bedeutung erlangt. Bisher hat man hier keinen Ersatz für den Diamanten. Die umfangreichste Anwendung findet der Diamant als spangebendes und spanloses Werkzeug. Eine Übersicht gibt Tafel 2. Es ist ein ganz naturgemäßes Bestreben, die Anwendung des Diamanten in manchen Fällen möglichst einzuschränken. Hierzu bietet der Diamant selbst die Möglichkeit, den Werkzeugen eine solche Beschaffenheit zu geben, daß sie besonders gute Arbeit leisten (Beispiele: Abdrehen von Schleifscheiben, Läppen von Hartmetallschneiden).

Tafel 2. Anwendung des

Arbeitsverfahren			Metalle			Nicht	
			Weich- und Leichtmetalle	Stahl gehärtet	Hartmetalle	Gummi Hartgi	Kunstharze
Spangebend	grob	Sägen	—	—	—	b	b
		Drehen	b	a, b	b	b	b
		Bohren	b	a, b	b	b	b
		Fräsen	b	—	b	b	b
		Hobeln	b	—	—	b	b
	fein	Ritzen	b	a	b	b	b
		Feilen	b	b	b	b	b
		Gravieren	b	b	—	b	b
		Schreiben	b	—	b	b	b
		Schneiden (Glas)	—	—	—	—	—
	feinst (mikroskopisch)	Schleifen	c	c	c	—	—
		Glätten	b	b	c	b	b
		Polieren	b	c	c	b	b
spanlos		Drahtziehen	b	b	b	—	—

Arbeitsformen des Diamanten: a mit Naturkanten; b mit bearbeiteten

Chemisch-physikalische Eigenschaften:

Diese Eigenschaften des Diamanten spielen nur zum Teil für die technische Verwendung des Diamanten eine Rolle. Sie sind jedoch für die Behandlung des Diamanten und für das Verständnis seiner technischen Leistungen sehr wichtig.

Lavoisier entdeckte, daß der Diamant bei Erhitzung unter Luftzutritt (Knallgasgebläse) zu Kohlendioxyd (Kohlensäure) verbrennt, und stellte dadurch seine chemische Natur (reiner Kohlenstoff C) fest. In nicht oxydierenden Gasen, wie Wasserstoff und Stickstoff, kann der Diamant, ohne sich zu verändern, bis zu Temperaturen über 1000° C erhitzt werden, z. B. erträgt er Einbetten in geschmolzenes Eisen (Roheisentemperatur etwa 1400° C). Für hochbeanspruchte Diamanten ist jedoch möglichst jede Wärmebehandlung zu vermeiden, z. B. auch Einlöten u. dgl. Bei sehr starker Erhitzung, z. B. im elektrischen Flammenbogen, verwandelt sich der Diamant unter Beibehaltung

Diamanten als Werkzeug.

metalle		Mineralien			Keramische und künstliche Stoffe				
Preß-papier	Email auf Metall	Steine	Kohle	Halbedel-, Edelsteine Diamant	Porzellan Steingut	Glas	Kunststoffe Ziegel Schamotte	Künstliche Kohle	Schleifscheiben
b	—	a	a, b	c	c	c	a	b, c	
b	b	a	a, b	b	a, b, c	a, b	a, b	b	a
b	b, c	a	a, b	c	a, b, c	b, c	a, b	b	a, b, c
b	—	a	—	—	—	b, c	a, b	b	a, c
b	—	a	—	—	—	—	—	b	a
b	b	b	b	b	b	a, b	a	b	a
b	b	b	b	b	b	b	—	b	—
b	b	b	b	b	b	b	a	b	a
b	b	b	b	b	b	a, b	b	b	a
—	—	—	—	—	—	a, b	—	—	—
—	—	c	b	c	c	c	c	c	a, b, c
b	—	—	b	b	b	—	—	b	a
b	—	—	b	c	c	—	—	—	—
—	—	—	—	—	—	—	—	—	—

Kanten; c pulverförmig; — bisher nicht angewendet bzw. nicht bewährt.

seiner Form. Im Sauerstoffstrom (d. h. unter Luftzutritt) verbrennt der Diamant vollständig bei etwa 770° C (nach anderen Quellen bei 900° C). Im pulverförmigen Zustand kann der Diamant schon in der Bunsenflamme auf Platinblech verbrannt werden.

Von Säuren und Alkalien wird der Diamant selbst bei hoher Temperatur nicht angegriffen, sofern nicht Sauerstoff frei wird. In salpetersaurem Kali ist er lösbar. In einem Gemisch von Schwefelsäure und doppelchromsaurem Kali wird der Diamant bei einer Temperatur von 200° C zu Kohlenoxyd oxydiert.

Der Diamant (Bort) kristallisiert in der halben Symmetrie des regulären Systems. Diamant-Oktaeder, die sehr häufig vorkommen, sind als aus zwei Tetraedern aufgebaut anzusehen. Es treten ferner auf Würfel, Rhombendodekaeder, 48-Flächner usw. Alle diese Kristalle haben drei gleich lange, senkrecht aufeinanderstehende Achsen. Die Spaltbarkeit des Diamanten ist sehr vollkommen nach den vier Richtungen der Flächen des Oktaeders. Bei verwachsenen und unvollkommen ausgebildeten Steinen macht das Auffinden der Kristallstruktur erhebliche Schwierigkeiten. Zum Spalten genügt schon ein leichter Hammerschlag in einen vorher in Spaltrichtung ausgeführten Ritz, jedoch erfordert diese Arbeit wegen des Aufsuchens der Spaltrichtungen besondere Geschicklichkeit und kann nur von erfahrenen Spezialisten vorgenommen werden. Der Bruch des Diamanten nach anderen Richtungen als nach der Oktaederfläche ist muschlig[2]).

Das spezifische Gewicht des kristallisierten Diamanten beträgt 3,515 bis 3,525. Der Karbon besitzt infolge seiner Porosität, je nach seiner Zusammensetzung, nur ein spez. Gewicht von 3,01 bis 3,45.

Der Diamant gehört zu den am stärksten brechenden Substanzen in der Natur, jedoch hat man diese Eigenschaft bisher nur ganz vereinzelt technisch nutzbar gemacht[1]). Seinem kristallographischen Aufbau entsprechend, ist der Diamant einfachbrechend. Neben dem hohen Brechungsvermögen hat auch der Diamant das beste Re-

[1]) s. S. 48, vgl. auch Hütte, Bd. I, 26. Aufl., S. 470.
[2]) In anderen Richtungen (es gibt nur zwei bevorzugte!) läßt sich der Diamant nur sägen.

flexionsvermögen, daher auch das Feuer des Diamanten. Der Diamant ist ein guter Wärmeleiter[2]) und fühlt sich deshalb, im Gegensatz zu Glasimitationen, kalt an. Gefaßte Diamanten sind sehr empfindlich gegen plötzliche Temperaturunterschiede, deshalb müssen z. B. an Schleifscheiben heißgelaufene Steine langsam abkühlen, ehe sie mit kaltem Wasser in Berührung gebracht werden. Der Diamant besitzt ferner den kleinsten Wärmeausdehnungskoeffizienten aller bekannten Stoffe (s. Tafel 3). Bei 20° C (Zimmertemperatur) hat der Diamant eine Wärmeausdehnung von nur 0,000857, bei 40° C ist sie nahezu Null. Die Wärmeausdehnung zwischen 0 bis 100° C ist nur 4/10 so groß, wie die des Invarstahles, der bekanntlich die geringste Wärmeausdehnung aller bekannten Metalle besitzt. Die Wärmeausdehnung ist wegen der Fassung des Diamanten in anderen Stoffen sehr wichtig:

Tafel 3.

Wärmeausdehnung verschiedener Stoffe zwischen 0° und 100° C.

Diamant	0,00118
Invarstahl	0,00307
Glas	0,006 bis 0,009
Platin	0,009
Eisen und Stahl	0,011
Nickel	0,013
Kupfer	0,016
Messing	0,019
Aluminium	0,024

Der Diamant ist ein schlechter Leiter der Elektrizität (Isolierstoff) und wird durch Reiben auf Wolle schnell positiv elektrisch.

Für die technische Verwendung des Diamanten sind die Eigenschaften der Ritzhärte, Eindringhärte, Abnutzungswiderstand und Zusammendrückbarkeit (Kompressibilität) von besonderer Wichtigkeit. Die hierüber vorliegenden Versuchswerte können jedoch keine Allgemeingültigkeit beanspruchen, da die dem Fachmann bekannten Unterschiede der einzelnen Funde wohl im allgemeinen nicht genügend berücksichtigt werden. Das

---

2) Nach Prof. Dr. Meißner vom AEG-Forschungsinstitut, ist Diamant der beste Isolierstoff in bezug auf Wärmeleitfähigkeit, er übertrifft die üblichen Kunstharzmassen und insbesondere das Quarz - Kristall wesentlich.

älteste Härteprüfverfahren ist die Ritzhärte. In der Mohsschen Skala rangiert der Diamant als härtester Stoff. Wie bereits vor mehreren Jahrzehnten nachgewiesen, gibt die Mohssche Skala keinen Maßstab für die Härte eines Körpers, sondern ist nur eine Art Klassifizierung. Demgegenüber besitzen die Versuche zur Bestimmung der Eindring-Härte dieses Stoffes zu bestimmen, sind auch um-Abnutzungswiderstandes (Rosiwal) und Kompressibilität (Adams-Williamson) hohe Zuverlässigkeit.

Neuerdings sind von Prof. M. Schuler[1]), Göttingen, die Ergebnisse umfangreicher Versuche über die Druckfestigkeit von Kristallen veröffentlicht, wobei auch Vergleichsversuche mit Diamantspitzen ausgeführt wurden. Eine Diamantspitze gleicher Abrundung trug die vierfache Last einer Saphirspitze, bis sich ein mikroskopisch feiner Sprung zeigte. Erst bei Steigerung der Belastung auf das Sechsfache brach die Spitze ab, während der Saphir nur ein Zehntel dieser Last aushielt. Diese Versuche zeigten auch, daß hinsichtlich der Durckfestigkeit kein Unterschied zwischen synthetischen und natürlichen Saphiren vorhanden ist.

Kürzlich gelang es in Amerika, ein Verfahren zur Herstellung von Bor-Carbid (B_4C) zu entwickeln. Um die Härte eines dieses Stoffes zu bestimmen, sind auch umfangreiche Vergleichsversuche[2]) mit allen anderen bekannten natürlichen und synthetischen Hartstoffen vorgenommen worden.

In Tafel 4 sind diese und andere Ergebnisse vergleichsweise mit angeführt. Aus diesen Versuchen kann man schließen, daß der Diamant die anderen bekannten Stoffe zwar in Eindringhärte und Kompressibilität um etwa das Doppelte übertrifft, daß jedoch sein Abnutzungswiderstand ganz wesentlich darüber liegt. Während die hohe Eindringhärte die Anwendung des Diamanten an Prüfspitzen

---

[1]) Zeitschrift für Instrumentenkunde 551 (1935), S. 63—70.

[2]) Hardness Values for Electrochemical Products by Raymond R. Ridgway, A. H. Ballard, B. L. Bailey. The Electrochemical Society, Preprint 63—27 (15. 5. 1933); Boron Carbide, A New Crystalline Abrasive and Wear Resisting Product by R. Ridgway, from the Transactions of the Electrochemical Society Vol. LXVI 1934.

für die Druckhärteprüfung begründet, weist der hohe Abnutzungswiderstand auf die besondere Eignung des Diamanten als Schneidstoff hin.

Tafel 4. Härte des Diamanten und von Hartstoffen im Vergleich zu anderen Stoffen.

a) Diamant	
Härte nach Mohs (Korund = 9)	10
Absolute Härte, Eindringhärte nach Auerbach (Korund = 1000 gesetzt)	2170
Bearbeitbarkeit, Härte nach Jaggar (Korund = 1000 gesetzt)	größer als 1000
Abschleifbarkeit, Härte nach Rosiwal (Korund = 1000 gesetzt), Versuche 1897	140 000
Versuche 1916	90 000
Kompressibilität (nächster Stoff: Bor = $0{,}3 \cdot 10^{-6}$)	$0{,}18 \cdot 10^{-6}$
b) Bor-Carbid (B_4C)	
Härte nach Mohs (Korund = 9)	zwischen 9 bis 10
Ritzhärte mit Diamantspitze (Korund = 1000 gesetzt)	1180
Abschleifbarkeit im Mackensen-Sandstrahlgebläse (Alundum-Korn), (Korund = 1000 gesetzt)	10 370
c) Wolfram-Carbid	
Härte nach Mohs (Korund = 9)	zwischen 9 und 10
Ritzhärte mittels Diamantspitze (Korund = 1000 gesetzt)	900 ÷ 1000
Abschleifbarkeit im Mackensen-Sandstrahlgebläse (Alundum-Korn)	3420
Rockwellhärte (Skala A, Diamantspitze mit 60 kg Belastung)	87 ÷ 91

Nicht sämtliche physikalischen, insbesondere mechanischen Eigenschaften lassen sich am Diamanten ermitteln. So scheiden Versuche über Zug- und Biegefestigkeit, sowie Kerbzähigkeit von vornherein aus. Aber auch die Härte nach üblichen Verfahren, wie z. B. Rockwellhärte und Ritzhärte, läßt sich, da die Prüfkörper selbst Diamanten sind, nicht bestimmen.

Andererseits fehlen über andere Eigenschaften, die sich bestimmt relativ einfach ermitteln ließen, zuverlässige Werte, z. B. über die Oberflächenreibung geschliffener Diamanten. Diese ist aller Voraussicht nach wesentlich kleiner als die geschliffener natürlicher oder künstlicher Rubine und Saphire (s. Abschnitt: Der Diamant als Werkstück S. 31).

Technische Eignung:

Aus den vorstehend angeführten chemischen, physikalischen und mechanischen Eigenschaften kann nicht mit Sicherheit geschlossen werden, ob ein Stoff für einen bestimmten praktischen Zweck geeignet ist. Die gleichen Bemerkungen gelten auch für alle anderen Hartstoffe. Es ist deshalb vor einer allgemeinen Anwendung und Empfehlung eine versuchsweise praktische Erprobung unter den gleichen Betriebsbedingungen vorzunehmen.

Tafel 5.

Zahlenangaben über Härte und Bruchfestigkeit.

Lfd. Nr.	Werkstoff	Rockwellhärte	Brinellhärte	Bruchfestigkeit kg/mm²	Bearbeitbarkeit
1 [1]	Gehärt. Schnelldrehstahl	58	600	etwa 300	werden sämtlich von Diamant angegriffen
2 [1]	Silberstahl, gehärtet	65	700	255	
3 [1]	Akrit	68	etwa 800	etwa 200	
4 [1]	Widia	75—85	etwa 2000	150—180	
5 [1]	Wolframkarbid geschmolzen u. abgeschreckt	88—90	> 2000	< 35	
6	Diamant	> als Nr. 5 [2]	> als Nr. 5	< als Nr. 4 [3]	läßt sich nur in eigenem Pulver bearbeiten

[1]) Nach C. Agte, Metallwirtschaft IX, Heft 19, S. 401/402, 1930.
[2]) Der Diamant dient als Prüfspitze.
[3]) Beim Diamanten nicht feststellbar.

Vergleich mit anderen Hartstoffen:

Die neuzeitlichen Hartmetalle sind gesinterte Wolfram- und Kobalt-Carbide von feinkörniger Struktur, während der Diamant (Bort) kristallinen Aufbau besitzt. Während das Hartmetall bei hohen Druckbeanspruchungen ausbröckelt, spalten sich beim Diamanten nur faserige Stücke ab. Da alle sehr harten Stoffe sehr spröde sind, wird diese Eigenschaft bei Diamant und Hartmetall oft festgestellt, jedoch liegt die Vermutung nahe, daß der Diamant infolge seiner kristallinischen Struktur nicht so spröde ist wie die derzeitigen Hartmetalle.

T a f e l 5 stellt verschiedene Eigenschaften der Hartmetalle denen des Diamanten gegenüber. Die häufig zu findende Angabe, daß bestimmte Hartmetalle die Härte 9,8 haben, während Diamant nur die Härte 10 hat, muß als irreführend abgelehnt werden. Überhaupt ist ein gegenseitiger Vergleich nur innerhalb ganz bestimmter Grenzen möglich. Aus praktischen Betriebserfahrungen heraus kann man feststellen, daß auch unter annähernd gleichen Bedingungen die Schneidhaltigkeit des Diamanten eine wesentlich höhere als die irgendeines Hartmetalls ist, während andererseits die Schneidenbeanspruchung beim Hartmetall viel höher gewählt werden kann, woraus sich die gute Eignung dieser Stoffe für das Schruppen von Metall und anderen Stoffen, z. B. Glas, erklärt.

Schrifttum:

P. Grodzinski, „Der Diamant als Werkstoff", ATM 1932—79, Z 974—1
P. Grodzinski, „Härteprüfung fester Stoffe", ATM V 9113—1, August 33, T 106.
Vgl. auch Schrifttum zu Abschnitt 1.

3. Diamanten und andere Edelsteine als Werkstück.

Der Diamant und andere Edel- und Halbedelsteine sind zumeist nur als Schmucksteine bekannt. Die neuzeitliche Technik macht jedoch mehr und mehr Gebrauch von den wertvollen Eigenschaften dieser Stoffe. Die Kenntnis hiervon ist, abgesehen von dem Kreis der Fachleute, sehr klein, insbesondere ist auch wenig hierüber in den Fachzeitschriften und der Fachliteratur zu finden. Im folgenden wird versucht, einen Einblick in dieses Gebiet zu geben, der auf Vollständigkeit jedoch keinen Anspruch erheben kann.

Bei der Wahl der Edelsteine als Werkstück sind folgende Gesichtspunkte zu beachten:

a) Eigenschaften des Rohstoffes,
b) Beschaffbarkeit des Rohstoffes,
c) Wirtschaftliche Herstellung.

a) Eigenschaften des Rohstoffes.

Folgende Eigenschaften der Diamanten und Edelsteine werden bei dieser Anwendung ausgewertet:

1. hohe Härte,
2. hoher Abnutzungswiderstand,
3. geringe Reibung,
4. keine Gefahr der Korrosion, Oxydation (Rostbildung) usw.

Zu 1. Härte. Zur Kennzeichnung der Härte bedient man sich in der Mineralogie, trotz ihrer bekannten Mängel, der Mohs'schen Härteskala. Es sei hier nur darauf hingewiesen, daß die Skala nur eine Klassifizierung der Stoffe gibt. Die Härte der Steine wird z. B. bei den Spitzen- und Schneidenlagerungen ausgenutzt, bei denen ganz ungewöhnlich hohe spezifische Drücke auftreten, denen nur Stoffe gewachsen sind, die hohen Widerstand gegen Eindringen besitzen.

Zu 2. Abnutzungswiderstand. In fast sämtlichen Fällen werden die Teile einer reibenden Beanspruchung unterworfen. Bei den Anwendungen an Lagern usw. arbeiten sie meist mit gehärtetem Stahl als Spitzen oder

Lager zusammen, jedoch ist im allgemeinen nur ein ganz schwacher Ölfilm vorhanden. Bei der Verwendung als Abnutzungsschutz kommt der Stein, im allgemeinen ein Diamant, mit den verschiedensten rauhen Oberflächen, z. B. Schleifscheiben, und nur vorbearbeiteten Werkstücken zusammen. Brauchbare Angaben über den Abnutzungswiderstand von Mineralien sind Rosiwal zu verdanken. Die Stoffe der Stufe 7 und 8 haben nur $^1/_5$ des Abnutzungswiderstandes des Korundes (Stufe 9), während der Diamant (Stufe 10) den 90 ÷ 140fachen Widerstand aufweist.

Zu 3. Reibung. Für feine Lagerungen ist es sehr wichtig, daß nur wenig Energie für die Lagerreibung verbraucht wird. Ein Mittel hierzu ist, den wirksamen Lagerdurchmesser zu verringern, dann muß auch die Reibung einen möglichst geringen Absolutwert aufweisen. Je härter ein Stoff ist, ein um so feineres Kristallgefüge wird er besitzen und er wird sich um so feiner schleifen und polieren lassen. In Zahlentafel 1 sind auch einige Reibungswerte zusammengestellt. Leider lassen sich keine Reibungswerte für die Diamanten auffinden. Es ist jedoch nach seiner Bewährung an feinen Meßinstrumenten anzunehmen, daß er voraussichtlich noch einen geringeren Reibungswert besitzt als die angeführten Mineralien. Man kann diese Schlußfolgerung auch aus dem Kristallaufbau des Diamanten ziehen.

Zu 4. Sicherheit gegen äußeren Angriff. Die Unempfindlichkeit der Edelsteine gegen Säuren u. dgl. ist bekannt. Metallische Teile, die irgendwelchen Säuren, zum Teil auch längere Zeit der atmosphärischen Luft ausgesetzt sind, neigen sehr leicht zur Bildung von Überzügen u. dgl.

b) Beschaffbarkeit des Rohstoffes.

Für größere Teile kommt bisher nur der Halbedelstein Achat[1]) in Frage; aus ihm werden Mörser, Schneidenlager, Falzmesser u. dgl. hergestellt. Er besitzt zwar nur etwa die Mohs'sche Härte 6, es gibt jedoch in der hier notwendigen Größe bisher keine anderen natürlichen Steine. In Zukunft werden vielleicht hierfür die in recht beträchtlicher

---

[1]) Insbes. Chalcedon und Karneol

Größe hergestellten synthetischen Saphire herangezogen werden können.

Diamanten werden bisher nur selten angewendet, z. T. wegen des Preises des Rohstoffes, z. T. auch mit Rücksicht auf die wesentlich höheren Bearbeitungskosten und der Schwierigkeit, eine genaue Form zu erzielen. Trotzdem ist der Diamant, wie aus dem weiter unten angeführten Erfahrungsmaterial hervorgeht, den anderen Steinen an Dauerhaftigkeit weit überlegen.

c) Wirtschaftliche Herstellung.

Bei der Formgebung der Steine ist darauf zu achten, daß sie sich wirtschaftlich herstellen lassen. Edelsteine und Halbedelsteine für die Massenanfertigung werden meist allseitig bearbeitet, z. B. Steine für Spitzenlagerung, Uhrsteine, z. T. geschieht dies wohl auch wegen des besseren Aussehens. Diamanten z. B. als Abnutzungsschutz werden nur an der herausstehenden Stelle bearbeitet (Abb. 12), während z. B. Diamantendecksteine für Chronometer — vgl. Abb. 8 — an der der eigentlichen Arbeitsfläche gegenüberliegenden Seite rosettenförmig geschliffen werden. Dieser Schliff wird nur mit Rücksicht auf das bessere Aussehen angebracht, könnte also wegfallen.

Zwischen den Edelsteinen verschiedener Fundorte bestehen genau wie beim Diamanten erhebliche Unterschiede, so soll der australische Saphir am zähesten sein, während gelber Saphir am härtesten ist. Ceylonsaphir soll härter als Kaschmirsaphir sein und der Saphir allgemein den Rubin an Härte übertreffen.

Seit etwa 30 Jahren werden auch künstliche (synthetische) Saphire und Rubine erzeugt. Heute sind in Europa 90% der für Lagersteine verwendeten Steine künstlich hergestellt, dagegen werden in Amerika noch fast ausschließlich natürliche Steine benutzt. Zahlentafel 1 läßt erkennen, daß die synthetischen Steine einen größeren Bruchwiderstand als die natürlichen Steine besitzen, der Reibungsbeiwert ist etwa nur die Hälfte, auch der Abnutzungswiderstand soll größer sein als der der natürlichen Steine[1]). Die

[1]) Dagegen stellte kürzlich Prof. Schuler (vgl. S. 26) keine Unterschiede mehr fest.

Ansichten über die Bewährung der Steine sind jedoch noch recht geteilt[1]). So gibt die General Elektric Co an, daß Zählerlager aus synthetischen Rubinen nur $^{3}/_{5}$ der Lebensdauer von Natursteinen haben. Auch zum Schneiden von Grammophonplatten haben sich natürliche Saphire besser bewährt. Durch die synthetische Herstellung ist es auch möglich geworden, Steine relativ großer Abmessungen zu verwenden.

Hinsichtlich der Auswahl des Rohstoffes ist zu sagen, daß dieser bei der Kleinheit der Teile und bei der großen Schleifarbeit keine ausschlaggebende Rolle spielt. So wird z. B. angeführt, daß künstlicher Rubin zu einem Preise von 0,05 RM. je Karat verkauft wird, während das Karat fertiger Uhrensteine (etwa 20 große Zentrumsteine oder 180 Hemmungsradsteine) einen Wert von etwa 20 RM. hat; das ist eine Wertsteigerung auf das 400fache. Mit anderen Worten, der Rohstoff macht nur $^{1}/_{400}$ des Wertes der fertigen Steine aus. Aus diesen Gründen ist es vielfach gerechtfertigt, einen hochwertigen Rohstoff, z. B. Diamanten, als Ausgangsstoff zu verwenden.

Zahlentafel 1. Vergleich der Härte verschiedener Stoffe.

Stoff	Härte nach Mohs	Abnutzwiderstand Rosiwal	Elastizitätsmodul E kg/cm^2	Reibungsbeiwert	Bruchfestigkeit [3])
Stahl	6		$2 \cdot 10^6$	0,1—0,15	
Achat	6	59	$1 \cdot 10^6$		
Granat	7	175		0.22	0,318
Turmalin	7—8				
Topas	8	194			
natürl. Rubin	9	1000		0,287	0,475
künstl. Rubin	9			0,158	0,827
Saphir	9	1000	$5 \cdot 10^6$	0,249	0,548
Diamant	10	140000	etwa $9 \cdot 10^6$ [2])	?	

[1]) Synthetischer Korund als Lagerstein für Meßgeräte und Zähler ATM, Oktober 1933. Nach E. G. Sandmeyer, Journ. Inst. El. Eng. London 72, 1933; ferner Prof. Keinath, Spitzenlagerung 1931, ATM J 013-1; nach Stott, Journ. Inst. El. Eng. London 69 (1931), S. 751.

[2]) Aus der Kompressibilität (Versuche von Adams-Williamson) errechnet.

[3]) Verhältniszahl nach Versuchen von Chaponnière (Trincano).

Anwendungen.

A. Lagerungen. Spitzenlagerungen (Abb. 1 u. 2) werden vorwiegend dann angewendet, wenn es weniger auf eine genaue Führung der Achse, als auf möglichst geringe Reibung ankommt (jedoch darf der Achsdruck nicht zu groß sein). Dies trifft besonders für solche Meß- und Anzeigegeräte zu, bei denen das bewegte System nur verhältnismäßig geringe Drehkräfte besitzt. Wenn die Einstellung ohne merklichen Fehler erfolgen soll, muß

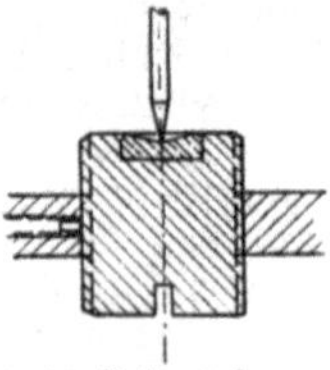

Abb. 1. Spitzenlagerung in Lagerschraube.

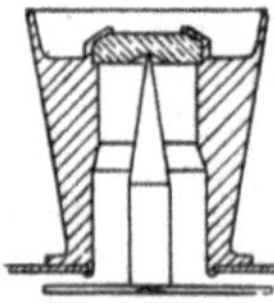

Abb. 2. Spitzenlagerung einer Magnetnadel.

sowohl das Gewicht des beweglichen Systems, als auch der Zapfenhalbmesser möglichst klein sein. Bei Spitzenlagerungen für waagerechte Lage der Achse senkt sich durch das unvermeidbare axiale Spiel die Achse um einen kleinen Betrag und das Reibungsmoment ist etwas größer als dem Abrundhalbmesser der Spitze entspricht. Bei senkrechter Lage der Achse dagegen dient das untere Lager als Spurlager. Die Mittelachsen von Lager und Achse fallen hier fast zusammen und die Reibung ist sehr gering. Dagegen wirkt das obere Lager hinsichtlich der Reibung ähnlich wie bei waagerechter Lage der Achse. Trotz der im allgemeinen sehr geringen Systemgewichte ist bei den Spitzenlagerungen die Beanspruchung des Werkstoffes im allgemeinen so hoch, daß beide Teile, Lager und Achse, aus besonders hartem Werkstoff hergestellt werden müssen. Nach einem Beispiel in Richter u. v. Voß beträgt die auftretende Druckbeanspruchung über 50 000 kg/cm². Für die Spitzen wird gehärteter Stahl verwendet, für die Lager sind harte Metall-Legierungen oder Steine in Gebrauch; neben Rubin, Saphir, Achat (für untergeordnete Zwecke) werden auch Diamanten verwendet.

In Abb. 1 ist eine Lagerschraube für Spitzenlagerung gezeigt. In die Gehäusewand ist ein kräftiger Gewindestift eingeschraubt, der an seinem einen Ende ein Steinfutter trägt; dieses ist eingepreßt und durch eine kleine Umbördelung gesichert.

Abb. 2 zeigt die Spitzenlagerung einer Magnetnadel und Abb. 3 das Unterlager eines Elektrizitätszählers (AEG). Hier ist an Stelle der abgerundeten Spitze eine kleine Kugel von 0,8 mm Durchmesser vorgesehen. Sie läuft in der Höhlung eines Saphires. Dieser ist in Metall gefaßt und in einen Lagerkörper aus Spritzguß eingesetzt. Das Oberlager ist ein Stift, in dem sich die Welle als Buchse führt (Nadelhalslager), sie werden vielfach auch mit Edelsteinlagern versehen.

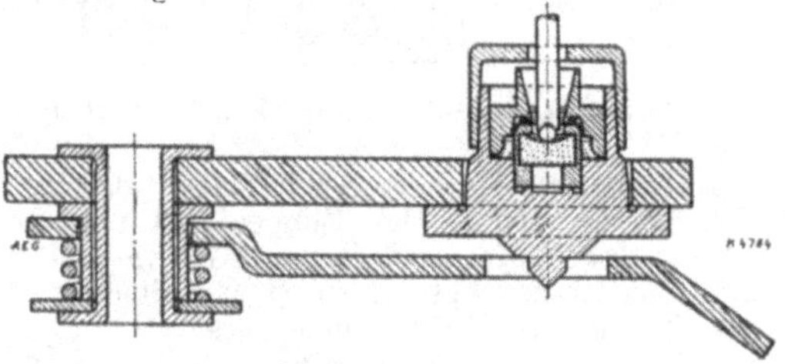

Abb. 3. Unterlager eines Elektrizitätszählers (AEG).

Zahlentafel 2 und Abb. 4 geben gebräuchliche Halbmesser für Zapfen und Lager an. Man erkennt hieraus, daß das Verhältnis r_1/r_2 etwa $^3/_{10}$ bis $^1/_{10}$ beträgt. Je kleiner das Verhältnis, um so günstiger sind die Reibungsverhältnisse.

Zahlentafel 2.

Gebräuchliche Halbmesser für Spitzenlager.

Spitze r_1	Lager r_2	Verwendet für
0,01—0,03	0,1—0,2	feinere Instrumente
0,03— 0,1	0,2—0,3	gröbere Instrumente

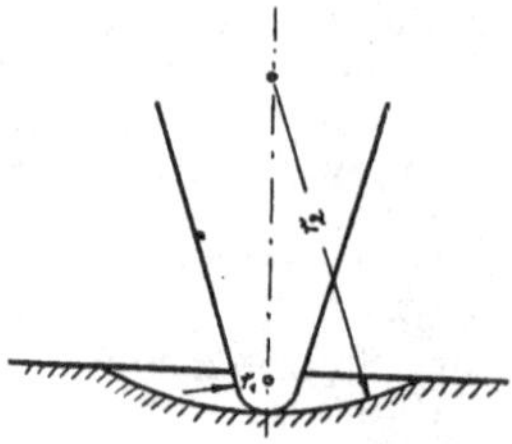

Abb. 4. Abrundungen an Spitzenlagerungen (s. Zahlentafel 2).

In Abb. 5 sind einige gebräuchliche Lagersteine für elektrische Meßinstrumente, z. B. auch für Volt- und Ampèremeter, gezeigt.

Abb. 5. Übliche Edelsteinlager für elektrische Meßgeräte.

Die Lagerschrauben nach Abb. 1 gestatten eine bequeme Einstellung des axialen Spieles und eine bequeme Auswechslung der Zapfen und Lager. Für die Beförderung der Geräte sind meist besondere Sicherheitseinrichtungen notwendig, damit die Spitze nicht aus der Lagerpfanne kippt; beträgt doch im allgemeinen die Vertiefung des Lagersteines nur etwa $^1/_5$ seines Halbmessers. Bei der Lagerung nach Abb. 3 ist eine besondere Sicherung nicht notwendig.

Eine Untersuchung der Spitzenlagerung von Elektrizitätszählern[2]), wobei die Spitzen aus Stahl und die Achssteine Rubine waren, hatte folgendes interessante Ergebnis: Nach 1 Million Umläufe waren 83% der Spitzen und 57% der Rubine unbrauchbar. Ein Vergleichsversuch mit Diamanten als Lagerstein ergab (Lager r_2 = 3,7 mm, Spitze r_1 = 0,35 mm), daß nach 25 Millionen Umläufen weder an Spitze noch am Stein irgendwelche Abnutzungen

[2]) ETZ 3. 12. 31, S. 1499/1500 nach Grünberg, Rev. Gen. l'El., Bd. 28, S. 273.

zu beobachten waren. Erst nach 30 Millionen Umläufen konnten mit Hilfe des Mikroskopes Spuren einer Abnutzung festgestellt werden.

Zapfenlager. Die Lagerungen in der Uhrenindustrie[3]) bestehen entweder aus einem durchbohrten Stein, in dem der mit einem Bund versehene Lagerzapfen läuft (Abb. 6) oder aus einem durchbohrten Stein, in dem der Lagerzapfen läuft, und einem Deckstein, gegen den der Kern des Lagerzapfens drückt (Abb. 7). Während man sowohl zu dem durchbohrten Lagerstein als auch für die Decksteine Granaten und Rubine verwendet, werden für besondere kostbare Uhren und Marine-Chronometer

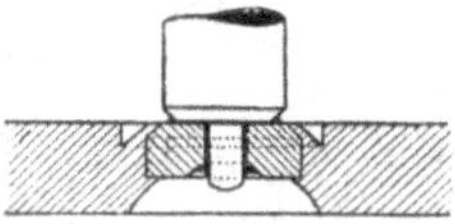

Abb. 6*). Uhrlagerstein mit Bund Maßstab 7,5 : 1.

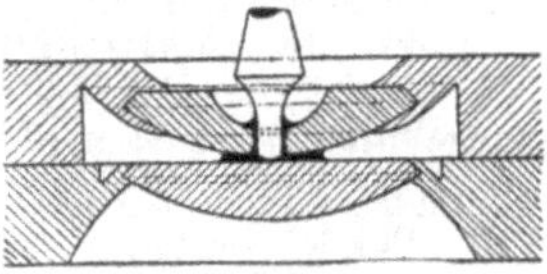

Abb. 7*). Tropfenförmiger Lagerstein mit halbgewölbtem Deckstein, Maßstab 15 : 1

Abb. 8*). Stein mit Steinfutter und Diamantdeckstein, Maßstab 6 : 1.

Diamantdecksteine (Abb. 8) angewendet. Es sind dies Steine, die an der Unterseite flach geschliffen werden und an der Oberseite rosettenförmigen Schliff besitzen. In dem Bild ist auch die Ölhaltung klar erkenntlich.

3) Uhren mit Edelsteinlagerungen kamen etwa um 1700 auf. Der französische Uhrmacher de Beaufré, Genf, ließ sich am 1. Mai 1704 eine Uhr mit gebohrten Rubinen schützen.

*) Entnommen aus L. Trincano, Die Edelsteine und ihre Bearbeitung für Uhrenmacherei, Bijouterie und Industrie. Biel 1923.

Da die Anbringung der tropfenförmigen Aushöhlung bei Uhrsteinen, die im Gegensatz zur Höhlung bei Spitzenlagerungen nur zur Ölhaltung dient, die Herstellung verteuert, hat man vorgeschlagen, die Höhlung in die Metallfassung zu verlegen und den Stein selbst nur mit einem zylindrischen, gut abgerundetem Loch auszuführen (DRP 538 732).

Jaggar[4]) benutzte bei seinem Mikrosklcrometer zur Härteprüfung von Mineralien ebenfalls einen plangeschliffenen Diamanten als Deckstein, gegen den die feine Bohrspindel lief. Diese trug einen Diamanten mit Naturkanten, der in den zu prüfenden Stoff eine Vertiefung einarbeitete. Diese Steine werden nicht nur in der Uhrmacherei, sondern auch für Elektrizitätszähler, Wassermesser, Kompasse, Registrier-Barometer, Thermometer und andere wissenschaftliche Instrumente verwendet.

Schneidenlager sind Lager, die nur eine begrenzte Pendelbewegung gestatten. Die beiden Partner, Schneide und Pfanne, ruhen kraftschlüssig aufeinander. Sie werden hauptsächlich an feinen Waagen angewendet, die in chemischen Laboratorien oder an anderer Stelle Säuren ausgesetzt sind. Für diese Zwecke werden wegen der notwendigen Größe der Steine Achat (Mohs'sche Härte 6) angewendet, und zwar Chalcedon oder Karneol, seltener werden Rubine verwendet. Die Achate werden in verhältnismäßig großen Stücken von gleichmäßiger Beschaffenheit und großer Reinheit gefunden und lassen sich wirtschaftlich auf selbsttätigen Sägemaschinen verarbeiten.

Abb. 9 zeigt eine Schneide, die von zwei Druckschrauben gehalten wird und dadurch genau justiert werden kann, Abb. 10 eine Schneidenpfanne, wie sie handelsmäßig geliefert wird.

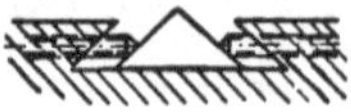

Abb. 9. Lagerschneide aus Achat, durch Druckschraube gehalten.

Abb. 10. Schneidenpfanne aus Achat.

[4]) Ztschr. f. Kristallographie und Mineralogie 1898, S. 262.

B. Abnutzungsschutz.

An selbständigen Meßgeräten während der Bearbeitung, z. B. Schleifen, finden wir häufiger Diamanten (seltener Saphire) an den Abtaststellen. Diese kommen mit dem rasch umlaufenden Werkzeug oder Werkstück in Berührung und würden bei Herstellung aus gehärtetem Werk-

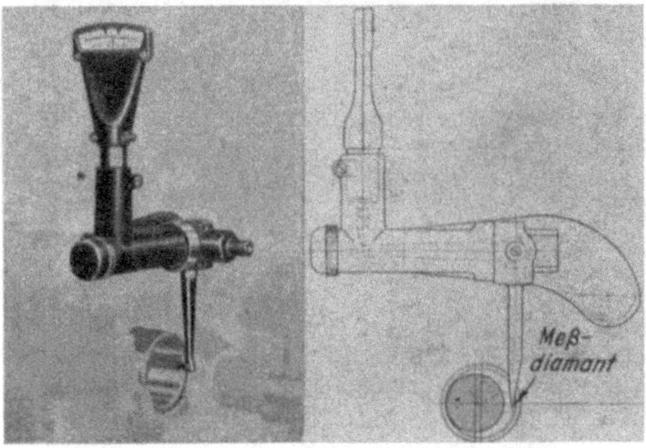

Abb. 11. Innenmeßvorrichtung (Fortuna-Werke).

stoff durch die abschleifende Wirkung rasch abgenutzt werden, wodurch die Genauigkeit des Verfahrens in Frage gestellt wird.

Abb. 11 zeigt die Innenmeßvorrichtung der Fortuna-Werke in Arbeitsstellung. Die Vorrichtung sitzt an einem

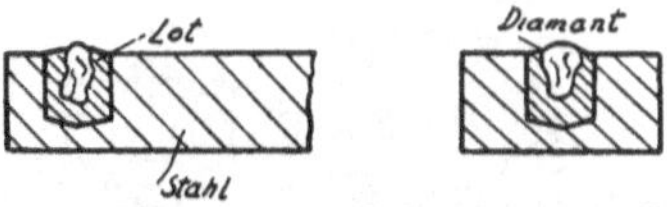

Abb. 12. Abtaststelle mit eingebettetem Diamanten (Fortuna-Werke).

Ständer fest angebracht und gestattet das Messen während des Schleifens. Zum Aus- und Einspannen des Werkstücks wird die Vorrichtung nach oben geklappt. Die Abtaststelle (Abb. 12) ist mit einem eingebetteten Diamanten von etwa 0,1 bis 0,15 Karat Größe versehen. Abb. 13 zeigt die Außenmeßvorrichtung der gleichen Firma. Abb. 14 veranschaulicht die Außenmeßvorrichtung von Grothkopp. Das Werkstück wird an drei Stellen mit Diamanten abgetastet. Die Einrichtung gestattet auch das Prüfen ge-

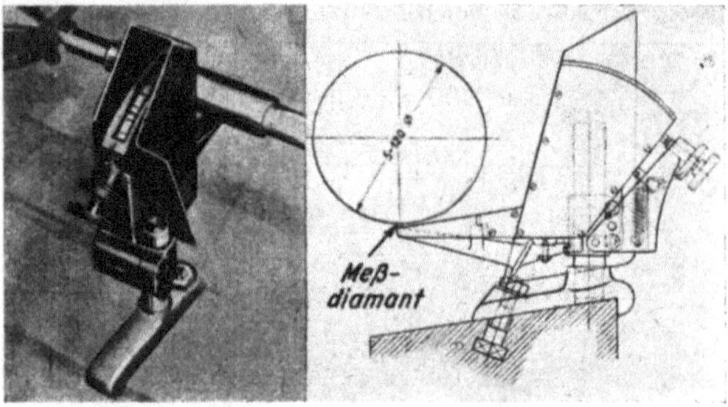

Abb. 13. Außenmeßvorrichtung (Fortuna-Werke).

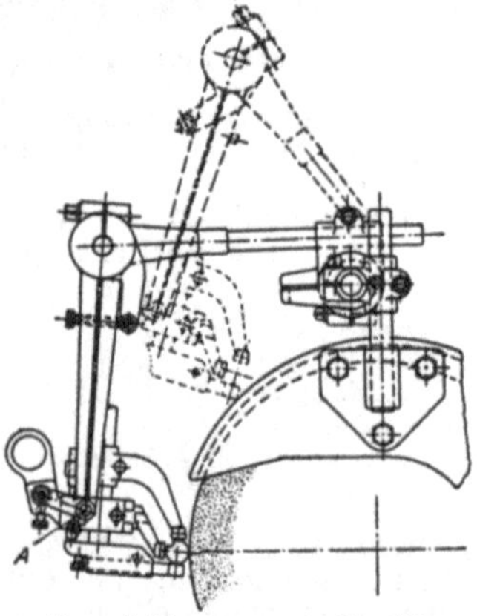

Abb. 14. Außenmeßvorrichtung von Grothkopp, mit 3 Tastdiamanten.

nuteter und mit Einstichen versehener Werkstücke. In ähnlicher Form ist auch eine Innenmeßeinrichtung entwickelt worden. Für diese Meßvorrichtungen werden Diamanten von etwa 2 mm Durchmesser verwendet. Die Diamanten sind an der Oberfläche kugelig, so daß nur ein Punkt auf dem Werkstück aufliegt. Die Umstellzeit auf einen anderen Durchmesser beträgt nur 0,5 Min.; die Einrichtung ist also auch für kleine Stückzahlen und Einzelfertigung geeignet. Die drei Tastdiamanten stellen sich

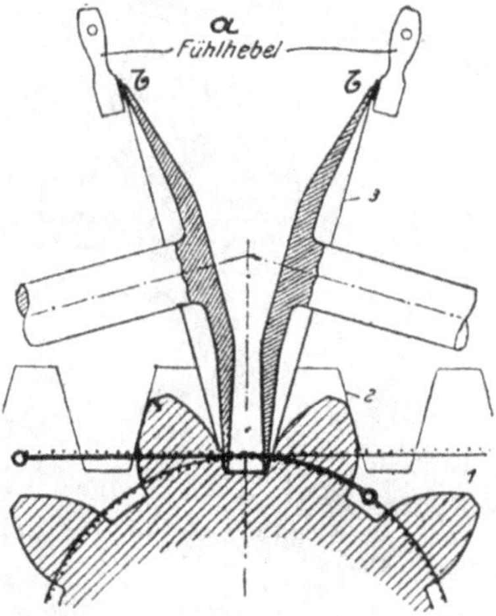

Abb. 15. Tastapparat der Zahnradschleifmaschine von Maag.

bei der Umstellung selbsttätig symmetrisch zum Werkstück ein. Der Zylinder wird während des Schleifvorganges aufgesucht. Beim Aus- und Einspannen des Werkstückes wird die Vorrichtung hochgeschwenkt (gestrichelte Stellung). Das Meßgerät selbst ist um Zapfen A schwenkbar.

Die Zahnradschleifmaschine von Maag ist mit einem Tastapparat[5]) (Abb. 15) ausgerüstet, der dazu dient, die

[5]) DRP 296 139.

Abnutzung der Schleifscheibe festzustellen und den Zeitpunkt für das Abziehen zu bestimmen.

In Abb. 15 ist a ein zweiarmiger Hebel, der einen flachgeschliffenen Diamanten b trägt, Hebel a trägt einen Platinkontakt, der einem festen Kontaktplättchen gegenübersteht. Die Fläche des Diamanten steht dem Rand der Schleifscheibe gegenüber. Zwischen dem Diamanten und

Abb. 16. Mikrolux' Meßgerät mit drei Fühldiamanten

der Scheibe befindet sich etwa 1 mm Zwischenraum. In bestimmten Zeitabständen — etwa alle 5 Sekunden — wird der Hebel a unter Einschaltung eines leichten Federdruckes einen Augenblick an die Scheibe herangeführt. Nicht nur für selbsttätige Meßgeräte, die die Werkstücke und Werkzeuge während der Bearbeitung prüfen, finden Prüfdiamanten Anwendung, sondern auch an Feinmeßgeräten, an denen sehr häufig Prüfungen an stets der gleichen Stelle vorgenommen werden, werden mit Diamanten als Abnutzungsschutz ausgerüstet.

Abb. 16 zeigt das Meßgerät „Mikrolux“; es arbeitet mit mechanischer Übersetzung, die optisch vergrößert wird. 1/100 mm Abweichung erscheint in 10 mm Größe (Übersetzung 1:1000) auf einer beleuchteten Milchglasscheibe. Bei üblichen Ausführungen ruht das Werkstück auf zwei Tastdiamanten, am Fühlhebel ist eine weitere Diamantspitze angebracht; diese kann etwas verstellt werden.

Diese Art der Prüfung wird z. B. zur Prüfung des Flankendurchmessers bei Spitzgewinden angewendet. Die Prüfdiamanten erhalten einen Spitzenwinkel von 55 bzw. 60°.

C. Spiel- und Schneidstifte für Schallplattenaufnahmen.

Da Stahlstifte, wie auch von den Wiedergabeplatten bekannt, sich bereits bei einer Platte erheblich abnutzen und so erhöhten Widerstand und Nebengeräusche verursachen, ist man jetzt weitgehend zu Schneidstiften aus Saphir oder Diamant übergegangen. Spielstifte aus Saphir oder Diamant mit einem Spitzenwinkel von etwa 90° werden schon seit langem verwendet.

Die Form der Schneidstifte hat sich dem jeweils verwendeten Plattenstoff anzupassen. Die Edelsteinschneidstifte haben sich bisher bei den hauptsächlich benutzten Gelatineplatten gut bewährt. Bei anderen Plattenarten laufen noch Versuche.

Grundlegend ist, daß der Stift, wenn er auch noch so klein ist, richtige Schneidwinkel aufzuweisen hat, wie z. B. ein Drehstahl. Abb. 17 zeigt die Stellung der Schneide zur Platte (nach Kluth). Am günstigsten soll ein Winkel α der Schneidflächen von 60 bis 90° sein, dieser Winkel bestimmt die Rillenform. Die Abrundung an der Spitze soll 2/100 bis höchstens 5/100 mm betragen. Bei stärkerer Abrundung wird die Rille zu flach. Der Spanwinkel γ wird im allgemeinen gleich Null bzw. negativ gemacht (dies ist auch bei den Schneiddiamanten für die Metallbearbeitung üblich). Je kleiner der Spanwinkel gemacht wird, um so kleiner muß der Keilwinkel β sein, damit ein Verquetschen der Rille unmöglich wird. Andererseits wird durch einen großen Keilwinkel β die Wider-

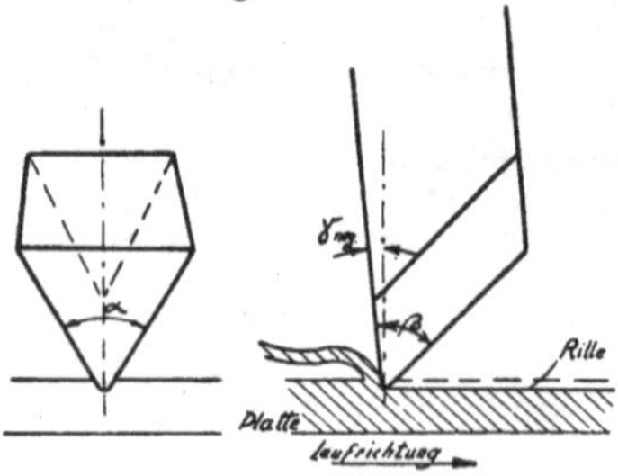

Abb. 17. Schneidenform von Stiften für Schallplattenaufnahmen.

standsfähigkeit erhöht. Während beim Schleifen von Saphiren die günstigsten Schneidwinkel immer eingehalten werden können, ist beim Diamanten infolge der Feinheit der Spitze die endgültige Form mit Rücksicht auf die Preiswürdigkeit vom Wuchs des Steines abhängig, so daß sich nur selten vorher bestimmte Winkel einhalten lassen. Dieser scheinbare Nachteil wird durch genaue Schablonen ausgeglichen, die vom Hersteller jedem Schneiddiamanten beigefügt werden und die den günstigsten Anstellwinkel ergeben.

Abb. 18 und 19 zeigen verschiedene Formen von Saphir- und Diamantschneidstiften für Gelatineplatten. Die Größe der Steine ist roh ⅓ Karat, nach Fertigstellung $^1/_5$ bis $^1/_6$ Karat (1 Karat = 0,2 g). Saphire gestatten bei richtiger Behandlung und bei geeignetem Schliff die Aufnahme von etwa 10 Plattenseiten ohne Nebengeräusche. Dagegen kann man mit einem Diamantstift eine nahezu unbegrenzte Anzahl Platten beschreiben. Bis jetzt sind mit Diamanten bis zu 2000 Plattenseiten in Gelatine geschnitten worden. Das bedeutet, daß die Schneidspitze eine Weglänge von 800 000 m zurückgelegt hat, ohne stumpf zu werden. Bei Benutzung von Diamantstiften stellt man fest, daß der Motor eine geringere Durchzugskraft aufzuwenden hat, als bei Saphiren. Bei unsachgemäßer Behandlung kann allerdings die Edelsteinspitze wegbrechen. Sie genügt jedoch bei richtiger Schliffart und Behandlung den höchsten Anforderungen und macht sich durch die hohe Lebensdauer bald bezahlt. Ein Wechsel der Schneidstifte fällt fort, so daß die Aufnahmeappa-

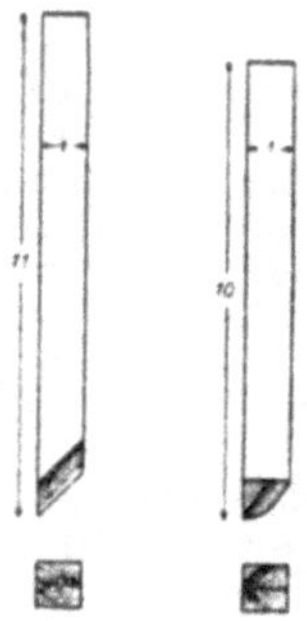
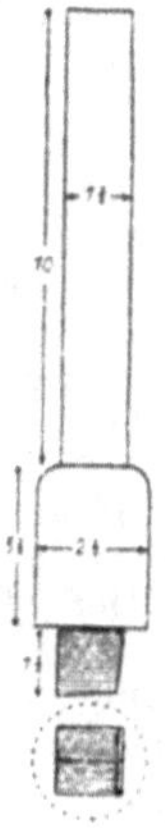

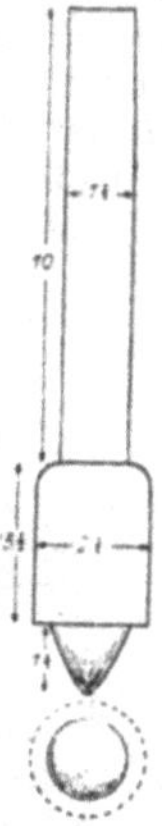

Abb. 18. Abb. 19. Abb. 20. Abb. 21.

Abb. 18. Zwei verschiedene Formen von Saphirschneidstiften.

Abb. 19. Diamantschneidstift.

Abb. 20. Durch Diamantschneidstift hergestellte Rillen.

Abb. 21. Diamantstift zum Beschreiben von präparierten Metallplatten.

ratur stets bereit ist. Abb. 20 zeigt eine mit Diamant-Schneidstift geschnittene Rille in Vergrößerung, sie ist spiegelnd glatt und infolgedessen auch nebengeräuschfrei.

Abb. 21 zeigt einen besonderen Diamantstift zum Beschreiben präparierter Metallplatten. Dieser Stift hat die Form einer Spitze. Die damit hergestellten Metallplatten sind mit Holz-, Bambus- oder Fibrenadeln abzuspielen. Die Selbstaufnahme von Schallplatten hat sich zu einem umfangreichen Amateursport entwickelt.

D. Ritzdiamanten für Meßzwecke.

Das Ritzverfahren ist ein mechanisches Verfahren von geringer Trägheit, großer Zuverlässigkeit und hoher Ablesegenauigkeit, zum Aufzeichnen dynamischer Spannungen, Drücke und Kräfte usw. Hierbei ist das Aufzeichnen im Gerät und das nachträgliche optische Vergrößern grundsätzlich getrennt. Die Längenänderung wird ohne Hebelübersetzung mittels eines Diamanten in eine harte Schreibfläche (Glas, manchmal auch Zelluloid) eingeritzt und nach beendetem Versuch unter einem Mikroskop ausgemessen. Man ist hierfür zu Diamantspitzen übergegangen, da jeder andere Werkstoff keinen so feinen und gleichmäßigen Ritz erzeugen würde und keine so große Dauerhaftigkeit besäße. Das Ritzen mit Diamantspitzen wurde zuerst von Dr.-Ing. P. Nettmann in seinem Buch „Der Torsionsindikator" Bd. II 1915 S. 136/37 beschrieben. Das im Folgenden behandelte Verfahren wurde anscheinend unabhängig hiervon[6]) von der deutschen Versuchsanstalt für Luftfahrt entwickelt.

Abb. 22 zeigt das geöffnete Gerät. Auf dem Schlitten a wird ein auf Stahlblech aufgekittetes Glasplättchen eingespannt, auf dieses wird die Diamantnadel c mittels eines Winkelhebels d und einer Schraubenfeder e gedrückt. Der Schlitten ist in Schwalbenschwanznuten geführt und kann durch Drehen der Spindel f verschoben werden. Eine zweite Diamantnadel g, die von dem Elektromagneten h gesteuert wird, schreibt Zeitmarken. Mit dem Gehäuse ist noch eine dritte Diamantnadel k verbunden, die eine Grundlinie schreibt. Der Hebel l, der aus dem geschlossenen Gehäuse herausragt, gestattet, alle Diamant-

---

[6]) Lürenbaum, Praktische Drehschwingungsuntersuchung von Luftfahrzeug-Triebwerken, DVL Jahrbuch 1932, IV 13. — A. Stieglitz, 204, DVL-Bericht, ZfM, Bd. 22/1931, Nr. 2, S. 49/52; DVL Jahrbuch 1931, S. 358/361. — W. Pabst, Z. VDI 1929, S. 1629; DVL Jahrbuch 1930, S. 31/36.

chen Stelle vorgenommen werden, werden mit Diamanten als Abnutzungsschutz ausgerüstet.

Abb. 16 zeigt das Meßgerät „Mikrolux"; es arbeitet mit mechanischer Übersetzung, die optisch vergrößert wird. $^1/_{100}$ mm Abweichung erscheint in 10 mm Größe (Übersetzung 1 : 1000) auf einer beleuchteten Milchglasscheibe. Bei üblichen Ausführungen ruht das Werkstück auf zwei Tastdiamanten, am Fühlhebel ist eine weitere Diamantspitze angebracht; diese kann etwas verstellt werden.

Diese Art der Prüfung wird z. B. zur Prüfung des Flankendurchmessers bei Spitzengewinden angewendet. Die Prüfdiamanten erhalten einen Spitzenwinkel von 55 bzw. 60°.

C. Spiel- und Schneidstifte für Schallplattenaufnahmen.

Da Stahlstifte, wie auch von den Wiedergabeplatten bekannt, sich bereits bei einer Platte erheblich abnutzen und so erhöhten Widerstand und Nebengeräusche verursachen, ist man jetzt weitgehend zu Schneidstiften aus Saphir oder Diamant übergegangen. Spielstifte aus Saphir oder Diamant mit einem Spitzenwinkel von etwa 90° werden schon seit langem verwendet.

Die Form der Schneidstifte hat sich dem jeweils verwendeten Plattenstoff anzupassen. Die Edelsteinschneidstifte haben sich bisher bei den hauptsächlich benutzten Gelatineplatten gut bewährt. Bei anderen Plattenarten laufen noch Versuche.

Grundlegend ist, daß der Stift, wenn er auch noch so klein ist, richtige Schneidwinkel aufzuweisen hat, wie z. B. ein Drehstahl. Abb. 17 zeigt die Stellung der Schneide zur Platte (nach Kluth). Am günstigsten soll ein Winkel α der Schneidflächen von 60 bis 90° sein, dieser Winkel bestimmt die Rillenform. Die Abrundung an der Spitze soll $^2/_{100}$ bis höchstens $^5/_{100}$ mm betragen. Bei stärkerer Abrundung wird die Rille zu flach. Der Spanwürdigkeit vom Wuchs des Steines abhängig, so daß sich nur selten vorher bestimmte Winkel einhalten lassen. Dieser scheinbare Nachteil wird durch genaue Schablonen ausgeglichen, die vom Hersteller jedem Schneiddiamanten beigefügt werden und die den günstigsten Anstellwinkel ergeben.

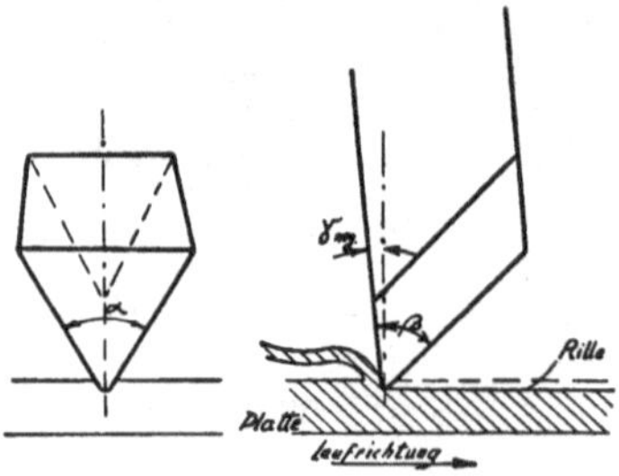

Abb. 17. Schneidenform von Stiften für Schallplattenaufnahmen.

Abb. 18 und 19 zeigen verschiedene Formen von Saphir- und Diamantschneidstiften für Gelatineplatten. Die Größe der Steine ist roh ⅓ Karat, nach Fertigstellung $^1/_5$ bis $^1/_6$ Karat (1 Karat = 0,2 g). Saphire gestatten bei richtiger Behandlung und bei geeignetem Schliff die Aufnahme von etwa 10 Plattenseiten ohne Nebengeräusche. winkel γ wird im allgemeinen gleich Null bzw. negativ gemacht (dies ist auch bei den Schneiddiamanten für die Metallbearbeitung üblich). Je kleiner der Spanwinkel gemacht wird, um so kleiner muß der Keilwinkel β sein, damit ein Verquetschen der Rille unmöglich wird. Andererseits wird durch einen großen Keilwinkel β die Widerstandsfähigkeit erhöht. Während beim Schleifen von Saphiren die günstigsten Schneidwinkel immer eingehalten werden können, ist beim Diamanten infolge der Feinheit der Spitze die endgültige Form mit Rücksicht auf die Preis-
Dagegen kann man mit einem Diamantstift eine nahezu unbegrenzte Anzahl Platten, beschreiben. Bis jetzt sind mit Diamanten bis zu 2000 Plattenseiten in Gelatine geschnitten worden. Das bedeutet, daß die Schneidspitze eine Wegelänge von 800 000 m zurückgelegt hat, ohne stumpf zu werden. Bei Benutzung von Diamantstiften stellt man fest, daß der Motor eine geringere Durchzugs-

kraft aufzuwenden hat, als bei Saphiren. Bei unsachgemäßer Behandlung kann allerdings die Edelsteinspitze wegbrechen. Sie genügt jedoch bei richtiger Schliffart und Behandlung den höchsten Anforderungen und macht sich durch die hohe Lebensdauer bald bezahlt. Ein Wechsel der Schneidstifte fällt fort, so daß die Aufnahmeappa-

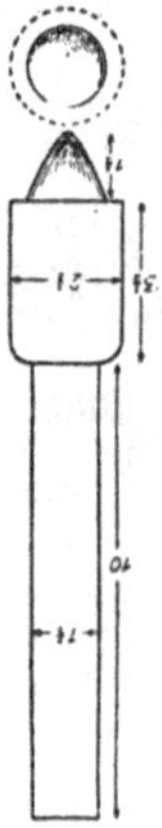

Abb. 18.

Abb. 19.

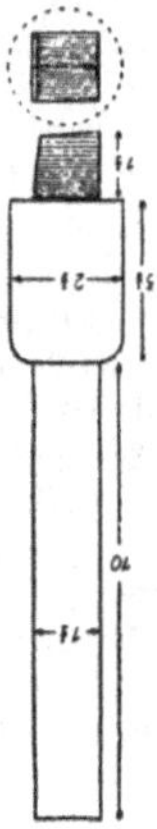

Abb. 20.

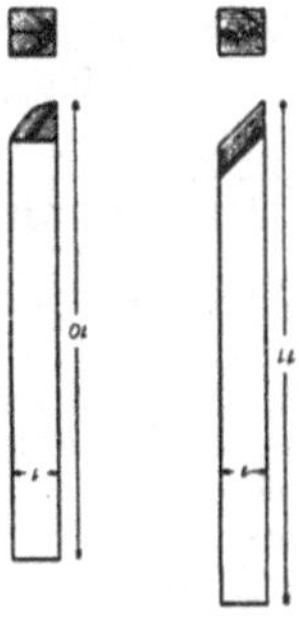

Abb. 21.

Abb. 18. Zwei verschiedene Formen von Saphirschneidstiften.
Abb. 19. Diamantschneidstift.
Abb. 20. Durch Diamantschneidstift hergestellte Rillen.
Abb. 21. Diamantstift zum Beschreiben von präparierten Metallplatten.

ratur stets bereit ist. Abb. 20 zeigt eine mit Diamant-Schneidstift geschnittene Schaltrille in Vergrößerung, sie ist spiegelnd glatt und infolgedessen auch nebengeräuschfrei.

Abb. 21 zeigt einen besonderen Diamantstift zum Beschreiben präparierter Metallplatten. Dieser Stift hat die Form einer Spitze. Die damit hergestellten Metallplatten sind mit Holz-, Bambus- oder Fibrenadeln anzuspielen. Die Selbstaufnahme von Schallplatten hat sich zu einem umfangreichen Amateursport entwickelt.

D. Ritzdiamanten für Meßzwecke.

Das Ritzverfahren ist ein mechanisches Verfahren von geringer Trägheit, großer Zuverlässigkeit und hoher Ablesegenauigkeit, zum Aufzeichnen dynamischer Spannungen, Drücke und Kräfte usw. Hierbei ist das Aufzeichnen im Gerät und das nachträgliche optische Vergrößern grundsätzlich getrennt. Die Längenänderung wird ohne Hebelübersetzung mittels eines Diamanten in eine harte Schreibfläche (Glas, manchmal auch Zelluloid) eingeritzt und nach beendetem Versuch unter einem Mikroskop ausgemessen. Man ist hierfür zu Diamantspitzen übergegangen, da jeder andere Werkstoff keinen so feinen und gleichmäßigen Ritz erzeugen würde und keine so große Dauerhaftigkeit besäße. Das Ritzen mit Diamantspitzen wurde zuerst von Dr.-Ing. P. Nettmann in seinem Buch „Der Torsionsindikator" Bd. II 1915 S. 136/37 beschrieben. Das im Folgenden behandelte Verfahren wurde anscheinend unabhängig hiervon[6]) von der deutschen Versuchsanstalt für Luftfahrt entwickelt.

Abb. 22 zeigt das geöffnete Gerät. Auf dem Schlitten a wird ein auf Stahlblech aufgekittetes Glasplättchen eingespannt, auf dieses wird die Diamantnadel c mittels eines Winkelhebels d und einer Schraubenfeder e gedrückt. Der Schlitten ist in Schwalbenschwanznuten geführt und kann durch Drehen der Spindel f verschoben werden. Eine zweite Diamantnadel g, die von dem Elektromagneten h gesteuert wird, schreibt Zeitmarken. Mit dem Gehäuse ist noch eine dritte Diamantnadel k verbunden, die eine Grundlinie schreibt. Der Hebel l, der aus dem geschlossenen Gehäuse herausragt, gestattet, alle Diamant-

[6]) Lürenbaum, Praktische Drehschwingungsuntersuchung von Luftfahrzeug-Triebwerken, DVL Jahrbuch 1932, IV 13. — A. Stieglitz, 204, DVL-Bericht, ZfM, Bd. 22/1931, Nr. 2, S. 49/52; DVL Jahrbuch 1931, S. 358/361. — W. Pabst, Z. VDI 1929, S. 1629; DVL Jahrbuch 1930, S. 31/36.

nadeln von der Glasplatte abzuheben, was zum Auswechseln der Glasplättchen notwendig ist. Die Güte des Gerätes hängt von der Ritzbreite ab. Brauchbare Verhältnisse ergaben sich durch Wahl von sehr harten Stoffen als Schreibfläche, z. B. Glas und Diamantspitzen. Die Strichbreite hängt wesentlich vom Anpreßdruck ab. Auf Hartglas kann man mit einer geschliffenen Diamantspitze von 60° Kegelwinkel und einem Anpreßdruck von rund 5 g auch unter ungünstigen Bedingungen (z. B. starke Erschütterungen) eine Ritzbreite von 0,002 mm erreichen. Bei Geräten, bei denen die verfügbaren Verstellkräfte gering sind, z. B. Barographen usw., ist die Kenntnis des Widerstandes des Diamanten beim Ritzen notwendig.

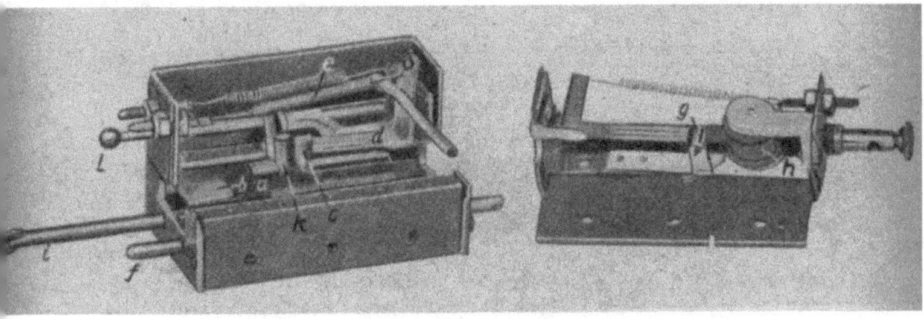

Abb. 22. Ritzschreibgerät der Deutschen Versuchsanstalt für Luftfahrt (geöffnet). a) Schlitten, b) Glasplättchen, c) Diamantnadel, d) Winkelhebel, e) Schraubenfeder für c, f) Spindel, g) Diamantnadel für Zeitmarkierung, h) Elektromagnet für g), i) Schlüssel, k) Diamantnadel für Grundlinie, l) Hebel zum Abheben der Nadeln.

Abb. 23 zeigt hierüber Versuchswerte. Zum Auswerten werden die Diagramme auf das 100- bzw. 500fache vergrößert; somit genügt eine Diamantlänge von 25 mm, um 2,50 m bis 12,50 m lange Diagramme zu entwickeln. Die Anzeigefehler liegen innerhalb der Ablesegenauigkeit von 0,001 mm; die Vorschubfehler sollen 0,002 bis 0,003 mm betragen. Das Gerät ist auch als Dehnungsmesser, als Druckindikator, zur Messung von Kräften, Drehmomenten,

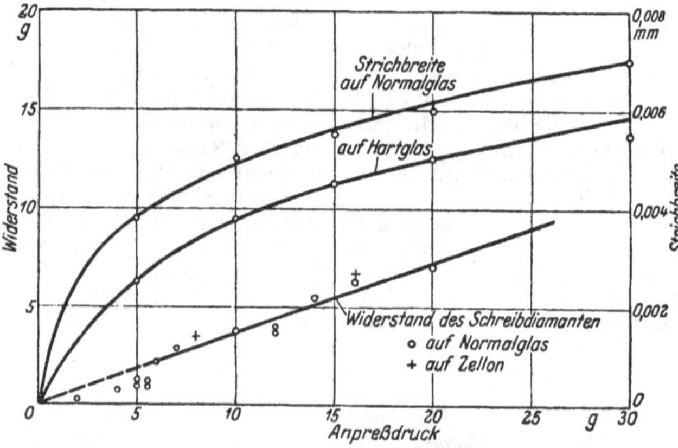

Abb. 23.
Ritzbreite und Widerstand in Abhängigkeit vom Anpreßdruck.

Beschleunigungen (Abb. 24) und Drehzahlen geeignet. So werden jetzt auch für die Luftfahrt Geräte hergestellt, die die Drehzahl von Flugmotoren in der ganzen Dauer ihres Betriebes von Überholung zu Überholung auf schraubenförmig umlaufende Glaszylinder aufschreiben, also 200 h und mehr arbeiten sollen. Sie sind ein Mittel, um den Motor über die ganze Betriebszeit hin zu überwachen, ob er immer außerhalb kritischer Drehzahlbereiche gelaufen ist[7]).

E. Verschiedene Anwendungen.

Diamantlinsen. Das starke Lichtbrechungsvermögen des Diamanten führte auch zur vereinzelten Anwendung des Diamanten als Mikroskopobjektive[8]). Diese brauchen wegen des großen Brechungsexponenten des Diamanten nur eine geringe Krümmung zu erhalten, um die gleiche Vergrößerung wie Glaslinsen zu ergeben. Geschliffene Diamantlinsen zeichnen sich dadurch aus, daß

---

[7]) Das englische Contorograph- und das amerikanische Profilograph-Meßgerät zur Prüfung der Oberflächengüte von feinbearbeiteten Teilen benutzen ebenfalls Diamantspitzen zum Abtasten.

[8]) Angaben nach M. Bauer, Edelsteinkunde, Leipzig 1909. Vgl. auch S. 24.

sie von Schmutz und Staub nur in ganz geringem Ausmaß angegriffen werden. Nachteilig ist der teure Rohstoff, da nur Diamanten reinsten Wassers hierzu verwendet werden können, und die schwierige Herstellung, die zu einem außergewöhnlich hohen Preis führen. Gawalowski

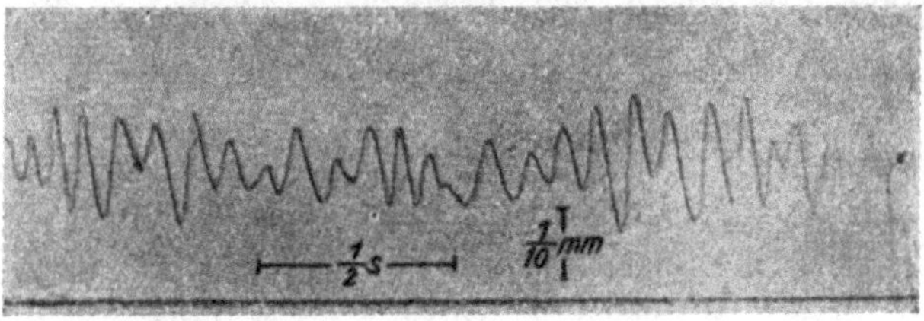

Abb. 24**). Schwingungen an einer Drehbank.

macht 1908 den gleichen Vorschlag und bemerkt, daß die Diamanten bei feinen Instrumenten nicht zu teuer sind, daß der optisch-korrekte Rundschliff jedoch Schwierigkeiten bereite.

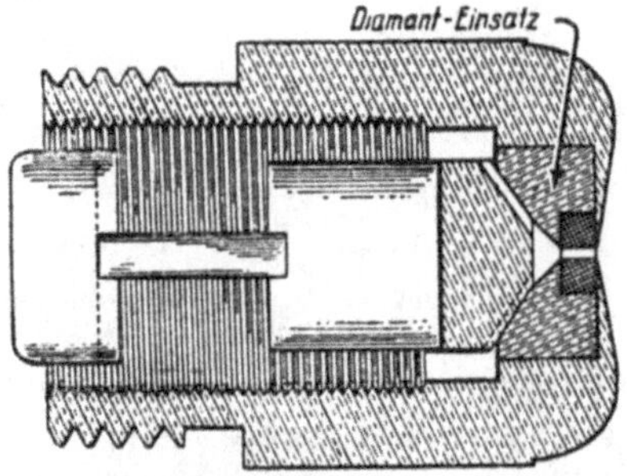

Abb. 25. Diamantdüse für Ölfeuerungen.

Düsen mit Diamanteinsatz für Ölfeuerungen (Abb. 25). In Amerika hat sich die Ölfeuerung

**) Die Abb. 22 bis 24 entstammen dem Aufsatz: W. Pabst, Aufzeichnen schneller Schwingungen nach dem Ritzverfahren, Z. d. VDI, Bd. 73 (1929)., S. 1629.

wegen des niedrigen Ölpreises in großem Umfange für die Zentralheizungsanlagen in den Siedlungshäusern eingeführt. Man hat jedoch die Beobachtung gemacht, daß sich durch die abreibende Wirkung des Ölstrahls die feinen Bohrungen in den Düsen sehr bald abnutzen. Als Abhilfe werden jetzt Düsen mit Diamanteinsätzen, die in ihrem Aufbau den Diamantziehsteinen entsprechen, empfohlen. Trotzdem diese Düsen etwas teurer sind, haben sie sich ganz ausgezeichnet bewährt. Sie weisen auch bei längerem Gebrauch keine Abnutzung und Unrundwerden auf. Die Brennkosten bleiben deshalb stets gleich, wodurch sich die Diamantdüsen recht bald bezahlt machen. Auch die anderen Flächen der Düse, die mit dem Brennöl in Verbindung kommen, sind mit Diamantstaub poliert und weisen so einen erhöhten Widerstand gegen Abnutzung auf.

Es wäre der Erwägung wert zu untersuchen, ob sich nicht andere Düsen mit ähnlich hoher Beanspruchung wie die obigen Düsen, z. B. Einspritzdüsen für Dieselmotore, Wasserspritzdüsen, Düsen von Sandstrahlgebläsen u. dgl., durch Diamantdüsen ersetzen lassen.

Schrifttum:

Keinath, Die Technik der elektrischen Meßinstrumente, Bd. I, 1928.
Richter und von Voß, Bauelemente der Feinmechanik 1929, S. 224 u. f.
O. Preiß, Konstruktionselemente der Feinmechanik, 1931.
Trincano, Die Edelsteine und ihre Bearbeitung, Biel (Schweiz) 1924.
W. Felgenträger, Feine Waagen, Wägungen und Gewichte, 2. Aufl., 1932.
v. Krukowsky, Zählertechnik, Berlin 1930.
W. Grothkopp, Selbsttätiges Messen während des Schleifens, Werkstattstechnik 1931, S. 201.
A. Gawalowski, Der Diamant im Dienste d. chemisch-physik. Instrumentetechnik, Ztschr. f. analyt. Chemie, Bd. 47, 1908, S. 303.
P. Grodzinski, Die Bearbeitung der Edelsteine in der Uhren- und feinmechanischen Industrie. Werkstattstechnik 1934, Heft 17, S. 341—345.
P. Grodzinski, Die Herstellung von Lagersteinen. Feinmechanik und Präzision 1935, September- und Oktoberheft.

4. Der Diamant in der Härteprüfung.

Allgemeines.

Die Härteprüfung hat sich in den letzten Jahrzehnten zu einer der wichtigsten Prüfverfahren für Werkstoffe der verschiedensten Art entwickelt. Besondere Bedeutung besitzt die Härteprüfung für die sehr harten Gebrauchsstoffe, wie Hartstoffe für Werkzeuge u. dgl., die erst in den letzten Jahren entwickelt wurden. Hier ist die Härteprüfung das wichtigste Prüfverfahren, um die Gebrauchsfähigkeit und Unterschiede dieser Stoffe festzustellen.

Der Begriff „Härte" ist heute noch nicht allgemeingültig wissenschaftlich geklärt und auch jedes Härteprüfverfahren untersucht eine andere Eigentümlichkeit des zu prüfenden Körpers. Es sind deshalb auch die Ergebnisse der verschiedenen Härteprüfverfahren schwer in Einklang zu bringen. Auf dem Wege des Versuches gefundene Übereinstimmungen und Beziehungen dürfen deshalb nicht verallgemeinert werden, da die einzelnen Verfahren jeweils von anderen Stoffeigenschaften beeinflußt werden.

Die gebräuchlichsten Härteprüfverfahren lassen sich gliedern in Verfahren:

1. des Ritzens (spanabhebend),
2. des Bohrens (spanabhebend),
3. des Eindringens eines gleichen oder Fremdkörpers,
4. der Abnutzung.

In jedem dieser Fälle wird der Widerstand gegen diese Beanspruchung geprüft und der Körper als der härtere bezeichnet, der am wenigsten beansprucht wird. Die Größe der Beanspruchung ist naturgemäß von der Härte des Prüfkörpers abhängig und jedes Prüfverfahren gestattet eigentlich nur einen Vergleich zwischen der Härte des Prüfkörpers und dem zu prüfenden Werkstoff. Man ist im allgemeinen bestrebt, die Härte des Prüfkörpers so hoch wie möglich zu wählen, damit sein Widerstand gegen die bei der Prüfung auftretenden Beanspruchungen möglichst hoch ist und das Prüfergebnis wenig beeinflußt. So genügt es, Blei mit einer Kugeldruckhärte von etwa 9 kg/mm² mit einer gewöhnlichen Stahlkugel zu prüfen, während man die Stahlkugel selbst mit einem wesentlich härterem Werkstoff prüfen muß.

Interessanterweise hat sich für sämtliche der unter 1—4 genannten Härteprüfverfahren der Diamant als einwandfreiester Werkstoff zur Härteprüfung gezeigt. Das besagt also, daß dieser Werkstoff hinsichtlich der 4 durchaus verschiedenen Beanspruchungen jeweils den höchsten Widerstand aller bekannten Stoffe besitzt. Es wäre natürlich verfehlt anzunehmen, daß der Diamant von den Beanspruchungen nach 1 bis 4 unbeeinflußt und unbeschädigt bleibt, vielmehr ist nur die äußerlich wahrnehmbare Eindrückung, Abnutzung usw. wesentlich geringer, als die irgendwelcher bekannter Stoffe. Selbstverständlich bestehen auch wesentliche Härteunterschiede zwischen den einzelnen Diamanten, insbesondere den Diamanten einzelner Fundorte. Leider ist bisher noch kein Maßstab für die Härte der Diamanten gefunden worden und die Praxis ist bisher nur auf das Gefühl erfahrener Diamantfachleute angewiesen. Wie verschiedene Versuche[1]) ergeben haben, sind die Voraussagen der Fachleute als ziemlich sicher anzusehen. Andererseits gelingt es durch Vergleichsversuche mit Körpern geeichter Härte Verschiedenheiten der Prüfspitzen leicht zu erkennen.

Ritzverfahren.

Das Ritzverfahren ist wohl das älteste Verfahren der Härteprüfung von Stoffen, insbesondere von Mineralien. Als oberste Stufe der Härte wurde schon frühzeitig die Diamanthärte gesetzt (A. G. Werner 1774; Mohs etwa 1820 und später Breithaupt). Die Härtebestimmung erfolgte durch Ritzen eines Körpers durch einen härteren (nächst härteren!); sie soll auf den französischen Mineralogen Hauy (1801) zurückgehen. Ein bemerkenswerter Fortschritt war die Härtebestimmung durch einen wesentlich härteren Körper. Pausner gebrauchte 1813 erstmalig Nadeln mit Diamantspitzen zur Ritzhärtebestimmung. Die Unterschiede und Schwankungen dieser Art der Härteprüfung führten in späteren Jahren zur Ausbildung von Sklerometern, bei denen eine Diamantspitze eine bestimmte Belastung erhält. Unter dieser Belastung wird die Diamantspitze über den Prüfkörper hingezogen (Verfahren von Turner) oder der Prüfkörper wird unter der belasteten Spitze gezogen (Verfahren nach Seebeck-Hirschwald-Martens). Hirschwald benutzt an seinem Apparat einen scharf ausgebildeten oktaedrischen Diamantkristall, während Martens einen Diamantkegel mit 90° Spitzenwinkel anwendete. Bei Hirschwald und anderen, die nur das Auftreten eines sichtbaren Ritzes beobachten, wurde die Härte proportional der Belastung angenommen. Nach Martens ist das Härtemaß diejenige Belastung der Prüfspitze in

[1]) F. Karpinski, Maschinenbau 1930 Seite 512.

Gramm, unter der in dem zu prüfenden Werkstoff eine Strichbreite von 0,01 mm erzielt wird.

Die Ritzverfahren haben heute nur noch untergeordnete Bedeutung für die praktische Härteprüfung[2]), da man heute zu wesentlich einfacheren und schnelleren Verfahren übergegangen ist. Das Ritzhärteverfahren besitzt den Vorteil, daß z. B. die verschiedene Härte einzelner Gefügebestandteile genau beobachtet und gemessen werden kann. Während man bei anderen Prüfungen, z. B. der Kugeldruckprobe, den durchschnittlichen Widerstand der einzelnen Gefügebildner ermittelt, bestimmt man bei der Ritzhärte in der Regel die Einzelwiderstände.

Eindringhärte.

Die größte Bedeutung haben heute die Verfahren zur Prüfung der Eindringhärte gewonnen. Diese Verfahren gehen auf die Hertzsche Härtetheorie zurück. Hierbei wird angenommen, daß eine kugelförmige Fläche auf eine ebene Fläche aus gleichem Werkstoff drückt. Der Grenzwert der Belastung, bei dem die Elastizitätsgrenze überschritten wird, ist die Härte des Körpers. Bei neueren Verfahren wird absichtlich als Gegenkörper ein wesentlich härterer Stoff verwendet, wodurch die Ableitungen der Hertzschen Theorie keine Gültigkeit mehr haben. Dagegen ist von Auerbach nach dieser Theorie neben anderen Stoffen auch die „Härte" des Diamanten festgestellt worden. Die von Auerbach eingeführte absolute Härte ist die Hertzsche Härte P_1 in Abhängigkeit vom Krümmungshalbmesser ϱ der Kugelfläche

$$H = P_1 \sqrt[3]{\varrho}$$

Hier drückt eine Kugel auf eine ebene Platte gleichen Werkstoffes. Die absolute Härte ergab sich für den Diamanten zu 2170, wenn die Härte von Korund = 1000 gesetzt wird[3]). In ähnlicher Weise ermittelte Prof. M. Schuler die Druckfestigkeiten von Quarz, Saphiren und Diamanten (vgl. S. 26).

Die heute übliche Härteprüfung für weiche und mittelharte Stoffe ist die Kugeldruckprobe nach Brinell (s. DIN 1605). Bei harten Stoffen plattet sich auch die Kugel ab, wodurch eine zu geringe Härte angezeigt wird. Für diese Fälle, etwa über H = 600 kg/mm² werden Kugeln höherer Härte, z. B. aus kaltgehärtetem Stahl oder Hartmetall vorgeschlagen. Kugeln aus Wolfram-Karbid lassen sich einwandfrei bis H = 730 kg/mm² verwenden. Für noch größere Härten hat man vereinzelt Halb-

---

[2]) Dagegen kommt der Ritzhärteprüfung noch eine hohe wissenschaftliche Bedeutung zu, wie die interessanten Vergleichsversuche von R. R. Ridgway und anderer zur Bestimmung der Härte von Borkarbid zeigen (vgl. Fußnote auf S. 26).

[3]) s. Zahlentafel S. 27.

kugeln von 5 mm Durchmesser aus Diamant vorgeschlagen. Derartige Halbkugeln sind einmal schwierig herzustellen und wegen der großen hierzu verwendeten Diamanten sehr teuer.

Bei der Kugeldruckhärte wird als Härtemaß die Belastung geteilt durch die Eindringfläche ermittelt; da die Ausmessung des Kugeleindrucks im allgemeinen nach der Prüfung vorgenommen werden kann und die Prüfung infolgedessen zeitraubend ist, werden jetzt Verfahren bevorzugt, bei denen die Tiefe des Eindruckes ermittelt wird. Das Härtemaß ergibt sich dann allerdings nicht in kg/mm², vielmehr ist eine mehr oder weniger willkürliche Skala zugrunde zu legen. Die bekannte Rockwell-Härteprüfung verwendet die Tiefenmessung und verbindet sie zugleich mit einer Vorlast. Die Vorlast hat die Aufgabe, das Prüfergebnis von kleinen Ungenauigkeiten zu befreien, die durch eine nicht ganz glatte Oberfläche des Prüfkörpers entstehen können. Die Ablesung des Endergebnisses wird jedoch erst vorgenommen, nachdem die Hauptlast wieder entfernt ist.

Während für weichere Stoffe eine Stahlkugel von $^1/_{16}$″ Durchmesser (1,58 mm) angewandt wird, ist für härtere Stoffe ein Diamantkegel von 120° Spitzenwinkel mit einer kleinen Abrundung vorgesehen (Abb. 1). Die näheren Versuchsbedingungen sind in der DIN-Vornorm DVM A 103 festgelegt.

Die Vorlast für den Regelfall beträgt 10 kg. Die Prüflasten sind verschieden. Sie betragen bei der Diamantspitze im allgemeinen 150 kg (Rockwellhärte C). Die mit der Diamantspitze gewonnenen Härten sollen die Bezeichnung H_{vD} erhalten.

Für die Härteprüfung mit Vorlast sind besondere Prüfmaschinen entwickelt worden (Abb. 2). Die Versuchsdauer beträgt etwa 6 bis 7 s. Als Härteeinheit wird bei Anwendung der Diamantspitze eine Eindringtiefe von 0,002 mm benutzt, und zwar erhält die Eindrückung = 0 die Rockwellhärte 100. Eine Rockwellhärte C oder H_{vD} von 65 besagt also, daß die Prüflast von 150 kg die Diamantspitze um 0,070 mm in den Prüfkörper eindrückte. Hieraus ersieht man, welche hohe Genauigkeit die Meßeinrichtung aufweisen muß.

Die relativ häufige Nachprüfung mit einem Vergleichsstück gehört jedoch zu den Notwendigkeiten dieses auf genaue Übereinstimmung von Apparat und Prüfspitze abgestellten Prüfverfahrens.

Dünne Werkstücke mit schwachen Einsatzschichten (z. B. Rasierklingenstähle) werden durch (noch nicht in der Norm enthaltene) Prüflasten von 45, 30 und 15 kg geprüft. Die Vorlast ist hier entsprechend der geringeren Prüflast auf 3 kg heruntergesetzt (Super-Rockwell N). Die Prüfspitze hat die gleiche Form, wie die für Rockwellhärte C, nur soll sie mit höherer Genauigkeit hergestellt werden. Auch wird eine andere Härteskala angewendet. Ein Gradstrich der neuen Rockwellhärte N beträgt nur 0,001 mm Eindringtiefe. So ergibt sich bei gehärtetem Werkzeugstahl eine normale Eindringtiefe von 0,1 mm, während sie bei Rockwellhärte N nur 0,025 mm beträgt[4]).

Die Diamanten werden bei der Rockwellprüfung außerordentlich stark beansprucht. Es dürfen deshalb nur ganz

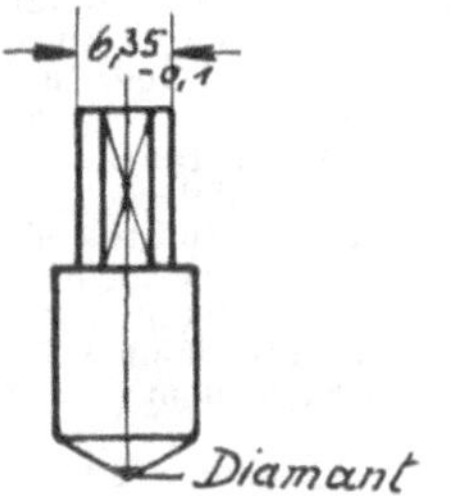

Abb. 1. Prüfspitze für Rockwellhärte C.

Abb. 2. Härteprüfung mit Vorlast (Rockwell).

dichte, wenig spröde und völlig rißfreie Steine zur Anwendung kommen. Besonderer Wert ist auch auf eine einwandfreie möglichst wenig nachgiebige Fassung der Diamanten zu legen. Gute Ergebnisse hat an Stelle des Einlötens und Warmeinpressens das K a l t e i n p r e s s e n des Diamanten in eine Stahlfassung gezeigt, wobei der Diamant unten plan geschliffen

[4]) Zur Härteprüfung von Hartstoffen wird die Rockwellhärte A mit 60 kg Belastung, ebenfalls mit Diamantkegel, vorgeschlagen, sie bedingt eine abgeschliffene Werkstück-Oberfläche.

wird und unnachgiebig auf einem Hartmetallamboß aufruht[5]). Die Diamanten müssen ferner auf das genaueste geschliffen sein, die Abrundung muß auf dem gesamten Umfang genau in den Kegel von 120° übergehen. Die speziellen Eigenschaften der Diamanten haben auf die Prüfung keinen Einfluß bzw. sind weitgehend ausgeschaltet. Der gutgeschliffene Diamant erzielt auf den verschiedenen Vergleichsplättchen in mehreren Härtestufen genau übereinstimmende Ergebnisse.

Hinsichtlich der Lebensdauer der Diamanten kann nichts Bestimmtes gesagt werden. Bei Beanspruchung allein durch Abnutzung, also durch die Häufigkeit der Versuche, können die Diamanten mehrere Jahre halten. Die Lebensdauer der Härteprüfdiamanten hängt von ihrer guten Behandlung ab. Es muß auf tadellosen Zustand der Maschinen und der Diamanten geachtet werden. Ölmangel in der Maschine gibt falsche Anzeigen. Meist springt aber vom Stein ein feiner Splitter ab, wenn durch Stoß, ungeschicktes Auflegen des Prüfstückes usw. dem Diamanten eine nicht vorgesehene Beanspruchung zugemutet wird. Der Diamant ist dann in den meisten Fällen für den weiteren Gebrauch unbrauchbar und kann auch nicht wieder durch Nachschleifen berichtigt werden.

Neben dem Original-Rockwellverfahren sind in den letzten Jahren noch ähnliche Härteprüfverfahren entwickelt worden. Im allgemeinen wird hier das Grundprinzip nur etwas abgewandelt bzw. verbessert.

Bei der Kugeldruckprobe ändert sich bekanntlich die Härtezahl mit zunehmender Eindrucktiefe. Demzufolge ist bereits für die Rockwellspitze ein Kegel mit Abrundung gewählt worden. Bei Härten der Prüfkörper über 85 Rockwellgraden kann die Prüfung als eine reine Kugeldruckprobe aufgefaßt werden, bei darunterliegenden Härten dringt jedoch jeweils ein Stück des Kegels mit ein. Bei Anwendung eines völlig spitz ausgebildeten Kegels oder einer Pyramide entstehen im Prüfkörper jeweils ähnliche Eindruckflächen, so daß die Härtezahl von der Prüfbelastung unabhängig wird. Naturgemäß erleidet die Prüfspitze bei spitzer Ausbildung eine wesentlich höhere Beanspruchung, die selbst bei geringer absoluter Belastung im allgemeinen eine werkstattsmäßige Dauerprüfung mit solchen Geräten ausschließt.

Beim Vickers-Pyramidenhärteprüfer wird als Prüfspitze eine vierseitige Diamantpyramide (Abb. 3) mit 136° Kantenwinkel benutzt. Die Form der Pyramide wurde gewählt, da sich die ebenen Flächen genauer schleifen und polieren lassen sollen als Kugeln und Kegel. Der Winkel von 136° ergab sich

---

[5]) Verfahren von E. Winter und Sohn, beschrieben von A. Meyer in Z. d. VDI 48 (1934), S. 1175.

aus der Überlegung, daß man beim Kugeldruckverfahren dann die besten Ergebnisse erhält, wenn der Eindruckdurchmesser zwischen dem 0,25- und 0,5fachen Kugeldurchmesser liegt. Dem idealen Mittelwert von 0,375 entspricht nun ein Tangentenwinkel von 136°, so daß eine gute Übereinstimmung zwischen Kugel- und Pyramideneindruck besteht. Die Eindrücke der Prüfspitze sind quadratisch. Die Belastung wird nur relativ

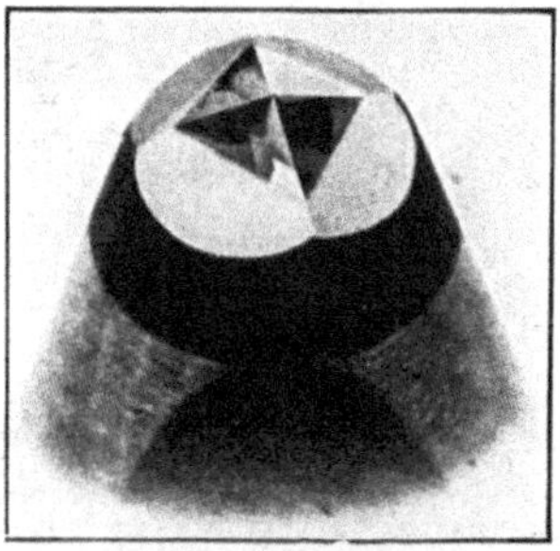

Abb. 3. Prüfspitze der V. P. Z.

gering gewählt und läßt sich zwischen 5 und 50 kg einstellen. Die Härtezahl $H = \frac{\text{Belastung}}{\text{Eindruckoberfläche}}$. Die Eindruckoberfläche F wird durch optisches Ausmessen der Diagonale E des Eindruckes bestimmt aus $F = \frac{E^2}{2 \cdot \cos 22^\circ}$. Entsprechend der Proportionalität der Eindrücke ist die Härtezahl des gleichen Werkstoffes unabhängig von der Belastung. Dieses ergibt ein genaues Kriterium für die Genauigkeit des Apparates und eine etwaige Beschädigung der Prüfspitze. Bis zu etwa 360 kg/mm² Kugeldruckhärte stimmt die VPZ[6]) bei Stahl genau überein. Darüber hinaus zeigt die VPZ größere Werte an, dies ist auf die Abplattung der Kugeln und die Nichtproportionalität der Eindrücke beim Kugeldruckverfahren zurückzuführen. Theoretisch ist also die VPZ genauer. Gefügeunterschiede im geprüften Werkstoff zeigen sich durch eine kleine Verzerrung der Seitenkanten des Eindruckquadrates.

[6]) Vickers-Pyramiden-Zahl.

Rückprallhärte.

Die Rückprallhärteprüfung (Abb. 4) gehört zu den dynamischen Härteprüfungen, man kann sie als eine Schlag- oder Stoßhärteprüfung auffassen. Hier wird nicht der Eindruck ausgemessen, sondern die Härtezahl aus der Höhe des Rücksprunges des Fallhammers ermittelt. Als Meßgeräte dienen

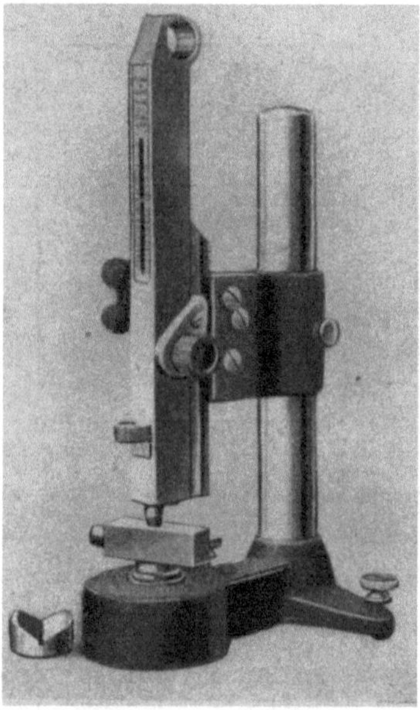

Abb. 4. Rückprallhärteapparat (Reindl u. Nieberding).

Fallhämmer, die den Namen Skleroskop tragen[7]). Diesen von Shore eingeführten Apparaten liegt eine Härtezahl 100 für einen martensitischen hochkohlenhaltigen Stahl zugrunde.

Bei diesem Versuch handelt es sich jedoch nicht um eine Elastizitätsprüfung, da durch das Auftreffen des 20 g schweren

[7]) Nicht mit den nach dem Ritzverfahren arbeitenden Sklerometern zu verwechseln.

Fallhammers aus einer Höhe von 112 mm die Elastizitätsgrenze des Prüfstoffes weit überschritten wird. Selbst bei gehärtetem Stahl entsteht ein deutlich erkennbarer Eindruck. Als Prüfspitze wird im allgemeinen ein Diamant verwendet (Abb. 5). Zur Prüfung von Weichmetallen wird gelegentlich eine 3-mm-Kugel aus Hartmetall benutzt. Die Hartmetallkugeln weisen eine größere Rückprallhärte auf, als die Diamantspitzen, wie aus Abb. 6 hervorgeht, die gleichzeitig die zwischen Rückprallhärte und Rockwellhärte C bestehende Beziehung nachweist. Besondere Vorteile weist die Rückprallprüfung bei Untersuchung gehärteten Stahles auf, da die Genauigkeit der Angaben im Gegensatz zur Kugeldruckhärteprüfung mit der Härte des Prüfstückes steigt. Betriebswirtschaftlich günstig ist die Schnelligkeit der Prüfung und die unmittelbare Verbindung von Prüfung und Ablesung, die bei der Kugeldruckhärteprüfung

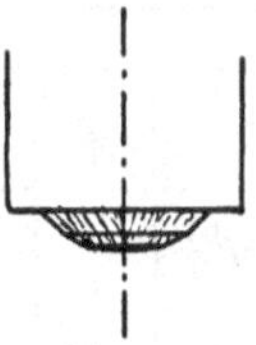

Abb. 5. Prüfspitze eines Rückprallhärteprüfers.

nicht vorhanden ist. Günstig ist ferner die hohe Anzahl der Prüfungen, die mit der gleichen Diamantspitze vorgenommen werden kann. Bei einem Versuch, bei dem der Härteprüfer durch eine Fräsmaschine angetrieben wurde, ergaben sich nach sehr großer Schlagzahl für SM-Stahl durchschnittliche Abweichungen von 3 Härtegraden (Häufigkeit etwa 75%). Die Form der Diamanten ist bei den Rückprallhärteprüfern nicht gleichartig, da jedes Gerät an Hand von Prüfstücken mit der Rockwell- und mit der Brinellskala in Übereinstimmung gebracht wird. Der Versuch, dem Diamanten eine einheitliche Oberflächenform zu geben, etwa die Form einer Kugel von 3 mm Durchmesser, ergab wohl für die weicheren Werkstoffe geeignete Rücksprungunterschiede, während bei den härteren Werkstoffen, z. B. gehärteten Stahl, die Unterschiede nicht genügend klar zutage kamen. Deshalb wird von den maßgebenden Herstellern der Apparate der Diamant, der in bestimmter Lage zu seiner Kristallachse befestigt ist, beim Zusammenbau des Gerätes anhand der Prüfstücke zu seiner endgültigen Form geschliffen. Die Rohdiamanten werden von den Lieferern vorgeschliffen, so daß die Nacharbeit verhältnismäßig gering ist. Eine Herstellerfirma hat eingehende Versuche unternommen, ob eine gesetzmäßige Beziehung zwischen Diamantenform und Rückprallhöhe zu finden ist.

Ein weiteres dynamisches Prüfverfahren ist der Pendelhärteprüfer von Herbert. Er besteht aus einer um eine Kugel

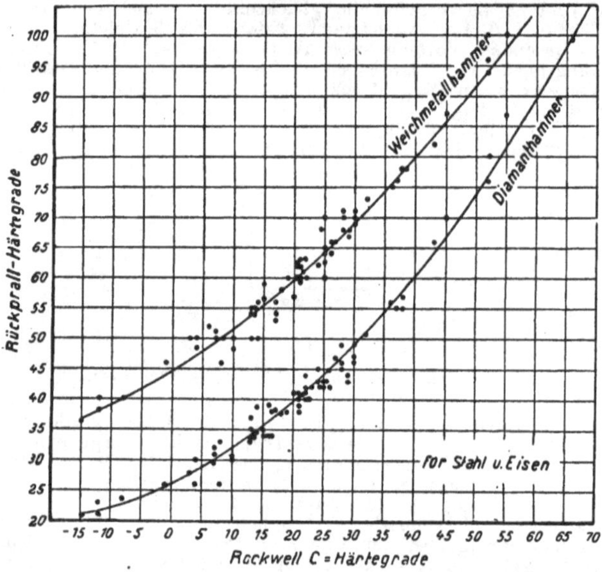

Abb. 6. Vergleich der Rückprallhärte und Beziehung zur Rockwellhärte.

pendelnde Schwinge, deren Schwerpunkt durch eine Stellschraube genau in den Mittelpunkt der Stützkegel oder etwas darüber oder darunter verlegt werden kann. Als Auflagepunkt für die Stützung dient ein halbkugeliger Diamant oder Saphir von 1 mm Durchmesser. Als Härtemaß werden hauptsächlich drei verschiedene Prüfungen empfohlen:

Das Winkelverfahren, das Zeitverfahren und das Differentialverfahren. Beim W i n k e l v e r f a h r e n schwingt das

Pendel aus einer Schrägstellung von 45° zurück (Winkelhärte). Nach Untersuchungen von Pomp ist dieses Verfahren für die praktische Anwendung nicht geeignet. Das Zeitverfahren bestimmt die Zahl der Schwingungen in 100 Sekunden, die das Pendel nach ganz leichtem Anschlag ausführt. Diese Prüfung ist dem Skleroskop gegebenenfalls überlegen. Beim Differentialverfahren soll die Härtetiefe an einsatzgehärteten Stücken bestimmt werden.

Bearbeitungsprüfung.

Abweichend von den bisher beschriebenen Härteprüfungen kann auch die Härte als Widerstand gegen eine Bearbeitung (z. B. Bohren) aufgefaßt werden. Bei dem Verfahren von Jaggar wird durch eine Diamantspitze bei gleichbleibender Drehzahl mit gleichbleibendem Vorschub eine Bohrung bestimmter Tiefe erzeugt. Die Zahl der hierfür erforderlichen Umdrehungen gibt ein Maß für die Bearbeitbarkeit. Der zu diesem Prüfverfahren benutzte Diamant ist ein tetraedrisches Spaltstück mit vollkommen ausgebildeter Spitze. Jaggar gibt dem Tetraeder den Vorzug wegen seiner ausgebildeten Ecken, da jedes Tetraeder 4 Ecken habe, sei es nicht schwer, unter einer relativ kleinen Menge von Stücken eine Ecke mit vollkommener Ausbildung zu finden. Die Winkel der drei Flächen ergaben sich zu 62°, d. h. keine der Flächen ist genau eben, sie besitzen also kleine Einbiegungen oder Rundungen. Der unter dem Mikroskop ausgewählte Diamant wird durch Einlöten in die Mitte einer Messingfassung zuerst roh zentriert, dann wird das Messing mit der Diamantspitze als Mittelpunkt genau abgedreht. Das recht geschickt durchgebildete Gerät besitzt genaue Meßeinrichtungen für Geschwindigkeit, Gewicht, Tiefe und Dauer des Versuches. In der Originalabhandlung werden Vergleichsverfahren mit den Mineralien der Mohsschen Skala genau beschrieben. Die Spitze wurde absichtlich um 0,08 mm exzentrisch versetzt, um das Bohrloch nicht zu verstopfen. Die Gewichtsbelastung betrug 10 g, die Bohrtiefe 10 μ, die Drehzahl 390 U/min. Bei Gips ergab sich eine notwendige Drehzahl von 8,3, bei Calcit 50, bei Flußspat 14,3 U/min. Diese Drehzahlen wurden der Härte proportional gesetzt.

Schleifscheibenprüfung.

Auch zur Schleifscheibenprüfung werden Diamanten empfohlen. Ein bisher noch ungelöstes Problem ist die Prüfung der Härte von Schleifscheiben. Diese ist nicht nur bestimmt durch die „Härte“ der Schleifkörner und die Haltefestigkeit des Bindemittels, sondern auch die Behandlung der Schleifscheibe (Brenndauer). Bornemann[8]) schlägt als Maß für die Härte

[8]) Dissertation, Dresden 1931.

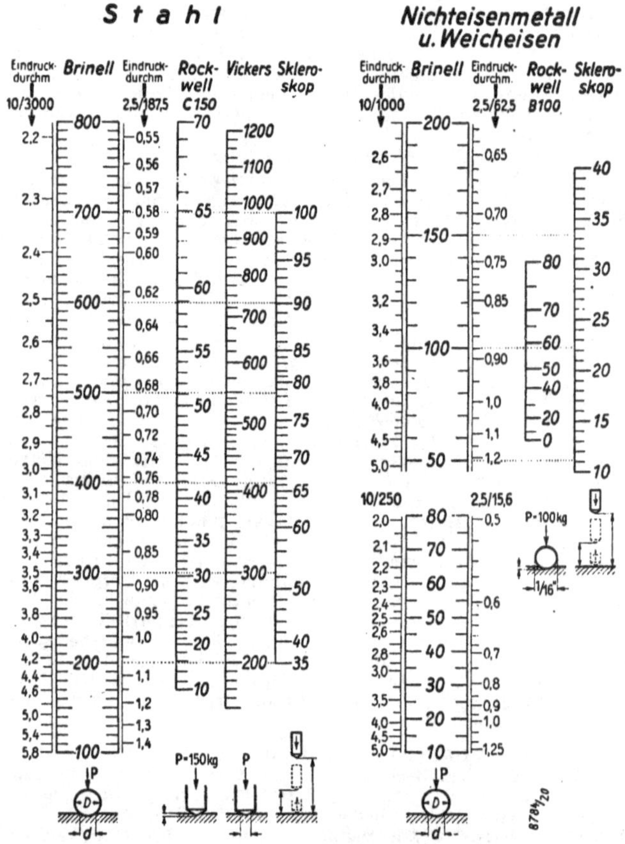

Abb. 7. Vergleich zwischen den Härteskalen Brinell-, Vickers-, Rockwell- und Skleroskophärte für Stahl und Nichteisenmetalle (Kraftfahrtechnisches Taschenbuch R. Bosch A.-G., 1935).

von Schleifscheiben den spezifischen Schnittdruck beim Abdrehen der Schleifscheiben mittels eines Diamanten vor. Es wird hierbei also der Vorgang des Abdrehens der Schleifscheibe[9]) zu einem Prüfverfahren umgewandelt. Das Verfahren ist allerdings noch nicht werkstattsmäßig durchgebildet, jedoch dürften die Feststellungen von Bornemann für die Weiterarbeit auf diesem Gebiet von Wichtigkeit sein:

1. Der spezifische Schnittdruck beim Abdrehen mittels Diamanten ist für jede Scheibe eine Konstante und unabhängig vom Schneidquerschnitt.
2. Die Konstante wächst mit der Härte der Scheibe.
3. Der spezifische Schnittdruck steigt mit der Größe der Abnutzungsfläche auf dem Diamanten.

Prüfspitzen.

Aus den obigen Darlegungen geht hervor, daß den Prüfspitzen für die Härteprüfung die größte Bedeutung für das Prüfverfahren innewohnt. Eine fehlerhafte Form und ein nicht

Zahlentafel 1.

Diamant-Prüfspitzen für Härteprüfzwecke

Lfd. Nr.	Art der Prüfung	Form	Werkstoff	Bemerkungen
1	Hirschwald-Pöschl Ritzhärte	Oktaeder Naturkanten	Diamant	Gesteinprüfung
2	Martens Ritzhärte	Kegel 90°	Diamant	
3	Auerbach absolute Härte	Kegel 2 mm ∅	dem jeweiligen Prüfstoff entsprech.	nur für wissenschaftl. Zwecke
4	Eindringhärte m. Vorlast	Kegel 120° kugelig abgestumpft	Diamant	DIN Vornorm DVM A 103
5	Monotron Druckhärte	Kugel0,75 mm ∅	Diamant	
6	Vickers Druckhärte	Quadr. Pyramide 136°	Diamant	
7	Shore-Rückprallhärte	empirische Form	Diamant	emp. Form um Übereinstimmg. m. a. Härteskalen zu erhalten
8	Herbert Pendelhärte	Kugel 1 mm ∅	Diamant Saphir o. Stahl	
9	Jaggar Bohrversuch	Tetraeder Naturkanten	Diamant	f. wissenschaftl. Zwecke

[9]) Siehe S. 65.

ganz einwandfreier Rohstoff verursachen schon ganz wesentliche Abweichungen und ergeben Unterschiede, die später überhaupt oder nur sehr schwer festgestellt werden können. Es liegt deshalb im eigenen Interesse der Benutzen, nur einwandfrei geschliffene, gefaßte und ausgewählte Steine zu benutzen, die auf geeichten Probestücken verschiedener Härte ihre Eignung erwiesen haben. Auch muß mit der Verwendung der Steine sofort aufgehört werden, sobald sich übermäßige Unterschiede herausstellen. Prüfungen mit nicht ganz einwandfreien oder sogar beschädigten Steinen weiterzuführen, ist geradezu sinnlos. Dann ist es schon besser, überhaupt auf die Härteprüfung zu verzichten. In Zahlentafel 1 ist eine Übersicht über die gebräuchlichsten Diamantspitzen gegeben. Sie ist gegliedert nach Art der Prüfung und Form; in der letzten Spalte sind noch Hinweise auf Normen und die Literatur gegeben.

Härtebeziehungen.

Wie einleitend dargelegt, läßt sich keine allgemeine Beziehung zwischen den nach den verschiedenen Prüfverfahren ermittelten Härtewerten ableiten. Um den praktischen Bedürfnissen zu entsprechen, sind jedoch für enger begrenzte Stoffgruppen Umwandlungstafeln erwünscht. Abb. 7 zeigt zwei solcher Tafeln für Stahl und Nichteisenmetalle.

Schrifttum:

V. Pöschl, Die Härte der festen Körper, Dresden 1909.

G. Berndt, Die Härte der Körper, Monatsblätter des Berl. Bez. VDI (1920) Seite 77--91.

P. Grodzinski, Härteprüfung fester Stoffe, ATM August 1933, V 9113—1 dort weitere Angaben.

5. Schleifscheibenbearbeitung mittels Diamanten.

a) Instandhaltung der Schleifscheiben.

Die Schleifscheibe ist bekanntlich ein Werkzeug, das sich durch Herausbrechen der einzelnen Schneidkörper oder -kristalle aus einer weichen Bindungsmasse stets wieder selbst erneuert. Erst, wenn sich ein Schneid- oder Schleifkorn stärker abgenutzt hat, wird ein starker Druck hierauf ausgeübt, so daß das Teilchen herausgebrochen wird.

In der Praxis beobachtet man nun, daß bei längerer Benutzung einer Schleifscheibe diese Selbsterneuerung der Scheibe zu Unvollkommenheiten führt. Entweder verliert die Scheibe durch ungleichmäßiges Herausbrechen der Schleifkörner ihre zylindrische Form oder aber sie verschmiert. Im letzteren Fall werden die Poren, die durch Herausreißen der Schleifkörner geöffnet wurden, durch das abzuschleifende Material und abgeschliffenes Bindematerial so zugesetzt, daß die Scheibe nicht mehr schleift[1]). Um die bereits abgenutzten Schleifkörner zum Schneiden zu bringen, ist ein steigender Anpreßdruck notwendig, der sowohl das Werkstück als auch die Schleifscheibe gefährden kann. Durch das stärkere Andrücken oder Anstellen des Werkstückes kann die Schleifscheibe übermäßig erhitzt werden. Schon bei einer geringeren Abkühlung, z. B. durch Luftzug, durch Abstellen der Maschine, durch Übergang von Trocken- zu Naßschliff usw. zerspringt die Schleifscheibe[2]).

Die Schleifscheiben müssen deshalb stets rund laufen und mit einer offenen griffigen Schleiffläche gehalten werden. Diese wird durch rechtzeitiges und sachgemäßes Aufrauhen der laufenden Scheibe mit besonderen Werkzeugen vorgenommen. Ein Behauen der Scheiben durch Meißel, Pickel o. dgl. ist unzureichend, gefährlich und deshalb verboten[2]).

---

[1]) Nach einer neueren Untersuchung von Dr. Bornemann beruht das Verschmieren der Schleifscheiben darauf, daß sich die Metallspänchen folienartig über die abgenutzten Schleifkörner legen (vgl. S. 61).

[2]) R. Schneidler, Springen von Schleifscheiben. Werkzeugmaschine 1933, Heft 18, S. 332/334.

Bei der Wahl des zweckmäßigsten Aufrauhwerkzeuges sind einmal die Betriebsbedingungen zu beachten und auch die Eigentümlichkeit der verschiedenen Werkzeuge ist zu berücksichtigen. Es ist zu unterscheiden zwischen

1. Schleifscheiben für Grobschliff, an denen Teile von Hand geschliffen werden;
2. Präzisionsschleifscheiben für selbsttätigen Rund-, Innen- und Flächenschliff;
3. Werkzeugschleifscheiben.

Für die Schleifscheiben unter 1 werden Stahlräder (Flatter- oder Zackenräder), umlaufende Schleifkörper, Stahlrohre mit Siliziumkarbidfüllung und andere Werkzeuge verwendet. Die gleichen Werkzeuge werden zum Vorabrichten, Beseitigen starken Schlages usw. der Schleifscheiben unter 2 und 3 verwendet, während für das Fertigabrichten dieser Scheibenarten nach den heutigen Erkenntnissen nur der **Naturdiamant** in Frage kommt. Ein Werkzeug zum Aufrauhen oder Abdrehen der Schleifscheiben muß sowohl die Härte des Bindematerials, als auch die des Schleifkorns selbst übertreffen. Der Naturdiamant ist sowohl härter als die zum Aufbau der Schleifscheiben verwendeten Bindemittel, als auch der Schleifkörner aus Schmirgel, Korund und Siliziumkarbid. Die Wirkung der Abdrehrädchen usw. beruht darauf, daß die Schneiden oder Zacken jeweils nur während eines Augenblickes mit der Schleifscheibe in Berührung stehen und so keine besondere Abnutzung erfahren. Bei der umlaufenden Bewegung werden durch die Wellenform des Umfanges dann die Schleifkörner herausgebrochen. Die Schneidkante des Diamanten steht dagegen dauernd mit der Oberfläche der Schleifscheibe in Berührung, eine Beanspruchung, die kein anderer Werkstoff ertragen könnte. Die scharfe Kante des Diamanten durchschneidet sowohl das Bindemittel als auch die Schleifkörner, ohne daß die Kante eine übermäßige Abnutzung erleidet.

Auswahl der Diamanten.

1. Qualität: Die Diamanten sind nicht alle in gleicher Weise für das Abdrehen von Schleifscheiben geeignet. Da sich die afrikanischen Borts zum großen Teil durch ihre ausgeprägten Kanten und Spitzen auszeichnen, sind sie für Abdrehzwecke im allgemeinen recht geeignet. Brasilborts sollen nach wissenschaftlichen Versuchen härter sein.

2. Form: An den zum Abdrehen von Schleifscheiben benutzten Diamanten werden folgende Anforderungen gestellt. Er darf keine Risse haben, sonst springt er infolge der Erwärmung beim Arbeiten. Gute Diamanten halten eine relativ hohe Er-

wärmung[3]) aus. Es sind möglichst harte Steine mit möglichst viel Ecken auszuwählen, da diese Steine einmal guten Halt in der Fassung besitzen, zum anderen sich häufiger umfassen lassen.

3. G r ö ß e : Um die Schleifscheiben wirtschaftlich abzudrehen, muß die Größe des Diamanten dem Durchmesser, der Breite und der Körnung der Schleifscheibe angepaßt sein. Ein zu kleiner Diamant wird überlastet und nutzt sich schnell ab. Bei sehr breiten Schleifscheiben großen Durchmessers, z. B. den Spitzenlosschleifscheiben, kann die geringfügige Abnutzung bereits sich schädlich auf die Genauigkeit auswirken. Ferner besteht bei kleinen Diamanten die Gefahr, daß der Diamant zerspringt oder gar aus der Fassung herausgerissen wird. Das letztere ist meist die Folge von zu starker Abnutzung des Diamanten. Von den verschiedensten Stellen, Diamantwerkzeugfabriken und Schleifmaschinenfabriken, werden bestimmte Zuordnungen von Diamantgrößen zu Schleifscheibendurchmessern empfohlen. Eine graphische Zusammenstellung der verschiedenen Empfehlungen (s. Werkzeugmaschine 1933, Heft 15, S. 287) hat gezeigt, daß hier ganz außerordentliche und kaum begründete Unterschiede bestehen. Berücksichtigt man jedoch die außerordentlichen Unterschiede, die bereits im Rohstoff des Diamanten liegen, ferner in den Schleifscheiben selbst in bezug auf Körnung und Härte, und schließlich in der Art der Schleifmaschine, so wird es klar, daß man mit einer einfachen Zuordnung der Diamantgrößen nicht auskommen kann. Immerhin sollte auf Grund der Betriebserfahrungen der größeren Werke und Hersteller einmal d e r V e r s u c h e i n e r N o r m u n g d e r S c h l e i f s c h e i b e n - D i a m a n t e n g e m a c h t w e r d e n.

Bei dieser Gelegenheit muß darauf hingewiesen werden, daß es bei der Beschaffung von Diamanten nicht auf den Anschaffungspreis ankommt, sondern auf die L e i s t u n g d e s D i a m a n t e n. Obgleich der Brasildiamant um etwa 35% bis 50% teurer ist, ergibt er eine wesentlich höhere Mehrleistung. Wesentlich für den Diamanten ist seine B e h a n d l u n g i m B e t r i e b. Sie beeinflußt fast mehr als der Anschaffungspreis seine Lebensdauer. Im folgenden seien auf Grund von Unterlagen verschiedener Firmen und der einschlägigen Literatur, Hinweise für die Behandlung der Schleifscheibendiamanten gegeben.

D i e S c h n i t t i e f e, d. h. die Zustellung des Diamanten soll nicht mehr als 0,02 bis 0,03 mm betragen. Mehrere leichte Schnitte sind für die Lebensdauer des Diamanten besser als ein starker Schnitt. Bei größeren Schnittiefen, etwa 1 bis 2,5 mm, benutze man ein Stahlrädchen oder einen Flatterfräser zur Vorarbeit und nehme dann nur den Diamanten zur Nacharbeit. Die

[3]) Vgl. Abschnitt: Der Diamant als Werkstoff, S. 23.

Drehzahl der Schleifscheibe beim Abdrehen soll der für Präzisionsschliff entsprechen, damit später beim Schleifen die Scheibe unter den gleichen Betriebsbedingungen läuft. Bei manchen Schleifmaschinen kann auch gar nicht die Drehzahl zum Abrichten herabgesetzt werden. Nur bei recht großen Durchmessern der Schleifscheibe empfiehlt sich u. U. ein Herabsetzen der Drehzahl. Die Vorschubbewegung, d. h. die Bewegung der Diamantspitze parallel zur Achse der Schleifscheibe, hat großen Einfluß auf die Beschaffenheit der Scheibe. Je größer der Vorschub ist, d. h. je schneller man den Diamanten an der Scheibe vorbeiführt, um so rauher wird die Scheibe. Man kann also die Scheibe so zubereiten, wie man sie für einen bestimmten Werkstoff oder einen Schliff bestimmter Güte braucht. Man kann z. B. eine etwas zu harte Scheibe mit einem spitzen Diamanten und gröberen Vorschub so aufrauhen, daß sie auch eine gute Schruppleistung ergibt; oder es kann eine zu grobe Scheibe mittels eines etwas stumpferen Diamanten und einem feineren Vorschub für Feinschliff zugerichtet werden.

Im allgemeinen werden die Schleifscheiben von Hand abgezogen, hierdurch ergeben sich naturgemäß gewisse, wenn auch kaum merkliche Unvollkommenheiten; selbsttätiger Vorschub (hydraulisch oder durch Elektromotor) ist jedoch bei den breiten Scheiben der spitzenlosen Schleifmaschinen vielfach unerläßlich.

Besonders wichtig ist die richtige Einstellung des Diamanten zur Schleifscheibe. Der Diamant arbeitet beim Aufrauhen der Schleifscheibe durchaus wie ein spanabhebendes Werkzeug und es sind deshalb auch hier die gleichen Arbeitsbedingungen zu schaffen, die sonst für diese Arbeiten erforderlich sind. Diese Bedingungen werden vielfach mißverstanden, wenn von seiten der Diamantlieferanten empfohlen wird, daß der Diamant nur schabend wirken soll. Man meint hiermit, daß der Diamant, wie oben angegeben, nur mit einer geringen Schnittiefe arbeiten soll. Im Werkstattgebrauch versteht man aber auch unter Schaben eine mehr drückende Beanspruchung der Schneidkante. Diese ist aber auf jeden Fall zu vermeiden, wie im folgenden erläutert wird.

Der Diamant soll etwas unterhalb der Mitte der Schleifscheibe angreifen und, um spanabhebend wirken zu können, unter etwa 15° zur Waagerechten (Abb. 2) geneigt sein oder einen entsprechenden Winkel mit der Schleifscheibenfläche einschließen (Abb. 3). Würde der Diamant auf Mitte sitzen und genau waagerecht liegen, so würde nach Abnutzung der Spitze der Diamant nur noch drückend arbeiten, genau so schlecht ist die in Abb. 1 gezeigte Stellung. Hier arbeitet der Diamant von unten gegen die Scheibe und wird so in die Scheibe hineingedrückt. Die Scheibe bekommt Rattermarken und der Diamant wird u. U. leicht beschädigt. Bei der richtigen Anordnung dagegen wird der Diamant durch den Scheibendruck von der Scheibe weggedrückt. Der Diamant kann nicht beschädigt werden, und auch die Scheibe wird nicht beschädigt.

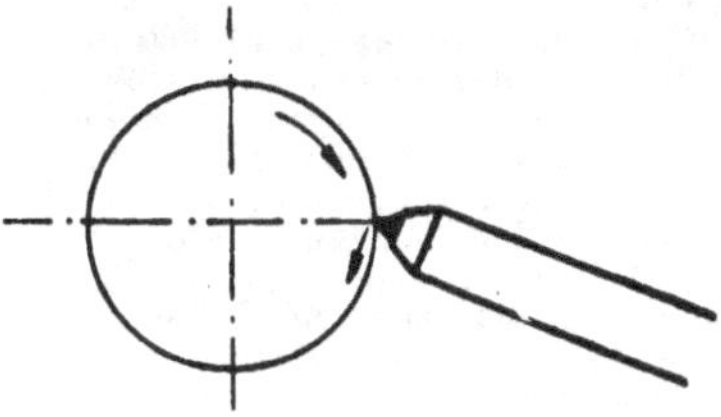

Abb. 1.

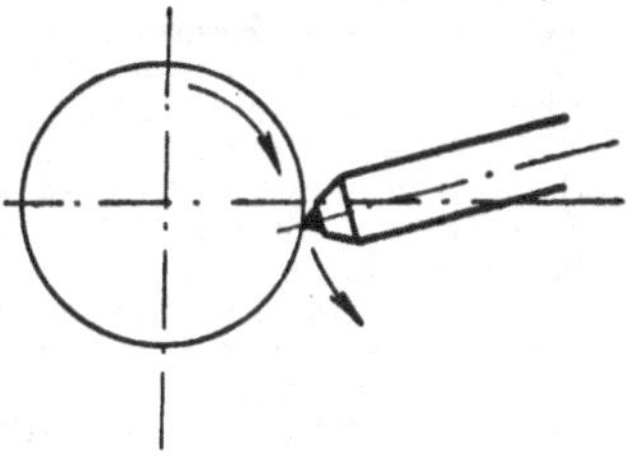

Abb. 2.

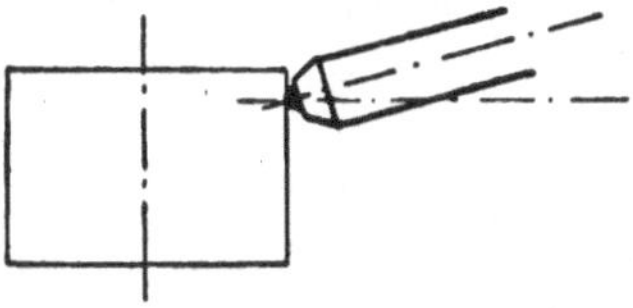

Abb. 3.

Abb. 4.

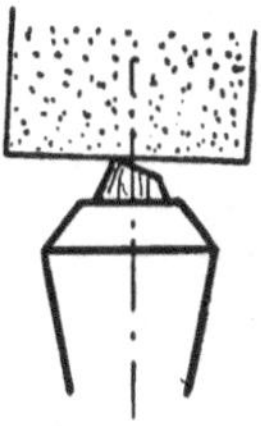

Abb. 5.

Abb. 1—3. Stellung des Abdrehdiamanten zur Schleifscheibe.
Abb. 1. *Falsch*: Diamant wird in die Schleifscheibe hineingedrückt.
Abb. 2. *Richtig*: Diamant geneigt, Diamanthalterachse senkrecht zur Zylinderfläche.
Abb. 3. *Richtig*: Diamant geneigt, Diamanthalterachse parallel zur Schleifscheibenachse und etwas unter Mitte.
Abb. 4 u. 5. Abnutzung des Diamanten.
Abb. 4. Weiterbenutzung ist schädlich, der Diamanthalter muß, wie in Abb. 5, gedreht werden.

Besonders wichtig ist, daß der Diamant den bei *spanabhebender Bearbeitung notwendigen Freiwinkel* besitzt. Hierzu dient die in den *Abb.* 2 u. 3 gezeigte Neigung des Halters. Es ist nun darauf zu achten, daß der

Diamant infolge der Abnutzung nicht eine größere Berührungsfläche mit der Scheibe erhält und so mehr drückend wirkt. Überschreitet die Berührungsfläche das Maß von 1 mm Breite, so ist der Diamant in seinem Halter oder der Halter selbst zu drehen, damit eine neue Kante in Stellung kommt (Abb. 4 u. 5). Würde der Diamant in abgenutzter Stellung weiter benutzt, so erhitzt sich der Diamant einmal zu stark, zum anderen wird keine saubere Schleifscheibe mehr erzielt. Man versuche nicht, den Diamanten durch verstärkten Druck zum Angreifen zu bringen. Es besteht hierdurch Gefahr sowohl für den Diamanten als auch für die Scheibe. Ist ein Drehen des Halters nicht mehr möglich, so ist der Diamant rechtzeitig umzufassen. Die Zeiten für das Abdrehen der Schleifscheiben sind von der Drehzahl der Scheibe und dem Vorschub des Diamanten abhängig. Praktische Werte gibt nach Angaben der Fortunawerke Zahlentafel 1.

Zahlentafel 1

Zeiten für das Abziehen einer Schleifscheibe

(Diamant auf Fertigmaß eingestellt)

	Scheibenbreite	Zeit in Sekunden
Zum Schruppen	50	30
	100	45
	150	60
	200	75
Zum Schlichten	50	60
	100	90
	150	120
	200	150

b) Die Fassung der Schleifscheibendiamanten und ihre Haltevorrichtungen.

Es ist zu unterscheiden

1. die Fassung des Diamanten in einem Einsatz,
2. die Befestigung des den Diamanten tragenden Einsatzes in Halter oder Vorrichtung,
3. Halter und Vorrichtungen zum Ausrichten des Halters gegenüber der Schleifscheibe.

Die unter 2 und 3 genannten Einrichtungen sind auch für andere Abrichtwerkzeuge als Diamanten notwendig.

1. Die Fassung des Diamanten.

Folgende Anforderungen werden an die Fassung des Diamanten gestellt: Der Stein darf beim Fassen oder Umfassen weder durch Schlag noch durch Hitze beschädigt werden, er darf sich bei der Arbeit nicht lockern und er muß sich leicht umsetzen lassen. Die letztere Anforderung ist besonders wichtig, da nur durch das Umsetzen eine nahezu restlose Ausnutzung des Diamantrohstoffes möglich ist.

Es sind drei Arten des Fassens von Diamanten bekannt:

a) Einspannen oder Einklemmen,
b) Einlöten oder Eingießen,
c) Einstemmen.

Zu a) *Einspannen oder Einklemmen*: Das Einspannen oder Einklemmen ist heute, da die Schleifscheibendiamanten besonders hohen Beanspruchungen unterworfen sind, fast ganz aus dem Gebrauch gekommen. Den einzigen Vorteil bei diesen Arten der Fassung könnte man darin sehen, daß ein bequemes Verdrehen und Umdrehen möglich ist, wenn der Diamant stumpf geworden ist. Dies bringt jedoch die große Gefahr mit sich, daß der einmal gelockerte Verschluß nicht mehr genügend kräftig angezogen wird und dadurch der Diamant sich lockert und beschädigt wird. Umgekehrt kann ein zu kräftiges Anpressen ebenfalls den Diamanten gefährden.

Die *Abb.* 1 bis 3 zeigen gebräuchliche Befestigungen.

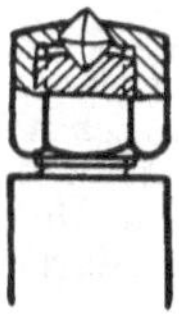
Abb. 1.

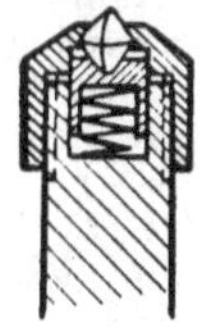
Abb. 2.

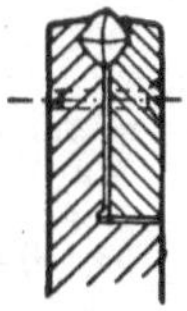
Abb. 3.

Abb. 4.

Abb. 1. Befestigung des Diamanten durch Überwurfmutter.

Abb. 2. Befestigung des Diamanten durch Überwurfmutter; Gegendruck durch kräftige Feder.

Abb. 3. Klemmbefestigung des Diamanten durch zwei Platten.

Abb. 4. Einlöten des Diamanten.

In Abb. 1 ruht der Diamant unmittelbar oder unter Zwischenlage eines Polsters aus Kupfer, Stanniol oder dergl. auf dem Einsatz auf; er wird durch eine kegelig ausgesparte Überwurfmutter auf dem Einsatz festgespannt. Vielfach wird die Überwurfmutter durch eine Gegenmutter gesichert, jedoch ist diese Sicherung bei strammgehendem Gewinde nicht notwendig. Abb. 2 unterscheidet sich von Abb. 1 dadurch, daß das Polster durch eine kräftige Feder gebildet wird, die von einem Druckbutzen umgeben ist. Auch hier wird der Diamant durch eine Überwurfmutter festgespannt. Die Feder muß sehr kräftig sein, damit keine Schwingungen des Diamanten entstehen können. Schließlich zeigt Abb. 3 eine Klemmbefestigung, wie sie ähnlich für Abdrehdiamanten verwendet wird. Das Einspannen oder Einklemmen hat nur noch historischen Wert.

Zu b) Einlöten oder Eingießen: Der Einsatz erhält hier eine kleine Bohrung, deren Durchmesser größer ist als dem einzubettenden Diamant entspricht (Abb. 4). Der Diamant wird dann eingelegt und sorgfältig von einer Lötmasse (Hartlot) umgossen. Obgleich der Diamant im allgemeinen Temperaturen bis 1000° ohne Schaden ertragen kann, wirkt auf ihn der bei der Lötung vorhandene Sauerstoff und auch das Lötpulver (Borax) ungünstig ein. Auch entsteht beim Einlöten, besonders, wenn es nicht genügend sorgfältig vorgenommen wird, die Gefahr des Loslösens, ohne daß man etwas vorher merkt.

Zu c) Einstemmen: Hier wird der Kopf des Einsatzes geschlitzt und der Diamant wird durch die Federung des Stahles allein festgespannt. Das Einstemmen oder Anstemmen kann auf kaltem oder warmem Wege erfolgen. Bei lezterem Verfahren wird das Schaftende im Holzkohlenfeuer warmgemacht und die Schlitze mit Hartlot ausgegossen.

Beim Fassen muß jeder Diamant sorgfältig geprüft werden, um die Lage der Spaltflächen festzustellen, damit die Beanspruchung nicht parallel hierzu erfolgt. Die Struktur der Diamanten ist aber sehr verschieden und kann meistens nur von Diamantfachleuten richtig beurteilt werden. Daher sollte das Fassen oder Umsetzen den Diamantwerkzeugfabriken überlassen werden, die über langjährig geschulte Kräfte verfügen. Durch sachgemäßes Fassen kann die Leistungsfähigkeit und Lebensdauer des Diamanten ganz bedeutend erhöht werden. Die Bedeutung dieser Arbeit wird meistens unterschätzt.

Abb. 5. Abb. 6. Abb. 7.
Abnutzung von Schleifscheibendiamanten.

Abb. 5 vor der Benutzung, Diamant richtig gefaßt.
Abb. 6. Diamant abgenutzt; der Diamant muß jetzt umgefaßt werden.
Abb. 7. Fassungsmetall abgeschliffen. Der Diamant ist ohne Halt und kann leicht verloren gehen. Vier Arbeitsecken sind durch zu lange Benutzung vergeudet.

Der Diamant soll etwa zu ⅝ bis ¾ seiner Größe im Einsatz eingebettet sein. Er ist nur soweit zu gebrauchen, als das Haltermaterial noch nicht angegriffen ist. Wird er weiter benutzt, so werden auch die noch im Metall befindlichen Ecken angegriffen, der Diamant verliert seinen Halt in der Fassung. Auch ein Umfassen ist dann nicht mehr möglich, da die zum Angriff zu bringende Fläche fehlt. Die Abb. 5 bis 7 zeigen anschaulich, wie weit der Schleifscheibendiamant abgenutzt werden darf, um wirtschaftlich zu arbeiten.

2. Befestigung des Einsatzes in Halter oder Vorrichtung.

Der Diamanteinsatz soll im eigentlichen Diamanthalter drehbar sein, damit stets eine neue Kante oder Spitze an der Schleifscheibe zum Angriff gebracht werden kann. Die Abnutzungslänge soll das Maß von 1 mm Breite nicht überschreiten[1]). Man bildet deshalb den Einsatz patronen-

[1]) Instandhaltung der Schleifscheiben mittels Diamantwerkzeugen, S. 69.

artig aus, und zwar mit Morsekegel (Morsekegel 1), mit Innengewinde oder Außengewinde. Er wird auch als glatter Zylinder, mit oder ohne Zapfen ausgebildet und durch eine Überwurfmutter festgehalten.

Diese Einsätze oder Patronen haben den Vorteil, daß sie leicht aus den Vorrichtungen und Haltern herausgenommen werden können. Sind für jede Abdrehvorrichtung mehrere dieser Einsätze vorgesehen, so ist bei Beschädigung eines Einsatzes stets ein anderer verwendungsbereit. Die Einsätze mit einem größten Durchmesser von etwa 12 mm und einer Länge von höchstens 40 bis 50 mm lassen sich auch bequem an die Hersteller zum Umfassen oder Reparieren versenden.

Wie aus den angeführten Ausbildungsformen hervorgeht, werden zur Zeit die Einsätze in den verschiedensten Formen geliefert. Es ist deshalb meist notwendig, daß diese Einsätze einzeln auf der Drehbank hergestellt werden. Würden sich die Schleifmaschinenhersteller mit den Diamantwerkzeugfabriken auf bestimmte einheitliche Ausführungen einigen, die den Anforderungen entsprechen, so ließe sich nicht nur eine gewisse Verbilligung erzielen, sondern die Verbraucher, d. h. die Maschinenfabriken, hätten den Vorteil, daß in Notfällen ein Diamant von einer Maschine auf einer anderen verwendet werden kann.

3. Halter und Vorrichtungen zum Abdrehen von Schleifscheiben.

Halter für den Handgebrauch erhalten am hinteren Ende einer Sechskantstange einen Holzgriff, am vorderen Ende ist der meist kegelige Diamanteinsatz angebracht. Das Sechskant dient zur Auflage und Abstützung auf dem Maschinentisch. Auf keinen Fall soll man das Werkzeug freihändig halten, da dann notwendigerweise eine unsaubere Oberfläche entsteht.

Vorrichtungen für den Maschinengebrauch. Die bekannteste Art der Anordnung der Abdrehvorrichtung für Rund- und Flächenschleifen ist die auf dem Schleiftisch selbst. Die Spitze des Diamanten nimmt hier die Stellung des Werkstückes ein und richtet also die Scheibe nach dem Werkstück aus. Bei sehr großen Werkstücken und Maschinen wird sogar manchmal die Vorrichtung auf dem Werkstück selbst angebracht. Bei dieser Anordnung werden kleine Ungenauigkeiten in der Stellung der Schleifscheibenachse zum Schleifstück ausgeglichen. Wird jedoch das Werkstück später außerhalb des kleinen Abdrehbereiches bearbeitet, so können sich größere Fehler herausstellen. Bei dieser Arbeit der Abrichtung ist im allgemeinen das Werkstück aus der Maschine zu nehmen oder die Schleifscheibe aus dem Bereich des Werkstückes zu bringen bzw. ist die Abdrehvorrichtung weit über das Werkstück zu schwingen. Dies wird als Nachteil bei Außenschleifarbeiten empfunden. Man bevorzugt deshalb heute eine Anordnung, bei der die Abrichtvorrichtung auf der Achse der Schleifscheibe oder auf dem Gehäuse der Schleifscheibe angeordnet wird. Vielfach wird angenommen, diese Anordnung sei neueren Datums; sie wird aber bereits durch ein Patent von Ward (DRP 289 469) aus dem Jahre 1912 und ein Patent von J. E. Reinecker (DRP 293 635) aus dem gleichen Jahre belegt. Wir finden diese Art des Abziehens der Schleifscheibe heute unter anderen bei der Flächenschleifmaschine von K. Jung (DRP 573 895), Flächenschleifmaschine „Samson" der Elbewerke, Pfauter Abwälzfräsmaschine und Werkzeugschleifmaschine der Großenhainer Webstuhlfabrik.. Bei dieser Art der Abrichtung wird bewußt auf einen Ausgleich etwaiger Ungenauigkeiten der Maschine verzichtet und die Scheibe möglichst zylindrisch zu ihrer Achse ausgerichtet. Ausschlaggebend für die umfangreiche Anwendung dieser Anordnung scheint auch gewesen zu sein, daß hier die Schleifscheibe jederzeit abgezogen werden kann, ohne daß eine Behinderung durch das Werkstück eintritt (s. oben).

Während bei den oben genannten Maschinen der Abdrehdiamant auf einem Schlitten oder sogar Kreuzschlitten (Großenhainer Webstuhlfabrik) gelagert ist, benutzt die Fritz Werner A.-G. nach DRP 559 228 in ihrer Schaltwellenschleifmaschine zur Führung des Diamanten eine freihändige Geradführung (Konchoidenlenker), die nur zwei feste Drehpunkte im Schleifscheibengehäuse besitzt.

Bei I n n e n s c h l e i f m a s c h i n e n steht im allgemeinen der Werkstückträger fest, und die Schleifscheibe führt neben der Umlaufbewegung noch die Vorschubbewegung aus. Hier ist man gezwungen, die Abdrehein richtung am Werkstückträger anzubringen. Die Abdrehvorrichtungen sind hier im allgemeinen schwenkbar, damit sie während des Schleifens außerhalb des Bereiches der Scheibe liegen. Es sind auch selbsttätige Vorrichtungen (Heald, Wotan-Zimmermann-Werke u. a.) entwickelt worden, bei denen beim Rückgang der Schleifscheibe selbsttätig auf das Fertigmaß eingestellt und abgerichtet wird. Im allgemeinen wird empfohlen, die Innenschleifscheibe vor den Fertigschliff um 0,01 bis 0,02 mm abzurichten. Der Zeitaufwand ist sehr gering (höchstens ½ Minute), dafür wird aber der Schliff gleichmäßiger und besser.

Zum Abrichten von Spitzenlosschleifmaschinen sind besondere Einrichtungen entwickelt worden. Diese Schleifmaschinen besitzen bekanntlich eine Hauptscheibe mit 500—600 mm Scheibendurchmesser und einer Breite von 200—280 mm, während die Vorschub- oder Regelscheibe einen Durchmesser von 300—350 mm und etwa die gleiche Breite hat. Für das Abrichten dieser Scheiben müssen wesentlich größere Diamanten zwischen 1 bis 3 Karat verwendet werden, da sich die geringste Abnutzung der Diamanten bereits bei der großen Scheibenbreite und dem großen Durchmesser schädlich auswirken könnte. Das Abrichten der Hauptscheibe erfolgt heute schon in vielen Fällen durch einen besonderen motorischen Antrieb, da durch das Abdrehen von Hand kleine Ungenauigkeiten entstehen. Während die Hauptscheibe genau zylindrisch abgerichtet wird, erhält die Vorschubscheibe eine Hyperboloidform (Abb. 8). Diese Form entsteht dadurch, daß die Vorschubscheibe zur Erzielung der Vorschubbewegung gegen die Achse der Hauptscheibe geneigt wird. Der Winkel α° richtet sich nach der Größe des Werkstückes und der Vorschubgeschwindigkeit; er schwankt im allgemeinen zwischen 1° und 5°. Da das Werkstück mit der Regelscheibe eine Berührungslinie gemeinsam hat, ergibt sich die Hyperboloidform. Diese soll durch Abziehen mit dem Diamanten stets wieder genau erzeugt werden. Das geschieht dadurch, daß man den Diamanten um den gleichen Winkel schräg zur Vorschubscheibe bewegt, um den diese gegen die Achse der Hauptscheibe geneigt ist. Dies erfolgt durch eine schräg einstellbare Führung der Abzieheinrichtung (DRP 456469 der Cincinnati Milling Co.). Ferner muß der Diamant um den Betrag exzentrisch zur Achse der Regelscheibe verstellt werden, der dem Abstand der Berührungslinie zwischen

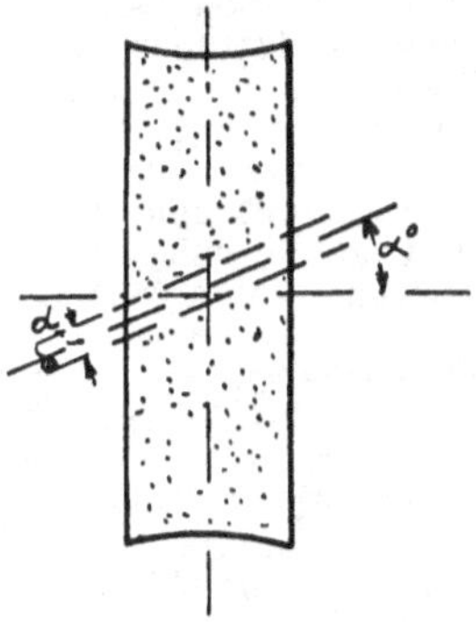

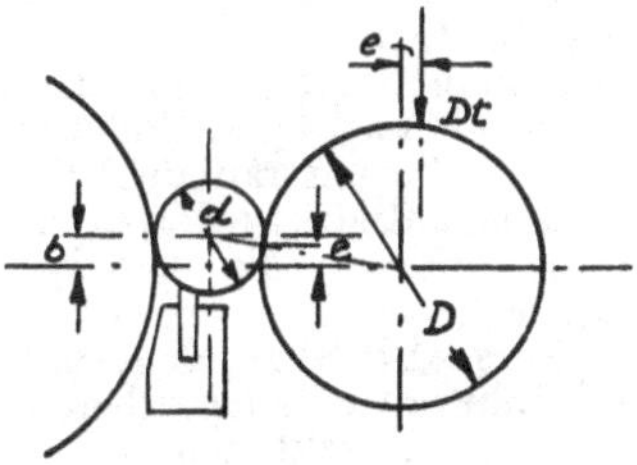

Abb. 9.
Einstellung des Diamanten zum Abziehen von Spitzenlosschleifscheiben. Dt = Diamant.

Abb. 8. Form einer Regelscheibe für Spitzenlos-Schleifmaschinen. α° = Neigung des Diamanten zur Waagerechten, d = Werkstück.

Werkstück und Scheibe von der Zentralen entspricht. Dieser Abstand e läßt sich bei gegebenem Werkstückdurchmesser d, Scheibendurchmesser D und Werkstücküberhöhung über Mitte der Hauptscheibe b leicht bestimmen[2]):

$$e = \frac{b \cdot D}{D + d}$$

Es ist zu beachten, daß sich auch D durch den Gebrauch verändert (Abb. 9). Werden diese Regeln beim Einstellen der Regelscheiben beachtet, so werden weitgehend Fehler vermieden.

---

2) American Machinist, Band 76, S. 704, und Werkzeugmaschine 1932, S. 360.

Zum Herstellen von Stangen mit unregelmäßigen Profilen, z. B. von Handgriffen, Hahngriffen an Armaturen u. dgl., muß die Hauptscheibe genau auf das entsprechende Gegenprofil abgerichtet werden. Dies erfolgt durch Entlangführen des Diamantenträgers an einer entsprechenden Kurvenschablone. Dagegen bleibt die Vorschubscheibe entweder gerade (Hyperboloid) oder erhält eine Form, die nicht unbedingt genau der Form des Werkstückes zu entsprechen braucht. Die Bearbeitung erfolgt hier nach dem Einstechverfahren, d. h. das Werkstück erhält keine Vorschubbewegung. Für die Herstellung von Kugeln und Teilen mit kugeligen Enden sind Abziehvorrichtungen vorgesehen, die ein radiales Abziehen der Schleifscheiben ermöglichen. Beim Schleifen von freien Kugeln erhält sowohl die Hauptscheibe als auch die Vorschubscheibe den genauen Halbmesser.

Zum Abziehen von Keilwellenschleifscheiben, Gewinde- und Zahnradschleifscheiben werden, um die Abziehzeit der Scheiben zu verkürzen, die Vorrichtungen mit zwei bis drei Diamanten ausgerüstet, die nacheinander in Tätigkeit treten. Die Scheibe steht also jeweils nur mit einem Diamanten in Berührung. Hierzu dienen Vorrichtungen, die durch Ritzel und Zahnstangen, Gelenkhebel oder durch hydraulische Zylinder betätigt werden und die Diamantträger wechselweise zwangläufig unter dem gewünschten Winkel an der Scheibe vorbeiführen. Die Diamanteinsätze sitzen in prismatisch geführten Stangen, in denen sie mittels Justierschrauben genau eingestellt werden können.

c) Fräsen, Sägen und Bohren von Schleifscheiben

Für das genaue Abdrehen und Abrichten von Schleifscheiben ist das Diamantwerkzeug sowohl bei kleinsten als auch bei größten Schleifscheiben unentbehrlich geworden[1]. Es lag deshalb der Gedanke nahe, Diamanten auch zum Zersägen, Profilieren und Bohren zu verwenden.

1. Fräsen.

Für stärkere Spanabnahme ist der übliche Abdrehdiamant nicht geeignet, da der Schleifstoff stark reibend

[1]) Instandhaltung der Schleifscheiben, S. 65.

wirkt und der Diamant sehr empfindlich gegen die bei Unrundheit auf ihn ausgeübten Schläge ist. Zur Beseitigung großer Unrundheiten verwendet man die verschiedensten Werkzeuge aus glashart gehärtetem Stahl usw. Diese Werkzeuge bewirken, daß aus der Schleifscheibe größere Stücke herausgebrochen werden, so daß der Bearbeitung mit derartigen Werkzeugen noch das Abdrehen mittels Diamant folgen muß. Um diesen nochmaligen Arbeitsgang zu vermeiden, sind F r ä s e r, d. h. umlaufende Werkzeuge, entwickelt worden, die auf ihrem Umfang oder ihrer Fläche eingesetzte Diamanten enthalten. Hier wird nur ein Teil der Arbeit dem einzelnen Diamanten zugewiesen; er kann sich nach jedem Schnitt an der Luft abkühlen, wodurch die Arbeitsleistung gegenüber dem Einzeldiamanten beträchtlich gesteigert wird.

Mit derartigen Diamantfräsern (A b b. 1) kann man in einem Schnitt Spantiefen von 1 bis 2,5 mm erreichen

A b b. 1

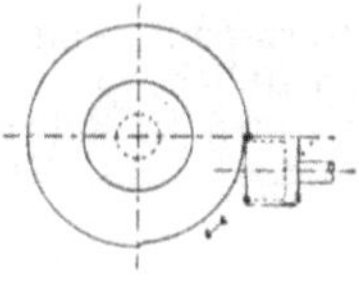
A b b. 2 a.

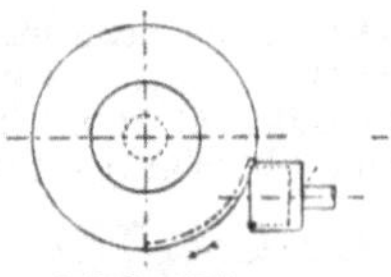
A b b. 2 b.

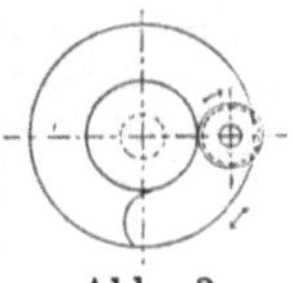
Abb. 3.

Abb. 1. Mit Diamanten besetzter Fräser zum Abfräsen von Schleifscheiben.
A b b. 2 a u. b. Anwendung des Diamantfräsers zum Abfräsen des zylindrischen Teiles einer Schleifscheibe.
A b b. 3. Anwendung des Diamantfräsers zum seitlichen Abfräsen von Schleifscheiben.

und ohne Gefahr für die Gebrauchsdauer des Diamanten die Schleifscheiben vor der Benutzung schlagfrei abfräsen (A b b. 2); ebenso kann man die Scheiben seitlich abfräsen (A b b. 3). Dieses Verfahren ist auch anwendbar, um konkave oder konvexe Profile zu erzeugen. Besteht eine bestimmte Beziehung zwischen den Drehzahlen von Fräser und Schleifscheibe, so lassen sich beliebig geformte, nutenförmige Unterbrechungen in die Schleifscheibe einarbeiten. Hieraus ergibt sich eine wesentliche Steigerung der Schneidleistung. Eine derartige genutete Scheibe brennt nicht und verhindert das Festsetzen von Werkstoffteilchen.

2. Sägen.

Das Sägen von Schleifscheiben wird angewendet, um alte Schleifscheiben in schmalere zu zerlegen, insbesondere können die breiten Scheiben der spitzenlosen Schleifmaschinen nützlich auf anderen Schleifmaschinen ausgewertet werden. Die Sägeblätter (Abb. 4) bestehen aus

Abb. 4. Diamantsäge.

dünn geschliffenen Stahlblättern mit eingesetzten, verstemmten Dicken. Sie werden üblicherweise mit Bohrung oder mit Morsekegel zum Einsetzen in Bohrmaschinen geliefert. Abb. 5 veranschaulicht das Zersägen einer

Abb. 5. Diamantsäge auf einer Bohrmaschine[1]) angebracht, zum Zersägen der Schleifscheibe einer Spitzenlosschleifmaschine.

[1]) Das Sägen auf einer Bohrmaschine ist durch DRP geschützt.

Schleifscheibe einer spitzenlosen Schleifmaschine, Abb. 6 zeigt drei sauber abgetrennte Scheiben, die später (s. Abb. 8) noch ausgebohrt wurden.

Abb. 6. Die durch Sägen zerteilte Schleifscheibe.

3. Bohren.

Die Anwendung des mit Diamanten besetzten Schleifscheibenfräsers führt auch zur Anwendung von Hohlbohrern für Schleifscheiben. Diese Hohlbohrer bestehen aus einem um seine Achse umlaufenden Rohr, das an der Stirnfläche mit Diamanten besetzt ist. Die Diamanten sind so angeordnet, daß jeder Stein einen Bruchteil der Bohrarbeit auszuführen hat. Die Wirkungsweise eines solchen Bohrers entspricht den bekannten Gesteinbohrern [2]) Mit einem derartigen Hohlbohrer läßt sich aus einer Schleifscheibe eine Platte ausbohren, die eine genaue, dabei griffige Außenfläche erhält. Diese Scheiben lassen sich, sofern sie noch eine Bohrung erhalten, ausgezeichnet als Innenschleifscheiben verwenden. Die Bohrung wird nun nach einem neueren Patent[3]) durch Verwendung eines Doppelhohlbohrers im gleichen Arbeitsgange mit hergestellt. Damit ist zugleich die Gewähr gegeben, daß die beiden Bohrungen genau miteinander fluchten.

Die ausgebohrten kleinen Schleifscheiben finden eine ausgedehnte Anwendung an Stelle gebrannter Scheiben in allen Betrieben, in denen viel innengeschliffen wird. Die gebrannten kleinen Schleifscheiben machen in der Herstellung viel Schwierigkeiten und sind deshalb verhält-

[2]) s. S. 155.
[3]) DRP 433 141.

nismäßig teuer. Trotzdem weisen sie neben Unrundheit und schlechtem Laufen häufig noch eine ungleichmäßige Härte auf. Beim Ausbohren der Scheiben ist der Betrieb nicht mehr von langen Lieferzeiten abhängig, sondern kann aus vorhandenem Rohstoff eine große Anzahl von Schleifscheiben mit genau gleichen Abmessungen und gleichem Gefüge herstellen. Zur Herstellung der kleineren Schleifscheiben können z. B. abgenutzte Schleifscheiben von spitzenlosen Schleifmaschinen verwendet werden. Für die laufende Fertigung ist es jedoch bedeutend besser; gleich neue Schleifscheiben zu verarbeiten, die das gewünschte Korn und die richtige Härte für den Innenschliff besitzen an Stelle vorhandener oder sonst unbrauchbar gewordener Außenrundschleifscheiben, die vielfach den für Innenschleifen gestellten Forderungen nicht entsprechen dürften. Auch lassen sich die Durchmesser abgenutzter Scheiben nicht immer vorteilhaft aufteilen. Man wählt deshalb zur Herstellung von Schleifscheiben bis 50 mm Durchmesser Schleifscheiben von etwa 400 mm Durchmesser, die sich bis auf ganz geringfügige Reste verarbeiten lassen. Die fertiggestellten Schleifscheiben sind im Innen- und Außendurchmesser völlig konzentrisch und sofort gebrauchsfertig. Sie erweisen sich als schleifkräftiger als die mit einer harten Kruste versehenen gebrannten Schleifscheiben. Ein besonderer Vorteil dieses Verfahrens ist darin zu sehen, daß durch die gleichmäßigen Eigenschaften der Schleifscheiben die Arbeitsvorgabe (Vorkalkulation) für Innenschleifarbeiten auf eine einwandfreie Grundlage gestellt werden kann.

Der Bohrapparat (Abb. 7) besteht aus zwei konzentrischen Hohlbohrern, deren Rand mit Diamanten besetzt ist. Der äußere Bohrer bohrt den Außendurchmesser der Schleifscheibe, während der innenliegende Bohrer die genau fluchtende Innenbohrung herstellt. Beide Bohrer arbeiten gleichzeitig, sie werden auf eine sogen. Wasserspülbuchse aufgeschraubt, sind also jederzeit austauschbar. Die Wasserspülbuchse besitzt einen Werkzeugkegel, der unmittelbar in die Bohrmaschinenspindel paßt. Das seitliche Rohr dient zur Wasserzufuhr mittels eines Gummischlauches. Die Arbeit wird auf einer normalen schnellaufenden Bohrmaschine, mit Gefühlsvorschub und rundem Bohrtisch, wie sie in jedem Betrieb vorhanden ist, vorgenommen. Notwendig ist noch eine Einrichtung, die während des Bohrens laufend klares Wasser als Spül- und Kühlmittel zuführt; entweder ist der Anschluß an eine Druckwasserleitung (mindestens 1 atü) oder die Zuführung des Wassers durch Pumpe erforderlich.

Der Kraftverbrauch der Bohrmaschine ist sehr gering, weshalb eine verhältnismäßig schwache Bohrmaschine benutzt werden kann, jedoch muß sie in allen Teilen in Ord-

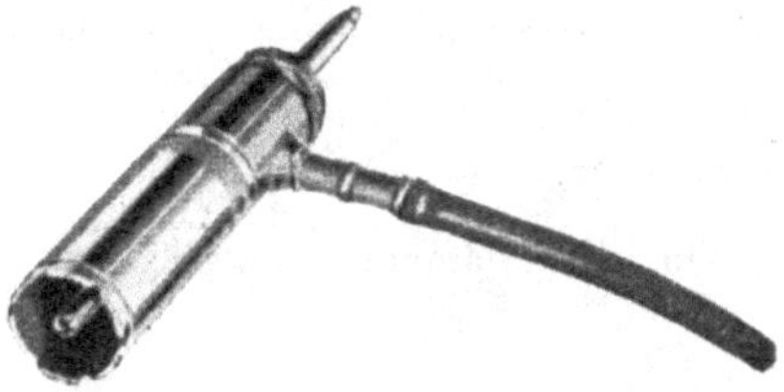

Abb. 7. Diamant-Doppelhohlbohrer mit Wasserspülbüchse und Schlauch.

nung sein, ein Spiel in der Spindellagerung z. B. ist unzulässig, ebenso ist sie sicher auf der Grundplatte zu befestigen. Drehzahl und Vorschub müssen aufeinander abgestimmt sein, da sonst Schwingungen entstehen können, die zu schraubenförmigen Rattermarken führen. Die Diamantbohrer können bis zu einigen tausend Umdrehungen je Minute vertragen, jedoch ist man im allgemeinen von der Maschine abhängig, die in den meisten Fällen nur 500 bis 800 Umdrehungen je Minute ergibt. Als Regel

Zahlentafel 1 Vorschübe für das Ausbohren von Schleifscheiben mit Doppelhohlbohrern

Korundscheiben, keramische Bindung, mittlere Härte	0,03 bis 0,04 mm/U
„ „ „ weiche Scheiben	0,04 „ 0,05 „ „
„ „ „ harte Scheiben	0,02 „ 0,03 „ „
Siliciumkarbid-Scheiben, keramische Bindung, weiche Scheiben mit nicht zu feinem Korn	0,04 „ 0,05 „ „

Schleifscheiben mit Gummibindung usw. erfordern Bohrer mit Sonderbesatz ist zu beachten, daß man bei feinkörnigen Scheiben die Drehzahl herabsetzen muß. Für den Vorschub haben sich folgende Richtlinien laut Zahlentafel 1 herausgestellt. Das Bohren selbst erfolgt mit Gefühlshebel. Das Produkt aus Vorschub und Drehzahl ergibt die in einer Minute zu erbohrende Menge, die etwa 20—50 mm beträgt. Da die Schleifscheiben etwa diese Breite haben, kann man annehmen, daß eine kleine Schleifscheibe in etwa einer Minute erbohrt wird.

Da laufend und reichlich Kühlwasser zugeführt werden muß, ist der Wasserverbrauch ziemlich hoch, z. B. für Schleifscheiben von 30 mm ⌀ und 6 mm Bohrung ungefähr 5 l in der Minute.

Die Lebensdauer eines Diamanthohlbohrers kann auf mehrere 1000 Schleifscheiben geschätzt werden. Auch dann lassen sich die Diamanten durch Umfassen weiter verwenden.

Abb. 8. Ausbohren der zerteilten Schleifscheibe (s. Abb. 5 u. 6).

Beim Ausbohren beginnt man am zweckmäßigsten innen, d. h. an der Bohrung der großen Scheibe; man benutzt hierbei einen Winkelanschlag, gegen den man die Scheibe drückt, zum Bohren des nächsten Loches dreht man die Scheibe um knapp eine Bohrbreite weiter herum. Für die nächste Lochweite verstellt man den Anschlag oder schwenkt den Tisch um einen Bohrerdurchmesser zur Seite. Abb. 8 zeigt als Beispiel, wie die aus der zersägten Schleifscheibe nach Bild 5 und 6 gewonnenen Platten in Schleifscheiben und Stifte aufgeteilt werden können.

d) Geschliffene Diamanten zum Profilieren von Schleifscheiben

Zum Abrichten von Profilschleifscheiben, wie sie in den letzten Jahren häufiger, insbesondere zum Schleifen gehärteter Gewinde verwendet werden, haben sich geschliffene Diamantschneiden eingeführt. Es wird unterschieden zwischen Diamanten mit scharfen Spitzen (in manchen Fällen auch ungeschliffene Diamanten), die mittels einer besonderen Vorrichtung an der Schleifscheibe dem Gewindeprofil entsprechend entlang geführt werden (z. B. ein Schlitten, der den Diamanten erst schräg führt und dann mittels Kreisführung einen Übergang in einen Bogen für die Gewindeabrundung ermöglicht, oder eine Storchschnabel-Einrichtung). Die eigentlichen Formdiamanten tragen das Gewindeprofil und werden nur senkrecht zur Schleifscheibe vorgeschoben. Man bezeichnet dieses Verfahren, bei dem der Diamant das Profil einer Gewindespitze trägt, als Innenprofilieren. Ein Rechnungsbeispiel der Firma Lindner zeigt, daß mit einem Formdiamanten eine Schleifscheibe 100—120mal abgezogen werden kann. Da eine Scheibe hintereinander 10 Gewindebohrer schleifen kann, ohne abgezogen zu werden, und ein guter Formdiamant selbst 10—12mal nachgeschliffen werden kann, ermöglicht ein Formdiamant, rund 11 000 Gewindebohrer herzustellen, so daß sich die Diamantkosten je Bohrer etwa auf 1,5 Pfg. stellen.

Schrifttum:

Buxbaum, Das Schleifen der Metalle, Werkstattbücher, Bd. 5.

Karpinski, Maschinenbau (1930), S. 512.

A. Bornemann, Prüfung und Beurteilung von Schleifscheiben (Diss.), Frommhold und Wendler, Leipzig 1931.

Abrasive Handbook von F. W. Jacobs, Cleveland O., 1928.

Die Schleifscheibe, AWF-Merkheft 201, April 1926.

Wirtschaftliches Schleifen, Verlag Julius Springer, 1922.

Wirtschaftliches Abdrehen von Schleifscheiben, Werkzeugmaschine 37 (1933), Heft 15, S. 287.

Abdreheinrichtungen für Schleifscheiben, Werkzeugmaschine 39 (1935). Heft 10.

Über neuere Diamantabdreheinrichtungen für Schleifscheiben, TZ für prakt. Metallbearbeitung 45 (1935), Nr. 9/10, S. 298, und Nr. 11/12. S. 272.

Betriebsarchivblatt der Zeitschrift Maschinenbau, Juli 1935.

6. Der Diamant als Schneidstoff für Metalle.

a) Ausbildung und Anwendung der Werkzeuge.

Die wichtigste neuere Anwendung, die der Diamant in in den letzten 10 Jahren gefunden hat, ist die als Schneidstoff für Metalle zur Herstellung feinster und spiegelnder, maßgenauer Oberflächen. Früher wurde der Diamant nur zum Abdrehen von Gummiwalzen und Kalanderwalzen (aus Hanf, Wolle, Baumwolle, Asbestgemisch) verwendet. Für diese Zwecke genügte eine einfache Formgebung der Schneide, während zur Ausbildung geeigneter Schneiden für die Metallbearbeitung erst umfangreiche Untersuchungen zu machen und Erfahrungen zu sammeln waren, die auch heute noch nicht als abgeschlossen gelten können.

Der Schneidvorgang.

Trotzdem sich der Diamant in zahlreichen Fällen allen anderen Schneidstoffen überlegen erwiesen hat, so herrscht doch noch eine erhebliche Unklarheit darüber, weshalb der Diamant zu diesen Arbeiten besonders befähigt ist. Im folgenden seien einige Betrachtungen wiedergegeben, die jedoch noch einer Bestätigung durch wissenschaftliche Versuche bedürfen.

Der Schneidvorgang bei allen Stoffen spielt sich bekanntlich so ab, daß die Werkzeugschneide als mehr oder weniger stumpfer Keil die Spanelemente herausbricht, die entweder einzeln abbrechen oder durch die beim Schneiden entstandene Erwärmung zu einem Fließspan zusammenbacken. Wissenschaftliche Untersuchungen der letzten Jahre haben gezeigt, daß die Hauptbeanspruchung und -abnutzung durch den Span nicht an der Werkzeugschneide selbst, sondern etwas davon entfernt stattfindet[1]).

---

1) s. K. Seidel, TZ für prakt. Metallbearbeitung 1933, Nr. 23/24, S. 387.

Würde das Werkzeug an der Schneide selbst beansprucht werden, z. B. beim Abtrennen sehr feiner Späne, so würde es sich an der empfindlichsten Stelle abnutzen, also sehr schnell stumpf werden. Beim Abtrennen feiner Späne ist gleichzeitig der Vorgang des Ab- oder Ausbrechens nicht so sehr ausgeprägt. Will man also eine sehr glatte Oberfläche erhalten, so muß man ein Werkzeug benutzen, dessen Schneide eine hohe Schnitthaltigkeit, also großen Widerstand gegen Abnutzung, aufweist und die so hart ist, daß sie ihre Lage zum Werkstück in belastetem und unbelastetem Zustand nicht verändert[2]). Dies ist bis heute nur beim Diamanten der Fall, selbstverständlich findet auch hier ein Abtrennen der Späne durch die Keil- oder Meißelwirkung des Werkzeuges statt, der ganze Vorgang ist jedoch in eine m i k r o s k o p i s c h e G r ö ß e n o r d n u n g verlegt (A b b. 1). Dadurch ergeben sich durch den Diamanten sehr genaue Oberflächen, die nicht nur völlig

Abb. 1. Wirkung einer Schneide; schematische Darstellung.

glatt sind, sondern auch hohe Maßgenauigkeit aufweisen, da das Werkzeug durchaus starr ist. Irgendwelche Abnutzung, die bekanntlich bei sämtlichen Werkzeugen eine große Rolle spielt und häufiges Nachschleifen, Nachstellen usw. bedingt, tritt beim Diamanten erst nach hohen Arbeitsleistungen (Stückzahlen) auf. Aus diesen Betrachtungen geht auch hervor, daß der Diamant kein Zer-

[2]) Hierbei mag sich noch günstig auswirken, daß der Diamant den größten Abnutzungswiderstand und die geringste Zusammendrückbarkeit aller bekannten Stoffe besitzt.

spanungswerkzeug ist, sondern hauptsächlich für die Schlicht- und Feinstbearbeitung in Frage kommt. Man wird stets die Vorarbeit, Entfernung von Gußhäuten anderen Schneidstoffen übertragen, sofern nicht die Maßunterschiede so klein sind, daß der Diamant unmittelbar angewendet werden kann, z. B. bei Maßunterschieden von 0,3 bis 0,5 mm.

Bearbeitbare Werkstoffe.

Da heute im Maschinenbau und der Feinmechanik die verschiedensten Werkstoffe zu bearbeiten sind, ist die Frage berechtigt, ob sich alle Werkstoffe mit Diamanten bearbeiten lassen und welche Regeln hierbei zu beachten sind. Grundsätzlich lassen sich alle Werkstoffe durch Diamanten bearbeiten, da dieser ja der härteste bekannte Werkstoff ist. Jeder Werkstoff weist eine andere Zusammensetzung und ein anderes Gefüge auf, und die Werkzeugschneide muß entsprechend geformt werden, damit sich gute Leistungen ergeben. Auch die Schnittgeschwindigkeit, die Schnittiefe und der Vorschub müssen möglichst dem Werkstoff angepaßt werden. Häufig treten bei Bearbeitung eines Stoffes, der bisher noch nicht mit Diamanten bearbeitet wurde, Schwierigkeiten auf, die erst nach eingehendem Studium der besonderen Eigenschaften des neuen Werkstoffes überwunden werden konnten.

Tafel 1 gibt einen Überblick, welche verschiedenen Stoffe heute bereits mit bestem Erfolge mit Diamanten bearbeitet werden.

Tafel 1.

Metallische Werkstoffe, die sich mit geschliffenen Diamanten bearbeiten lassen.

(Drehen, Bohren, Fräsen.)

Die Reihenfolge bedeutet keine Stufung oder Klassifizierung der Werkstoffe.

Leichtmetalle = Aluminium, Elektron, Duralumin, Magnesium, Alusil;
Weichmetalle = Kupfer, Messing;
Lagermetalle = Weißmetall, Bronze;
Edelmetalle = Silber, Gold, Platin;
Gußeisen und Stahl (nur in Sonderfällen).

Arbeitsverfahren.

Der Diamant ist erfolgreich bereits für sämtliche Arten der Metallbearbeitung angewandt worden. Die Hauptgebiete sind heute Außen- und Innendrehen (Bohren), besonders deshalb, weil hier die Maschinenfrage (s. weiter unten) einigermaßen befriedigend gelöst ist. Aber auch die Verfahren des Fräsens und Hobelns, z. B. die spiegelnde Herstellung von größeren Flächen, ließe sich durch Diamantwerkzeuge erreichen, es fehlt nur zumeist an den geeigneten Maschinen.

Formgebung der Schneide.

Man unterscheidet Diamantwerkzeuge

a) mit einer Schneidkante (Abb. 2),

b) mit runder Schneidkante (Bogenschliff, Abb. 3),

c) mit mehreren nebeneinanderliegenden Schneiden (Facettenschliff, Abb. 4).

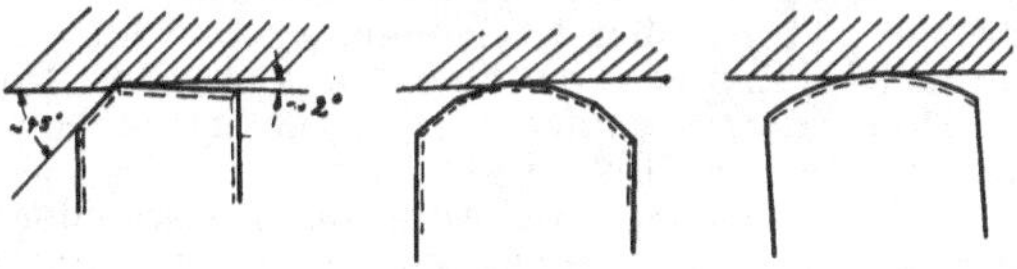

Abb. 2. Abb. 3. Abb. 4.

Abb. 2. Diamantwerkzeug mit einer Schneidkante.
Abb. 3. Bogenschneide.
Abb. 4. Facettenschneide.

Zu a) Diamantwerkzeuge mit nur einer Schneidkante werden für Innendreh(Bohr)arbeiten benutzt, seltener werden sie in Europa zu eigentlichen Dreharbeiten, wie z. B. in Amerika, verwendet.

Zu b) An der Schneide rund geschliffene Diamanten (Bogenschliff, Abb. 3) können in jedem Winkel zur Drehachse eingestellt werden. Man kann jeden Punkt der Schneidfläche soweit ausnutzen, bis er stumpf wird. Man hat also ein Werkzeug mit unendlich vielen Kanten vor sich. Diese Diamanten sind für Hartgummi, Kunststoffe, Kalanderwalzen die geeignetste Werkzeugform, vereinzelt werden sie auch in der Metallbearbeitung benutzt; sie ergeben im allgemeinen hier einen zu hohen Rückdruck.

Zu c) In den letzten Jahren benutzt man in Europa bevorzugt Diamant-Schneidwerkzeuge mit ausgeprägten kleinen Schneidkanten (Abb. 4), weil hierbei eine richtige Einstellung zum Werkstück erleichtert wird. Die einzelnen Schneidkanten selbst sind recht klein, jede etwa 0,7 bis 1,5 mm lang, so daß ein Diamant gangbarer Größe etwa 3 bis 5 Schneidkanten enthält. Man nennt diese einzelnen nebeneinanderliegenden Schneidflächen Facetten, die Schleifart Facettenschliff. Nach dem Stumpfwerden einer Facette bringt man durch veränderte Seitenstellung des Halters eine andere Facette zum Schneiden. Diese Gestaltung der Schneide wird dadurch ermöglicht, daß die Schneidflächen einen sehr großen Winkel miteinander einschließen müssen (Spitzenwinkel ε bis etwa 170°), um dem Diamanten einen möglichst großen Querschnitt zu geben (das gleiche gilt für den Keilwinkel β, s. weiter unten). Nach dem Abstumpfen der Facetten kann der Diamant mehrere Male nachgeschliffen werden, sofern er von guter Qualität ist und eine gute Form hat. Um diese Vorteile in Anspruch zu nehmen, ist es deshalb empfehlenswert, möglichst große Diamanten zu verwenden und auf guten Diamant-Rohstoff zu achten. Bei den Industriediamanten machen sich in noch höherem Maße als bei den Schmucksteinen (Brillanten) Qualitätsunterschiede bemerkbar, hierdurch erklären sich auch die recht erheblichen Preisunterschiede bei den Diamantwerkzeugen.

Die günstigste Stellung der Diamantschneide ist unter etwa 2° zur Arbeitsfläche, damit ergibt sich bei einem einschneidigen Diamanten mit Spitzenwinkel von 130 bis 135° ein Einstellwinkel $\varkappa_1$ von 45°. Der Winkel von 2° ist besonders wichtig, weil sich durch ihn die eigentliche Oberflächenverbesserung ergibt (Abb. 5). Beim Facettendiamanten ergibt sich wegen des größeren Spitzenwinkels von etwa 165÷170° nur ein Einstellwinkel von 18 bis 23°. Die eigentliche Schneidkante des Diamanten ist durch geringe Schnittiefe und den geringen Vorschub, also durch den geringen Spanquerschnitt (etwa 0,02 bis 0,1 mm²) sehr wenig beansprucht. Nun haben aber die Stoffe die Eigenschaft, unter dem Schnittdruck nachzugeben und kurz hinter einem Drehwerkzeug wieder auszuweichen. Dies wird durch die Schneidenform des Diamanten wirksam verhindert, indem er durch den kleinen Winkel von 2° eine

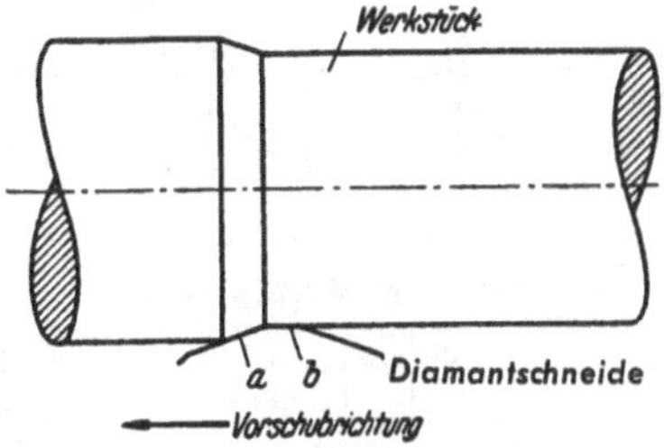

Abb. 5. Polierende Wirkung einer Diamantschneide.

drückende und polierende Wirkung auf das Werkstück ausübt, wie Abb. 5 zeigt; a ist hierbei die schneidende Kante, b die drückend und polierend wirkende.

Wichtig ist noch die Feststellung, daß man beim Diamanten einen möglichst großen Keilwinkel β zwischen 70 und 90° zu wählen hat, damit die Schneidspitze möglichst große Widerstandsfähigkeit erhält; das beeinflußt ebenfalls den Freiwinkel, der zwischen 0 bis 18° genommen wird. Da bekanntlich Keilwinkel, Freiwinkel und Spanwinkel zusammen 90° ergeben müssen[3]), erkennt man, daß der Spanwinkel im allgemeinen 0 bis 10° wird, je nach Art der bearbeiteten Werkstoffe. In einzelnen Fällen wählt man sogar einen negativen Spanwinkel, d. h. der von Frei- und Keilwinkel gebildete Winkel ist größer als 90°.

[3]) Wegen der Bezeichnungen vgl. DIN 768², Schneidstähle-Begriffe.

Ein solcher negativer Spanwinkel darf jedoch höchstens 6° betragen, man nimmt hiermit auch notwendigerweise einen höheren Schnittdruck mit in Kauf. Die Abb. 6 und 7 veranschaulichen das verschiedenartige Einstellen der Diamantschneiden. Die Diamantschneid-Spitze ist möglichst auf Mitte Drehachse einzustellen. Manchmal wird

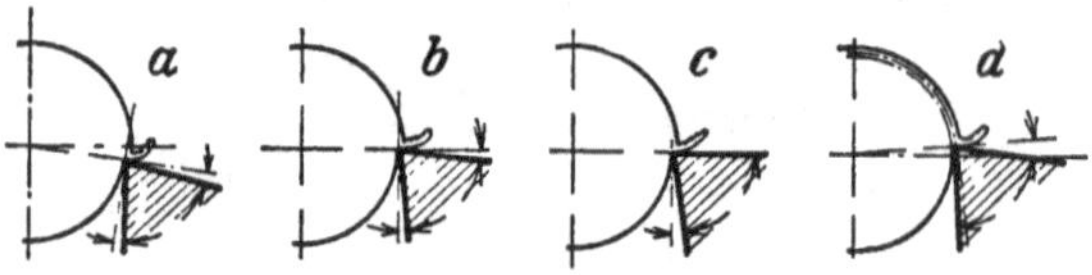

Abb. 6. Drehen. Lage der Diamantspitze zum Werkstück*).

a) falsch, Schneidspitze unter Mitte, Werkzeug wird in Werkstück hineingedrückt; b) nicht empfehlenswert, Schneidspitze steht zwar auf Mitte, Spanwinkel unnötig groß; c) richtig, Schneidspitze steht auf Mitte, Spanwinkel = o; d) richtig, für große Durchmesser, Schneidspitze steht etwas über Mitte (etwa 1/100 D), Freiwinkel sehr klein, Spanwinkel groß.

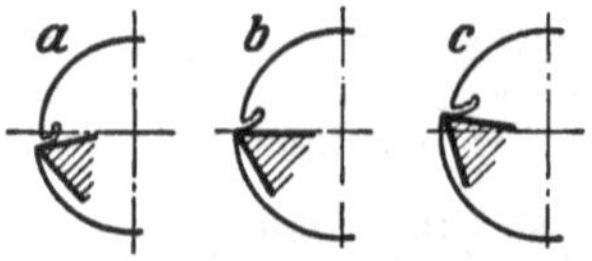

Abb. 7. Bohren. Lage der Diamantspitze zum Werkstück*).

a) falsch, Schneidspitze unter Mitte, Werkzeug wird in Werkstück hineingedrückt; b) richtig, Schneidspitze auf Mitte, Spanwinkel = o; c) richtig, für größere Bohrungen, Schneidspitze steht über Mitte, Freiwinkel sehr klein, Spanwinkel groß.

die Spitze auch etwas über Mitte gelegt (s. oben), schädlich ist dagegen ein Einstellen unter Mitte. Die Bildunterschriften enthalten weitere Angaben über den Einfluß der Lage.

*) Nach A. Meyer, Werkstattstechnik 1933, Heft 14.

Einstellen der Diamantschneide.

Das richtige Einstellen der Diamantschneide bereitet wegen der nur millimetergroßen Schneidkanten besondere Schwierigkeiten. Es ist deshalb notwendig, die Schneide jeweils durch mechanische oder optische Einrichtungen genau einzustellen[4]). Da die Diamantschneide bei stillstehendem Werkstück gegen jede druck- und stoßartige Beanspruchung sehr empfindlich ist, ist das Einstellen sehr sorgsam vorzunehmen. Erfahrungsgemäß werden, sofern keine besonderen Hilfsmittel verwendet werden, viele Diamanten beschädigt.

Als ein besonderes brauchbares Hilfsmittel zum Einstellen der Diamantschneiden hat sich das Winter-

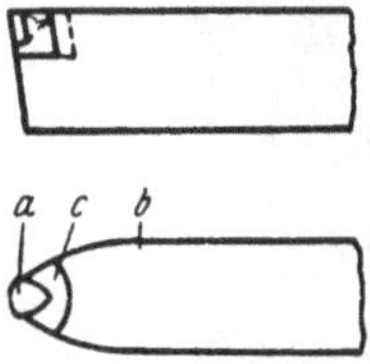

Abb. 8. Diamant im Stahlhalter gefaßt, meist eingelötet.

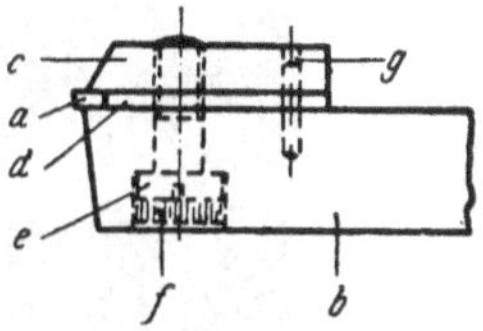

Abb. 9. Diamant mit Deckplatte befestigt. Klemmplatte, Auflage auf ebener Fläche.

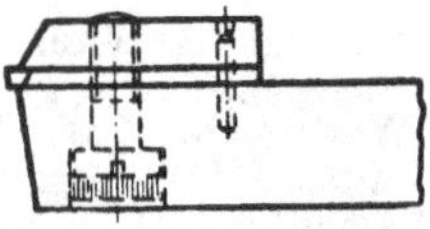
Abb. 10. Diamant mit Deckplatte befestigt, Klemmplatte, Punktauflage.

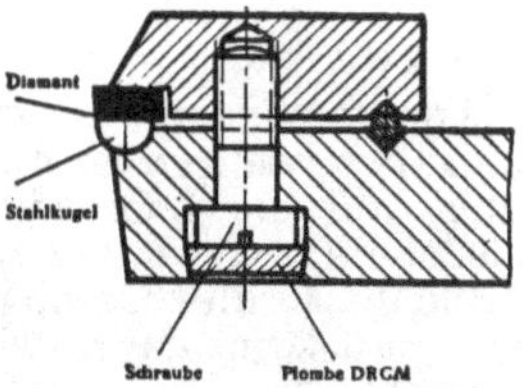

Abb. 11. Diamantlagerung im Winter-Kugelsitz (DRP).

[4]) s. A. Meyer, „Werkstattstechnik", Bd. 26 (1932), Heft 4. Vgl. auch TZ f. prakt. Metallbearbeitung 1933, Nr. 11/12, S. 178.

Visier (Abb. 12) erwiesen. Es besteht aus einer Schutzkappe, die leicht abnehmbar auf dem Diamanthalter aufgesetzt wird, und besitzt in Schneidenhöhe die 15—20fache Vergrößerung der (Facetten)Schneide. Die Visierfacette steht im allgemeinen bereits unter dem gewünschten Einstellwinkel zu den Schneidenfacetten, so daß durch paralleles Anstellen zur Werkstückoberfläche der Diamant bereits richtig auf Schnitt steht. Das Winter-Visier schützt ebenfalls die empfindliche Diamantschneide bei Nichtgebrauch.

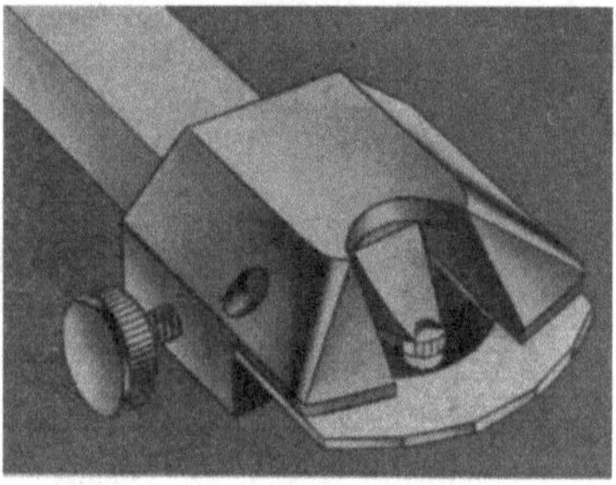

Abb. 12. Winter-Visier zum Schutz und zum Einstellen von Diamantschneiden (DRP).

Fassung der Diamanten, Werkzeughalter.

Von besonderer Wichtigkeit für das Arbeiten mit Diamantwerkzeugen ist die Art der Fassung, da sie großen Einfluß auf die Lebensdauer des Werkzeuges hat. Verschiedene Fassungsarten werden in Abb. 8 bis 11 gezeigt. In Bild 8 ist die Fassung eines Diamanten (a) in einem Messingstück (c) dargestellt, das in einem Stahlhalter (b) eingesetzt ist. Die Befestigung des Diamanten in dem Messingstück erfolgt im allgemeinen durch Harteinlöten.

Bei der Ausführung nach Bild 9 wird der Diamant (a) von einer Deckplatte (c) festgehalten. Der Diamant ist an seiner oberen und unteren Fläche plangeschliffen und zwischen Stahlhalter und Deckplatte durch eine im Stahlhalter versenkte Schraube (e) festgespannt. Bei der Ausführung nach Bild 10 ruht der Diamant anstatt auf einer Fläche nur auf einem Punkt auf. Abb. 11 zeigt die Lagerung des Diamanten im Kugelsitz[5]). Die Querschnitte der Werkzeughalter sind nach DIN 770, Schneidstahl-Querschnitte zu wählen. Sowohl für Außen- als auch für Innenbearbeitung haben sich die Halter mit quadratischem Querschnitt mit 10, 12, 16 und 20 mm Kantenlänge eingeführt. Für die Einsätze zu Bohrstangen und für Bohrstähle kommen die zylindrischen und quadratischen Querschnitte 4, 6, 8, 10, 12 und 16 mm in Frage. Bei der Bestellung der Schaftquerschnitte für die Drehstähle ist der Abstand zwischen Drehmitte und Werkzeugauflage zu beachten, damit der Werkzeughalter möglichst ohne Zwischenlage von Plättchen u. dgl. aufgelegt werden kann.

Der Halter ist möglichst kurz einzuspannen, damit er nicht schwingen kann; vielmehr muß die ganze Befestigung so starr sein, daß keine Erschütterungen eintreten können.

Betriebswerte.

Für die Anwendung von Diamantwerkzeugen ist neben richtiger Einstellung der Schneide auch auf die Einhaltung bestimmter Grenzwerte zu achten. Die erreichbaren Werte hängen jedoch auch stark von der Arbeit und der Art der Maschine ab.

Vorschübe. Diese sind sehr fein zu wählen, damit eine drehriefenfreie Oberfläche entsteht. Sie betragen im allgemeinen 0,02 bis 0,1 mm/U. Handvorschub ist auf jeden Fall zu vermeiden und nur in Sonderfällen, z. B. Abdrehen von Kommutatoren zulässig. Am hydraulischen Vorschub wird die Nachgiebigkeit und die nicht zwangläufige Verbindung mit dem Spindelantrieb bemängelt. Es gibt jedoch bereits Maschinen, bei denen diese Nachteile voll beseitigt sind.

Schnittiefe. Praktisch erprobte Schnittiefen liegen bei 0,02 bis 0,6 mm. An den Werkzeugmaschinen muß die Schnittiefeneinstellung durch eine möglichst große Skalenscheibe, die bis zu $^1/_{1000}$ mm genau eingestellt werden kann, möglich sein.

---

[5]) Vgl. TZ f. prakt. Metallbearbeitung 1933, Nr. 11/12, S. 178.

Die Schnittgeschwindigkeit ist ebenfalls recht hoch zu wählen. Als untere Grenze für die Anwendung von Diamantwerkzeugen ist etwa 100 m/min anzusehen. Nach obenhin ist die Schnittgeschwindigkeit unbegrenzt; sie findet ihre Grenze nur an der Schwingungsfreiheit der Maschinen. Bei großen Durchmessern, z. B. Kollektoren von 1,4 m Durchmesser, sind schon Schnittgeschwindigkeiten über 3000 m/min erreicht worden. In einem derartigen Fall ist nur eine Drehzahl des Ankers von 230 U/min notwendig, während bei kleineren Durchmessern für so hohe Geschwindigkeiten Drehzahlen von 3000 und mehr U/min erforderlich wären. Diese hohen Drehzahlen stellen besondere Anforderung an Lagerung und erschütterungsfreien Lauf der Maschine[6]).

Aus Gründen der Wirtschaftlichkeit (Schonung der Werkzeuge, Verkürzung der Schnittzeit) sind möglichst Schnittgeschwindigkeiten von 200 bis 300 m/min anzustreben. Es sei hier gleichzeitig darauf aufmerksam gemacht, daß das Diamantwerkzeug langsam an das schnell umlaufende Werkstück heranzubringen ist. Bei Beendigung der Arbeit darf der Diamant nicht im Schnitt stehen bleiben. Auch bei Bohrarbeiten ist der Diamant beim Zurückfahren möglichst vom Werkstück abzuheben.

Spanquerschnitte. Als Vorschub und Schnitttiefe ergeben sich die mit Diamantwerkzeugen erreichbaren Spanquerschnitte. Mit üblichen Werkzeugen lassen sich Spanquerschnitte von 0,0004 bis 0,1 mm² erzielen.

Schneidhaltigkeit und Standzeit. Die Standzeit eines üblichen Diamantwerkzeuges mit eingeklemmten Diamanten kann bei richtiger Wahl und Behandlung zu 100 bis 200 Stunden angenommen werden. Unter Berücksichtigung der hohen Schnittgeschwindigkeit entspricht dies ganz erheblichen Mengenleistungen. Ein Vergleichsmaß ist der von der Schneide bis zum Nachschleifen zurückgelegte Weg, der sogenannte Schnittweg. Dieser ist angenähert $L = d \cdot \pi n'$ mit $d =$ Drehdurchmesser in m und n' der Anzahl ausgeführter Drehungen. Ist ein Werkstück

---

[6]) Anforderungen an die Werkzeugmaschinen, Seite 101.

von der Länge l mit dem Vorschub s abzudrehen, so ist

$$n' = \frac{l}{s} \text{ und } L = \frac{d \cdot \pi \cdot l}{s} \text{ in m oder } L' = \frac{d \cdot \pi \cdot l}{1000 \cdot s} \text{ in km.}$$

So können viele Stück kleinerer Lagerbohrungen ohne Nacharbeit des Werkzeuges hergestellt werden, z. B. bei Lochdurchmesser 19 mm, Länge 63 mm konnten 15000 bis 16000 Löcher ohne Nachschleifen des Diamanten ausgeführt werden. Bei Werkzeugen mit mehreren Facetten kann nach Stumpfwerden einer Facette eine andere Facette eingestellt werden, somit ist ein Nachschleifen des Werkzeuges erst nach dem Verbrauch von 3 bis 5 Facetten notwendig. In deutschen Automobilfabriken laufen Diamantwerkzeuge in den Bohrwerken jahrelang, bis ein Neueinstellen und Nachschleifen notwendig wird. Bei einem angenommenen Anschaffungspreis der Werkzeuge (von etwa 150 RM.) machen trotzdem die Werkzeugkosten nur einen geringfügigen Betrag bei der großen Stückzahl aus (weniger als 0,75 bis 1,5 Pf. je Werkstück[6a]), wobei zu berücksichtigen ist, daß hierdurch eine einwandfreie verschleißsichere Oberfläche erzeugt wird, die keiner weiteren Nachbearbeitung bedarf.

Diamantarbeit im Wettbewerb mit anderen Arbeitsverfahren.

Unter dem Sammelnamen „Feinstbearbeitung" werden die Arbeitsverfahren zusammengefaßt, die eine glatte spiegelnde Oberfläche von hoher Genauigkeit erzeugen. Neben der rein spanabgebenden Bearbeitung durch den Diamanten und die Hartstoffe gibt es die Arbeitsverfahren des Reibens, Schabens, Schleifens, Honen (Ziehschleifens) und Läppens.

Bei dem Beispiel der Lagerflächenbearbeitung für schnellaufende Maschinen hat sich gezeigt, daß das Ausdrehen (Bohren) mittels Diamantschneiden geeignet ist, die anderen Verfahren wesentlich zu übertreffen, da die mit Diamantschneiden hergestellten Lager unmittelbar in Betrieb genommen werden können und nicht mehr einzulaufen brauchen. Während z. B. beim Reiben und Honen die von der Vorarbeit zurückgebliebenen Riefen durch das Werk-

[6a]) Vgl. auch Seite 111.

zeug durch drückende und schabende Wirkung geglättet und somit die Gefügebestandteile zerstört werden. Das äußert sich in einer anfänglich recht starken Abnutzung[7]) der Lagerflächen und damit verbundenen Vergrößerung des Lagerspieles. Die Diamantschneide schneidet dagegen glatt durch das Gefüge der Randzone hindurch und hinterläßt eine glatte Oberfläche, die jedoch diee Eigenschaft besitzt, in ihren offenen Poren das Öl gut zu halten. Deshalb weisen diese Lagerflächen im Dauerbetrieb nur eine geringere Abnutzung auf und können auch ohne Einlaufen in Betrieb genommen werden. In ähnlicher Weise wirken sich auch die Vorteile des Diamanten auf andere Flächen, z. B. Kolbenlaufflächen, Kollektoren usw., aus. Hinzu kommen noch Vorteile bearbeitungstechnischer Art, die sich in verschiedener Art zeigen. Vielfach wird angenommen, daß die spangebende Feinstbearbeitung durch die Anwendung hoher Schnittgeschwindigkeit, feinster Vorschübe und kleiner Schnittiefen gekennzeichnet sei und daß demzufolge andere Hartstoffe die gleiche Eignung wie der Diamant besitzen. Zweifellos gilt dies für die Bearbeitung von Gußeisen und Stahl, wo der Diamant bisher noch keine zufriedenstellenden Ergebnisse zeigte. Es gilt dagegen nicht für die übrigen in Tafel 1 aufgeführten Stoffe. Hier kommt es oft vor, daß eine mit Hartstoffen bearbeitete Fläche besser aussieht als eine mit Diamant bearbeitete. Das beruht darauf, daß die Hartstoffe die Randzone infolge ihres grobkörnigen Aufbaues mehr glätten, aber nicht durchschneiden. Beim Diamanten spiegeln sich jedoch infolge seiner Starrheit die Ungenauigkeiten der Maschine im Werkstück wieder. Eine wesentliche Verbesserung der Hartstoffe für die Aufgabe der Feinstbearbeitung wird durch das Diamantläppen erzielt, hierdurch halten die Schneiden länger und können auch durch einfache Vorrichtungen leicht wieder nachgeschärft werden.[8])

Ferner nützen z. B. die siliziumhaltigen Kolbenlegierungen, selbst Wolfram-Karbidschneiden, sehr rasch ab, so daß ungenaue Oberflächen entstehen. Beim Weich- und Hartgummi ist es der Schwefelgehalt, der eine hohe Abnutzung von Stahl bewirkt, während der Diamant hier-

---

[7]) Vgl. Harrison, Initial Wear, The Machinist v. 17. 3. 34.
[8]) Vgl. Abschnitt: Diamantstaub, S. 197 uf.

durch nicht beeinträchtigt wird. In anderen Fällen ist es die Form der Oberfläche, die die Schneidmetalle stark beeinflußt. Z. B. Nuten, Rillen und andere Unterbrechungen der Oberfläche beanspruchen nicht nur die Schneide sehr stark, sondern erzeugen infolge der Elastizität der Schneiden an diesen Stellen Vertiefungen und Abrundungen, während der Diamant sich hierdurch nicht beeinflussen läßt.

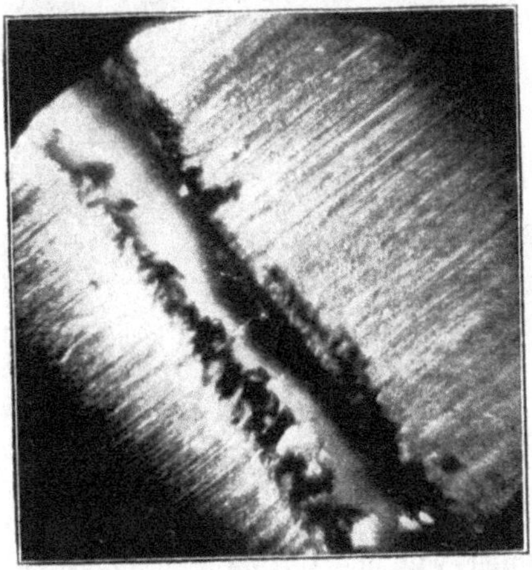

Abb. 13 a. Kollektor-Oberfläche
durch abgestumpfte Stahlschneide erzeugt.

Diese Beobachtungen lassen sich also dahin zusammenfassen, daß der Diamant

1. bessere und genauere Oberflächen erzeugt,
2. eine längere Standzeit aufweist,
3. Werkstücke mit Unterbrechungen einwandfrei herstellt.

An dem folgenden Beispiel sei gezeigt, wie sich der Diamant und Hartstoffe unter gleichen Betriebsbedingungen verhalten. Es handelt sich um das Abdrehen eines Kollektors (Kupfer mit Glimmerlamellen, Abb. 13a und b). Man erkennt, wie das stumpfgewordene Hartstoffwerkzeug noch kleine Kupferteilchen mit auf die Glimmerlamelle

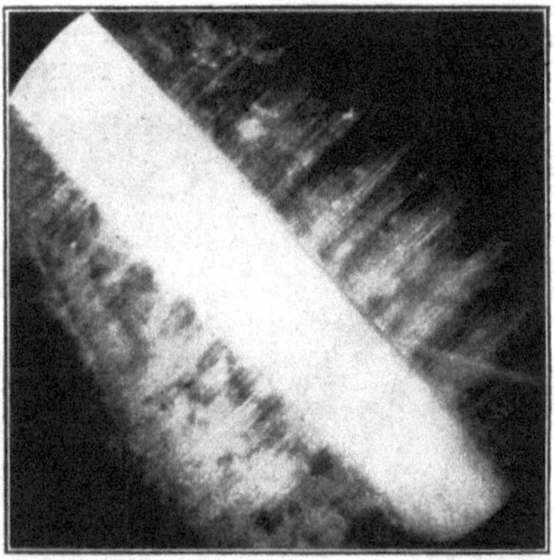

Abb. 13 b. Kollektor-Oberfläche durch Diamantschneide erzeugt.

überträgt und wie der Übergang infolge Einhakens der Werkzeugschneide sehr unsauber ausfällt.

Beim Diamanten dagegen ist auch bei langer Betriebszeit der Übergang zwischen Kupfer und Lamelle durchaus sauber.

Der geschliffene Diamant ist nur ein Schneid-Werkzeug für höchste Genauigkeiten. Es liegt dies weniger im Preise des Diamanten begründet als in seinen oben angeführten Eigenschaften. Als Hinweis mag dienen, daß Diamantwerkzeuge vorteilhaft sowohl in Einzelfertigung als auch in der Mengenfertigung verwendet werden. Wäre der Preis ausschlaggebend, so käme der Diamant wohl kaum für Einzelfertigung in Frage.

b) Anforderungen an Werkzeugmaschinen.

Im Abschnitt „Ausbildung der Werkzeuge“ (S. 86 u. f.) ist auseinandergesetzt, welche Anforderungen der Diamant als Werkzeug stellt. Im folgenden soll gezeigt werden, wie diese Aufgaben an der Werkzeugmaschine gelöst werden.

Durch Umbau ist es möglich, vorhandene Werkzeugmaschinen (z. B. Schleifmaschinen) für die Zwecke der Feinstbearbeitung zu verwenden und die in den letzten Jahren entwickelten Drehbänke und Bohrwerke für Hartmetallwerkzeuge, sowie Schnelldrehbänke und Schnellfräsmaschinen für Leichtmetalle auch für diese Arbeiten auszunutzen, trotzdem sind von eigens für die Feinstbearbeitung entwickelten Werkzeugmaschinen bessere Ergebnisse und höhere Wirtschaftlichkeit zu erwarten. Neben verbesserten Antrieben und Lagerungen, die störungsfreien Lauf bei höchsten Drehzahlen auch im Dauerbetrieb zulassen, sind vielfach besondere Vorkehrungen getroffen, um die Neben- oder Verlustzeiten möglichst herabzusetzen und die Bedienung nur auf wenige Handgriffe zu beschränken. Gleichzeitig wird hierdurch die Betriebssicherheit wesentlich erhöht.

Drehzahlenbereich.

Der Drehzahlenbereich hat sich nach dem Durchmesser der zu bearbeitenden Teile und der empfehlenswerten Schnittgeschwindigkeit zu richten. Die Schnittgeschwindigkeit ist bekanntlich beim Diamantwerkzeug nach oben nicht begrenzt, als untere Grenzen werden 60 bzw. 100 m/min angegeben; als guter Betriebswert gilt 200 m/min. Bei einer Schnittgeschwindigkeit von 100 m/min wäre bei einem Durchmesser von 5 mm eine Drehzahl von etwa 6500 U/min, bei 10 mm Durchmesser von 3200 U/min und bei 30 mm eine Drehzahl von rund 1100 U/min notwendig. Man ersieht aus dieser kleinen Gegenüberstellung, daß bei einer Werkzeugmaschine, die universal sein soll, recht große Drehzahlbereiche zu überbrücken sind, wenn es darauf ankäme, bestimmte Werte der Schnittgeschwindigkeit genauer einzuhalten. Dies ist jedoch beim Diamantwerkzeug nicht der Fall, solange man nicht an die untere Grenze der Schnittgeschwindigkeit herankommt. Man hat gefunden, daß Zwischenwerte, die natürlich auch von der Art des zu bearbeitenden Werkstoffes abhängen, sich auf die Lebensdauer der Schneide nur in geringem Maße auswirken. Die Grenze liegt in diesem Falle also bei den auf der Werkzeugmaschine erreichbaren Spindeldrehzahlen. Für diese ist im allgemeinen nur eine relativ grobe Stufung notwendig; einzelne Feinbohrwerke kommen sogar mit einer Drehzahl aus. Eine stufenlose Drehzahlregelung wird nur in einigen Sonderfällen angewandt.

Es sei noch darauf hingewiesen, daß sich die höheren Schnittgeschwindigkeiten in einer Abkürzung der eigentlichen Maschinenzeit auswirken.

Der Kernpunkt der Feinstbearbeitungsmaschinen sind hohe Drehzahlen bei erschütterungsfreiem Lauf. Um diese beiden Bedingungen zu erfüllen, ist die Lagerung der Hauptspindel möglichst genau und nahezu spielfrei auszuführen. Bewährt haben sich diamantgebohrte Gleitlager mit gehärteten und geläppten (neuerdings häufig nitrierten) Spindeln oder besonders sorgfältig hergestellte, spielfreie Wälzlager[1]). Ein kleines Lagerspiel ist natürlich notwendig, dieses führt bei Dauerlauf zu Schwierigkeiten, wenn die Spindel sich erwärmt. Eine Kühlung des Lagers ist nicht immer zweckmäßig, da hierdurch sich möglicherweise das Lager wieder zusammenzieht, wodurch das Spiel nicht vergrößert wird. Die Lager müssen nach den Grundsätzen der Keilschmiertheorie durchgebildet werden. Nicht nur die Bemessung der Lager, sondern auch die Wahl eines zweckmäßigen Öles spielt eine erhebliche Rolle. Empfohlen wird ein dünnflüssiges, stark kühlendes Schmiermittel. Seitter berichtet von guten Erfahrungen mit einer Mischung aus Wasser, Lardöl und Soda an Sonderfeinbohrwerken für das Ausbohren von Kurbelwellenlagern. Die Spindel kann nur dann bei den hohen Drehzahlen einwandfrei laufen, wenn sie von einseitigen Drücken (Riemenzug, Zahnräder) entlastet und einwandfrei ausgewuchtet ist. Ein unmittelbarer

[1]) Z. B. das UKF(Bary)Wälzlager mit Trennkugeln, Werkstattstechnik 27 (1933), Heft 16.

Antrieb durch Elektromotor hat sich noch nicht einführen können, da diese bisher im allgemeinen zu große radiale und axiale Lagerspiele aufweisen. Eine Ausnahme bildet das Excello-Feinbohrwerk, bei dem die Innenschleifspindeln dieser Firma, die in nahezu spielfreien Sonderkugellagern laufen, für diese Aufgabe benutzt werden. Auch die bekannten Innenschleifspindeln der Firmen Fortuna, Hartex, Jung u. a. werden vielfach für diesen Zweck eingerichtet. Am gebräuchlichsten ist ein Antrieb durch endlose gewebte Riemen oder durch Keilriemen (Mehrfachkeilriemen). Durch diese Riemen werden irgendwelche Unregelmäßigkeiten und Stöße elastisch aufgenommen. Ob durch elastische Kupplungen bessere Wirkungen erreicht werden, ist noch nicht entschieden.

Der Riemenantrieb hat noch den Vorteil, daß der Motor an beliebiger Stelle gelagert werden kann, und zwar muß man verhindern, daß Schwingungen auf das Maschinenbett übertragen werden. Man lagert deshalb den Motor auf einer Schwinge oder getrennt vom eigentlichen Maschinenbett. Am günstigsten ist ein Riementrieb unmittelbar vom Motor auf die Hauptspindel, wie es sich an einigen Maschinen bewährt hat. Die notwendigen verschiedenen Geschwindigkeiten werden durch polumschaltene Drehstrommotore oder Gleichstromregelmotore geliefert. In Ausnahmefällen werden stufenlose Drehzahlregelungen angewendet (Thomagetriebe der Magdeburger Werkzeugmaschinenfabrik). Auch werden Zahnradschaltgetriebe angewendet, diese sind aber gemäß den oben angegebenen Richtlinien mit dem Motor gekuppelt und liegen v o r dem Riementrieb der Hauptspindel. Verschiedene Feinbohrwerke besitzen nur eine (relativ hoch liegende) Drehzahl, notwendige Drehzahländerungen werden durch Auswechseln von Riemenscheiben oder Umsteckrädern (Krause Produktionsmaschine) vorgenommen. Es wird hier von der Erkenntnis Gebrauch gemacht, daß der Diamant in einem sehr weiten Drehzahlbereich wirtschaftlich arbeitet, daß somit eine Umstellung nur relativ selten vorzunehmen ist.

Bei den hohen Betriebszahlen ist eine Bremse zum Stillsetzen der Spindel nach der Arbeit zur Zeitersparnis unbedingt notwendig. In einigen Fällen ist die Bremse mit einer Kupplungseinrichtung verbunden (Heald-Borematic).

Besonderer Wert ist auf eine gute und einwandfreie Schlittenführung zu legen.

Für die Feinstbearbeitung sind sehr feine Vorschübe notwendig, um die notwendige Güte der Oberfläche zu erreichen. Hier spielt allerdings auch die Güte des Werkzeuges und sein Anschliff eine wichtige Rolle. Im allgemeinen sind Vorschübe von 0,02 bis 0,1 mm/U erforderlich, die an den bisherigen Werkzeugmaschinen nicht vorhanden waren. Forderungen nach noch feineren Vorschüben sind übertrieben. Die Anwendung hydraulischer Vorschübe hat sich wahrscheinlich aus der Entwicklung der Feinstbearbeitungsmaschinen, aus Schleif- und Ziehschleifmaschinen ergeben.

Zur genauen Einstellung der Schnittiefe sind bei Drehbänken feinverstellbare Supporte und bei Senkrecht-Bohrwerken Kreuzschlitten notwendig, die z. T. diese Maschinen als Lehrenbohrwerke geeignet machen. Meist sorgen hier an der Spindelführung angebrachte Feinmeßvorrichtungen für genaueste Einstellung.

Bei den Feinstbearbeitungsmaschinen muß man sich immer vor Augen halten, daß diese eigentlich eine höhere Genauigkeit der Oberflächen erzeugen sollen, als die Maschine selbst in ihren Einzelheiten aufweist. Da die Ungenauigkeiten und Fehler der Oberflächen sich z. B. bei einer Spindellagerung gegenseitig addieren, erkennt man, welche hohe Genauigkeit zur Herstellung dieser Maschinen angewendet werden muß. Die Firmen gewährleisten im allgemeinen eine Genauigkeit, die der der Werkzeugmacherdrehbänke entspricht.

Im folgenden werden die Sonderanforderungen an die einzelnen Maschinengattungen behandelt. Auf eine Beschreibung der Maschinen im einzelnen wird hierbei verzichtet[2]).

---

[2]) Vgl. z. B. „Werkzeugmaschinen der Feinstbearbeitung auf der Leipziger Frühjahrsmesse“, TZ f. prakt. Metallbearbeitung 44 (1934), S. 127, und „Gibt es Neuerungen an Diamantdrehbänken?“, TZ f. prakt. Metallbearbeitung 45 (1935), Nr. 9/10, S. 183.

Drehbänke.

Bei Dreharbeiten zwischen den Spitzen sind umlaufende, gut gelagerte Spitzen Vorbedingung. Bei langen, dünnen Teilen empfehlen sich in Achsenrichtung nachgiebige Spitzen und durch einen besonderen Motor angetriebene bzw. zwangläufig mitlaufende Spitzen. Der Vorschub ist im allgemeinen mechanisch, mit Ausnahme der Weipert-Vielschnittdrehbank, die hydraulischen Vorschub in Längs- und Planrichtung besitzt. Die neue Magdeburger Feindrehbank mit hydraulischem Spindelantrieb besitzt einen mechanischen Vorschub. Man ist bestrebt, den mechanischen Vorschub ebenfalls ohne Zahnräder auszuführen (z. B. Boley durch Riemen, Lindner bei seinem Feinbohrwerk durch ein Reibradgetriebe).

Feinbohrwerke.

Während die Feinstdrehbänke sich im allgemeinen an die gegebenen Formen anpassen, z. B. Feinmechanikerdrehbänke, die schon stets in Gleitlagern mit sehr hohen Drehzahlen liefen, waren für die Feinbohrwerke neue Grundsätze zu entwickeln. Üblich sind heute die folgenden Lösungen (Abb. 1 bis 3), wobei vorerst von dem Unterschied zwischen Waagerecht- und Senkrechtbohrwerk abgesehen sei; daß dies zulässig ist, erkennt man daraus, daß die Vomag unter Anwendung ihrer bewährten Grundanordnung ihr Waagerecht-Feinbohrwerk jetzt als Senkrechtbohrwerk, selbstverständlich unter Anwendung besonderer konstruktiver Maßnahmen, umbilden konnte.

Anordnung 1. Diese Anordnung entspricht der der Innenschleifmaschinen. Die Bohrspindellagerung steht fest und das auf einem Schlitten befestigte Werkstück führt die Vorschubbewegung aus. Diese Anordnung hat den Vorteil, daß die hochtourige Spindel keine Bewegung auszuführen hat, und auch in einem Gegenlager abgestützt werden kann (gestrichelt gezeichnet), während manchmal als Nachteil bezeichnet wird, daß etwas sperrige Werkstücke eine Bewegung ausführen müssen (z. B. Ausführungen Heald, Excello, Vomag, Union).

Anordnung 2. Bei dieser Anordnung steht einmal das Werkstück fest und die Bohrspindel erhält neben ihrer

Drehbewegung noch die Vorschubbewegung. Dadurch kann eine Schlittenführung mit ihren etwaigen Ungenauigkeiten und Unvollkommenheiten entfallen. Diese Anord-

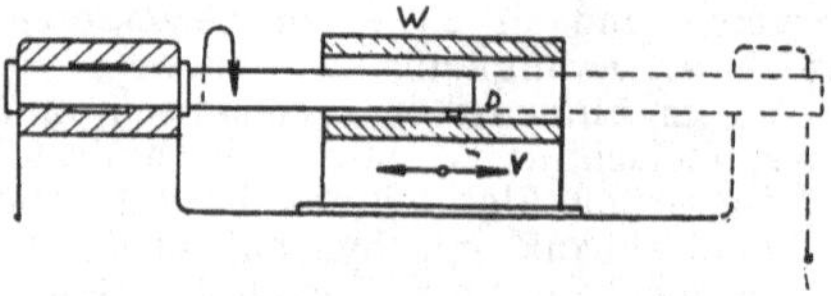

Abb. 1.

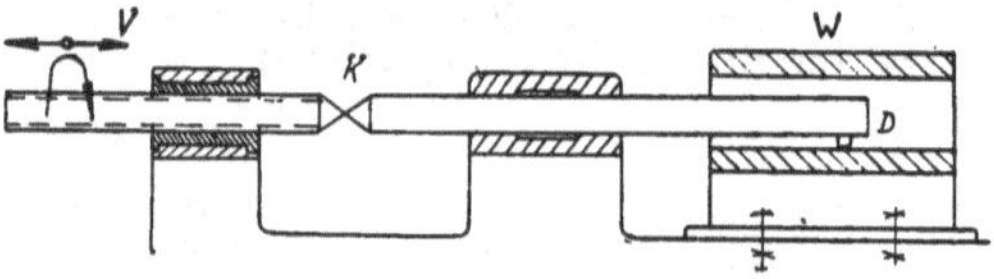

Abb. 2.

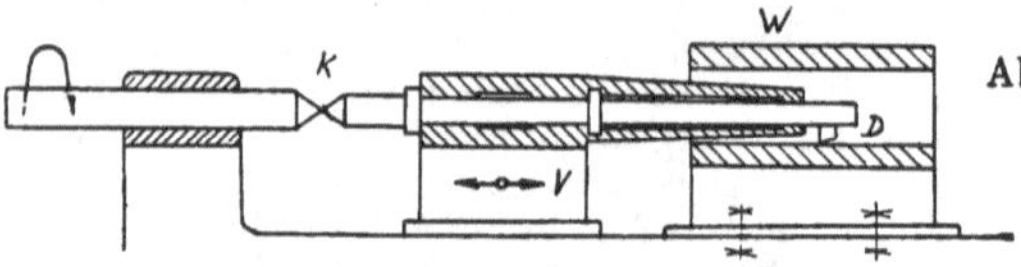

Abb. 3.

Abb. 1—3. Ausführungsmöglichkeiten für Feinbohrwerke. V = Vorschub; W = Werkstück; D = Diamant; K = achsenbewegliche Kupplung.

Abb. 1. Vorschubbewegung durch Werkzeugschlitten.

Abb. 2. Vorschubbewegung durch Bohrstange selbst ohne Schlittenführung.

Abb. 3. Vorschubbewegung durch Bohrstangenschlitten.

nung wird von Seitter als ideale Anordnung betrachtet. Der vordere Lagerbock wird stets nahe an die Bohrung herangebracht (z. B. Ausführungen Krause, Lindner, Hille).

A n o r d n u n g 3. Hier sind die Elemente der Anordnungen 1 und 2 miteinander vereinigt. Die Bohrspindel wird von einer festen Lagerung aus angetrieben und wird von einem Vorschubschlitten mitgeführt oder der Antriebsmotor sitzt selbst auf dem Schlitten. Durch den Schlitten wird eine Unterstützung der Spindel stets nahe der Bohrstelle möglich, so daß ein Gegenhalter nicht erforderlich erscheint. Das Werkstück steht auch hier fest (z. B. Ausführungen Mayer & Schmidt und Diafeiner-Klüssendorf).

Wie aus der Gegenüberstellung zu ersehen ist, hat jede Anordnung ihre Vor- und Nachteile, und man muß erst die Betriebsergebnisse mit der einen oder anderen Form abwarten.

Bei der Anordnung 1 ist ein hydraulischer Vorschub am gebräuchlichsten. Daß jedoch ein mechanischer Vorschub u. U. die gleichen Dienste leistet, erkennt man am Feinbohrwerk der Union. Hier ist sogar nur eine Vorschubänderung durch Umsteckräder möglich. Seitter vertritt die Auffassung, daß für das Feinbohren überhaupt ein gleichbleibender Vorschub von 0,02 mm/U genügt. Trifft diese Erkenntnis zu, so wäre ein Weg zu einer wesentlichen Vereinfachung der Feinstbearbeitungsmaschinen gegeben.

Bei der Anordnung 2 wird durchweg ein mechanischer Vorschub, in manchen Fällen ein stufenlos regelbarer vorgesehen. Von den beiden bekannten Ausführungen zu Bauart 3 besitzt die eine hydraulischen, die andere mechanischen Vorschub (Mayer & Schmidt).

Vielfach wird die Forderung erhoben, daß das Werkzeug beim Stillsetzen der Maschine nicht im Schnitt stehen bleiben soll. An verschiedenen Feinbohrwerken (Vomag, Union) sind Vorrichtungen angebracht, die die Werkzeugschneide und Werkstückoberfläche voneinander trennen, wenn die Maschine stillgesetzt wird. Amerikanische und andere deutsche Feinbohrwerke setzen lediglich beim Rücklauf des Tisches die Spindel fest, so daß im Werkstück eine feine, achsenparallele Markierung entsteht. Diese soll im allgemeinen der Werkzeugschneide nicht schädlich sein. Einfache Anhebeeinrichtungen dürften sich jedoch in jedem Falle empfehlen.

Für welche Fälle eine senkrechte und für welche Fälle eine waagerechte Bearbeitung vorzuziehen ist, kann schwer gesagt werden. So werden auf Waagerechtbohrwerken mit Erfolg Zylinder von Verbrennungsmotoren ausgebohrt, obwohl diese im allgemeinen in senkrechter Lage arbeiten. Umgekehrt sind ebenfalls Kurbelwellenlager auf Senkrechtmaschinen bearbeitet worden. In jedem Falle kommt es auch auf die Bauart der Maschine und die Eigenarten des Werkstückes an.

Der Gedanke versetzbarer und umstellbarer selbständiger Bohreinheiten ist bisher bei den Waagerechtbohrwerken am meisten gepflegt worden, weil man die Senkrechtmaschinen bisher hauptsächlich für die Zylinderbearbeitung entwickelt hatte. Die Bohreinheiten haben den Vorteil, daß man mehrere Löcher bzw. eine beliebige Anzahl Werkstücke gleichzeitig bearbeiten kann. Mit Vorliebe werden die Bohreinheiten so angeordnet, daß, während ein oder mehrere Werkstücke bearbeitet werden, ein anderes ausgewechselt werden kann. Hierdurch wird die Nebenzeit ausgeschaltet.

Sondermaschinen.

Im Maschinenbau, insbesondere im Automobilbau, treten Sonderforderungen auf, die sich nicht immer durch die handelsüblichen Maschinen lösen lassen.

Die wichtigste Aufgabe ist das Ausbohren der Kurbelwellen- und Nockenwellenlager an Verbrennungsmotoren. Soweit dem Verfasser bekannt, ist diese Arbeit erst an zwei handelsüblichen Maschinen, und auch hier nur behelfsmäßig, vorgenommen worden. Die meisten Automobilfirmen haben sich für diese Aufgabe Sondermaschinen entwickelt durch Umbau alter Schleifmaschinen usw. Schwierigkeiten bereitet z. B. bei dieser Arbeit, daß für jedes Lager ein Diamantwerkzeug vorzusehen ist, und daß vorher das Lager mit einem Hartmetallwerkzeug vorbearbeitet werden muß. Verschiedene Werke haben sich die Aufgabe dadurch erleichtert, daß Hartmetall und Diamantwerkzeug gleichzeitig arbeiten. Bei dieser Anordnung wird jedoch die Genauigkeit des Diamanten durch das Hartmetallwerkzeug beeinflußt, so daß niemals so gute

Leistungen zu erzielen sind, als wenn die Werkzeuge getrennt bzw. nacheinander arbeiten[3]). Beim Nacheinanderarbeiten beider Werkzeuge bereitet der kurze Abstand zwischen den Lagern erhebliche Schwierigkeiten, sofern man die Bohrstange unterstützen will. Es sind verschiedene Ausführungen bekannt, bei denen diese Aufgabe befriedigend gelöst wurde. Eine weitere Schwierigkeit ist das sog. Einfädeln der Bohrstange in die Lager bzw. in die Führungsböcke, was ziemliche Zeit in Anspruch nimmt.

Eine bewährte Sondermaschine ist ein Bohrwerk zum Bohren von Kolbenbolzenlöchern der Fa. Weisser & Co. Die umlaufende Bohrstange wird von der Spindel auf der einen und von einer Spitze auf der anderen Seite geführt. Der zu bohrende Kolben ist gegen einen Winkel auf dem Support gespannt.

Zusammenfassung[1]).

In der vorliegenden Arbeit wurden die Anforderungen an Feinstbearbeitungsmaschinen im einzelnen geschildert und auch gezeigt, wie sie im einzelnen erfüllt werden. Die bisherigen Erfolge dürfen jedoch nicht darüber hinwegtäuschen, daß es die eigentliche **Feinstbearbeitungsmaschine** für die Werkstatt noch nicht gibt. Die bisher auf dem Markt befindlichen Maschinen sind mit einer Reihe selbsttätiger Einrichtungen und Regeleinrichtungen versehen, die für größere Betriebe und für die Massenfertigung heute unentbehrlich sind, die aber für kleinere Betriebe die Maschinen unter den heutigen Arbeitsbedingungen nahezu unerschwinglich machen. Die Feinstbearbeitung mittels Diamant und Hartmetall würde viel schneller eingeführt werden, wenn es brauchbare billige Maschinen gäbe. Ob sich die Gedanken der Feinstbearbeitung und der Billigkeit gegenseitig ausschließen, das muß allerdings die Zukunft zeigen. In der vorliegenden

---

[3]) Diese Forderung gilt ganz allgemein z. B. auch für das Drehen von Flächen usw.

[4]) Diese Ansicht wurde im Frühjahr 1934 niedergelegt; nach sorgfältiger Überprüfung gilt sie auch noch für das Jahr 1935, obwohl durch die Diamant-Drehbank des Unionwerk (Leipziger Messe 1935) die erste dieser „einfachen“ Maschinen auf den Markt gekommen ist.

Arbeit ist an einigen Stellen angegeben, wo solche Vereinfachungen Platz greifen könnten.

Im Abschnitt „Ausbildung der Werkzeuge" wurden die allgemeinen Anforderungen niedergelegt. Es sei hier nochmals zusammengefaßt: Wichtig für den Verbraucher, der zur Verwendung geschliffener Diamanten für die Metallbearbeitung übergehen will, ist zu wissen, daß er diese Arbeit nicht mit einem beliebigen Diamantwerkzeug ausführen darf, sondern er muß besonders für seinen Zweck (Werkstoff, Werkstück, Oberfläche, Maschine, Stückzahl!) geschliffene Diamanten verwenden, und auch hier muß er wissen, daß die bestehenden Qualitätsunterschiede bei Diamanten sehr groß sind. Dabei spielt einmal die Härte, Standzeit und Schneidenform eine Rolle, und andererseits, wie die Schneiden des Diamanten im Verhältnis zu seinem Wuchs angeordnet sind. Die Unterschiede der Standzeit bei Diamanten sind erfahrungsgemäß größer als bei Stählen. Ein gutes Diamantwerkzeug wird u. U. die hundertfache Schnitthaltigkeit eines nicht richtig geschliffenen Diamanten aufweisen. Bei diesen großen Unterschieden ergibt sich, daß ein Diamantwerkzeug von höherem Preis billiger arbeiten wird als ein in der Anschaffung „billiger" Diamant.

Schrifttum:

A. Meyer, Diamantwerkzeuge, Werkstattstehcnik 1932, Heft 4.
A. Meyer, Beseitigen der Schwierigkeiten beim Einstellen von Diamantschneiden, Werkstattstechnik 1933, Heft 14.
K. Seitter, Der Diamant im Automobilbau. Werkstattstechnik 1931, Heft 12.
K. Seitter, Der Diamant in der Kolbenbearbeitung, Werkstattstechnik 1932, Heft 1, S. 1.
schinenbau 1931, H. 24, S. 740.
P. Grodzinski, Neue Drehbänke für Bearbeitung mittels Diamant. Ma-
Grodzinski, Bohren und Drehen mit Diamanten, Werksleiter 1929, S. 94; Der Diamant in der Industrie, Werksleiter 1930, S. 94.
Preger, Werkzeugmaschinen mit höchsten Drehzahlen, Z. d. VDI 1931, S. 893.
Prachtl, Einiges aus der mechanischen Oberflächenbehandlung im Automobilbau, Automobiltechnische Zeitschrift 1931, S. 712.
Ch. O. Herb, Diamands in the Machine Shop, Machinery 1927; — Bohren mit Diamantwerkzeugen, Maschinenbau 1930, S. 405; — Feinbohren, Automobiltechnische Zeitschrift 1932, S. 74.
Feinbohrwerke, Werkzeugmaschine 1933, Heft 3, Seite 57 ff.
Feinstbearbeitung, AWF-Druckschrift 241, 1932.
C. Büttner, Qualitätssteigerung. VDI-Verlag 1933.

c) Betrachtungen über die Wirtschaftlichkeit der Feinstbearbeitung durch Diamanten.

Bei der Auswahl von Werkzeugen wird im allgemeinen noch der Anschaffungspreis den Betrachtungen zugrunde gelegt, während allein die Leistung eines Werkzeuges ausschlaggebend ist. So wird beim Kauf von Diamantwerkzeugen häufig darauf hingewiesen, daß sie wesentlich teurer sind als alle anderen Werkzeuge. Ebenso besteht ein großer Preisunterschied selbst zwischen Diamantwerkzeugen verschiedener Herkunft, die sich äußerlich kaum unterscheiden. Auch hier sind es die verschiedenen Rohstoffe, ihre Auswahl für den bestimmten Zweck, die Schliffart und die Fassung, die den Preisunterschied bedingen.

Diamantwerkzeuge sind schon an und für sich Sparwerkzeuge. Der kostbare Rohstoff wird nur da verwendet, wo er unbedingt notwendig ist. Die Schneide ist nur so groß ausgebildet, wie es die gegebenen Verhältnisse erfordern. Während andere Werkzeuge bei Änderung und Umstellung der Arbeitsverfahren nahezu wertlos werden, behält der Diamant fast stets seinen vollen Wert. Er kann für die verschiedensten anderen Arbeiten verwendet werden.

Der Abnutzungswiderstand der Diamantschneide übertrifft alle anderen Werkstoffe ganz wesentlich. So behält eine Diamantschneide ihre Schneidhaltigkeit auch bei ganz großen Stückzahlen.

Ein gutes Schnellstahlwerkzeug gibt bei der Bearbeitung von Phosphorbronze etwa einen Schnittweg L' (siehe Seite 97) von 8 km, während eine normale Hartmetallschneide einen Schnittweg von rund 20 km liefert; er wird bei Anwendung geläppter Werkzeuge auf rund 33 km gesteigert[1]), Diamanten zum Außendrehen erreichen eine Standzeit von 2000 km und mehr. Dies ist keine willkürliche Zahl und auch keine Höchstleistung, sondern sie gründet sich auf tatsächliche Betriebsergebnisse; die Höchstleistung war etwa 3500 km Standzeit.

---

1) Agte und A. Fehse, Die Werkzeugmaschine 1931, Heft 11, und Grodzinski, TZ f. prakt. Metallbearbeitung 1934, Heft 15/16, S. 328.

Nach Abstumpfung der Schneiden müssen die Werkzeuge nachgeschliffen bzw. nachgeläppt werden. Hierdurch entsteht neben den Nachschleifkosten selbst ein Zeitverlust in der Fertigung, und ferner nutzen sich die Werkzeuge im Laufe der Zeit ab und müssen durch neue Werkzeuge ersetzt werden. Diese zusätzlichen Kosten sind zu den Anschaffungskosten hinzuzurechnen, um ein einwandfreies Bild zu erhalten. Im allgemeinen ist ein Vergleich des Diamanten mit Werkzeugen aus Schnellstahl oder Hartmetall nicht möglich, da sich der Diamant nur für die Feinst- oder Letztbearbeitung eignet. Auch können nur bestimmte Werkstoffe, wie Weichmetalle, Edelmetalle, Nichteisenmetalle, wirtschaftlich mit Diamant bearbeitet werden, während er bei den eigentlichen Maschinenbaustoffen: Gußeisen und Stahl nicht empfohlen werden kann.

An Hand eines willkürlich herausgegriffenen Beispieles (Feindrehen einer Phosphorbronzebuchse mit 50 mm Außendurchmesser und 60 mm Länge) sind auf Grund ziemlicher einwandfreier Betriebswerte rechnerische und graphische Vergleiche[2]) durchgeführt, die nachweisen, daß das Diamantwerkzeug nicht nur für größte Stückzahlen wirtschaftlich arbeiten kann. Zahlentafel 1 gibt die Betriebswerte, Schnittgeschwindigkeit, Drehzahl, Drehzeit, für das den Betrachtungen zugrunde gelegte Werkstück an. Es ist für das Schnellstahlwerkzeug ein 30maliges Abschleifen angegeben. Es wurde davon ausgegangen, daß je Nachschleifen mindestens 0,5 bis 1 mm Stoff zu entfernen ist. Bei einer Plattengröße von 20 bis 30 mm und unter Berücksichtigung eines Abfallstückes von mindestens 5 mm dürfte die Zahl 30 nicht zu niedrig gegriffen sein. Für Hartmetall wurde ein jedesmaliges Abschleifen von nur 0,1—0,2 mm angenommen. Da hier die Plättchen wesentlich kleiner sind, wurde ein 50maliges Nachschleifen

[2]) Bei den hochwertigen Werkzeugen aus Hartmetall und Diamant kommt noch ein Faktor hinzu, der in den Berechnungen nicht berücksichtigt werden konnte, nämlich die Gefahr, daß ein Werkzeug infolge unrichtiger Behandlung bei der Arbeit oder durch Fehler in der Herstellung vorzeitig zugrunde geht. Während dieses Moment bei Schnellstahl- und Hartmetallwerkzeugen die Berechnung nur unwesentlich beeinflussen würde, würde die Rechnung beim Diamanten hierdurch völlig über den Haufen geworfen.

je Werkzeug bis zum Aufbrauch angenommen. Aus der Zahl des Nachschleifens ergibt sich dann der gesamte Standweg der Werkzeuge.

Zahlentafel 1.

Feinstbearbeitung von Phosphorbronze
Lagerbuchse 50 mm ⌀, 60 mm lang, $^{3}/_{10}$ mm Spanabnahme, $^{2}/_{10}$ mm Vorschub, Drehlänge je Stück 47,5 m.

1	Werkzeugart	I Schnellstahl	II Hartmetall	III Hartmetall Schneide geläppt	IV Diamant
2	Schnittgeschwindigkeit m/min	40	200	200	300 u. mehr
3	Drehzahl U/min	255	1275	1275	1920
4	Drehzeit je Stück min	1,18	0,235	0,235	0,163
5	Schnittweg, Drehlänge km	8	20	33	2000
6	Während 5 hergestellte Stückzahl	16	423	696	42300
7	Wie oft kann das Werkzeug nachgeschliffen werden?	30 mal	50 mal	50 mal Schleifen 50 mal Läppen	3 mal
8	Gesamt. Standweg je Werkzeug km (5×7)	240	1000	1650	6000

In den Zahlentafeln 2 und 3 sind diese Angaben von der Kostenseite her betrachtet. Zahlentafel 2 betrachtet jedes Werkzeug für sich. Zu den Werkzeugkosten kommen die Kosten für das Nachschleifen. Es ist angenommen, daß jedes Nachschleifen der Werkzeuge I, II und III 0,40 RM Kosten verursacht, und zwar sind diese ermittelt für einen Gesamtzeitverlust von 6 Minuten für Ausspannen, Nachschleifen, Ausrichten und Wiedereinspannen unter Zugrundelegung eines Stundensatzes von 1,50 RM und 165% Zuschlag = 4 RM je Stunde. Für das Läppen der Hartmetallschneiden wurden nur 3 Minuten mehr gerechnet. Das Nachschleifen eines Diamanten wurde mit 12 RM angesetzt. Aus den Gesamtkosten errechnen sich die Kosten je Kilometer Drehlänge und die Kosten je Stück. Es ergibt sich, daß der Diamant die absolut niedrigsten Kosten aufweist.

Zahlentafel 2.
Gesamtwerkzeugkosten verschiedener Werkzeuge für Werkstücke nach Zahlentafel 1

	Werkzeugart	I Schnell-stahl	II Hartmetall	III Hartmetall geläppt	IV Diamant
9	Kosten für Nachschärfen RM [1]	12,-	20,—	30,—	36,—
10	Werkzeugpreis RM	8,—	25,—	25,—	150,—
11	Gesamtkosten des Werkzeuges (9+10)	20,—	45,—	55,—	186,—
12	Kosten je km Drehlänge (11/8)	8,35 Pfg.	4,5 Pfg.	3,33 Pfg.	3,1 Pfg.
13	Kosten je Werkstück [2]	≈ 0,4 Pfg.	≈0,21 Pfg.	≈ 0,16 Pfg.	≈ 0,15 Pfg.
14	Verhältnis	1	0,54	0,4	0,37

[1]) Einschließlich Ausspannen und Wiedereinspannen, je Nachschärfen wurden 0.40 RM Kosten zugrunde gelegt.
[2]) Drehlänge je Stück 47,5 m.

Diese Berechnung ist insofern nicht einwandfrei, als die Werkzeugkosten auf ganz verschiedene Stückzahlen bezogen sind. In den Betrieben liegt jedoch die umgekehrte Aufgabe vor, für eine bestimmte Stückzahl die wirtschaftlichsten Werkzeuge herauszufinden.

Für diesen Zweck sind Zahlentafel 3 und Abb. 1 entwickelt worden. Es wurde davon ausgegangen, daß eine Drehlänge von 2000 km gewünscht wird, die also der Diamant ohne Nachschleifen und -stellen liefert, während die anderen Werkzeuge I, II, III mehr oder weniger häufig nachgeschliffen werden müssen und sogar innerhalb dieser Wegstrecke durch neue Werkzeuge zu ersetzen sind. So sind insgesamt 9 Schnellstahlwerkzeuge, 4 Hartmetall- und 2 geläppte Hartmetallwerkzeuge notwendig. Am teuersten stellt sich für diese Aufgabe das Schnellstahlwerkzeug mit 172 RM, am billigsten ist das geläppte Hartmetallwerkzeug mit 110 RM. Das Diamantwerkzeug mit 150 RM Kosten liegt dazwischen, ist aber nur zu einem Bruchteil ausgenutzt. Es ist also Ansichtssache, ob man es mit 150 RM oder nur mit 50 RM oder 100 RM in Ansatz bringen will. Wenn man, wie üblich, die Werkzeuge in einem Jahr abschreibt, so wird man den ganzen Betrag von 150 RM einsetzen, man arbeitet dann also in den folgenden Jahren mit Werkzeugkosten = 0.

Gegen die Zahlentafeln 2 und 3 kann eingewandt werden, sie beziehen sich nur auf recht hohe Stückzahlen und Drehlängen, die im Betrieb seltener vorkommen. Bei

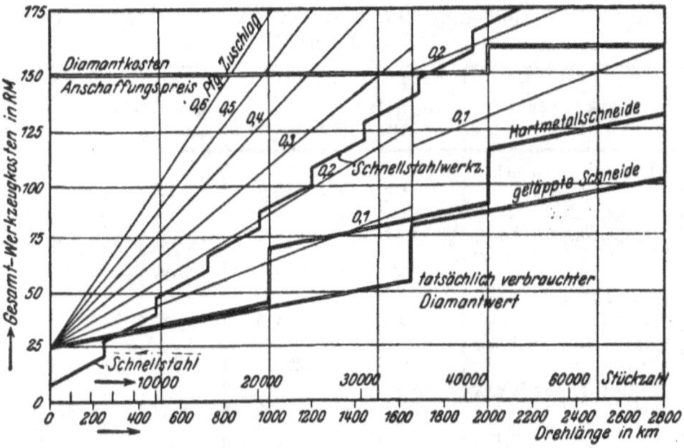

Abb. 1. Wirtschaftlichkeit von Schneidwerkzeugen.

kleineren Stückzahlen und Drehlängen stellt sich der Diamant naturgemäß teurer; man kann aber nicht sagen, daß er unwirtschaftlich arbeitet. Unter Verwendung der Endergebnisse von Zahlentafel 3 ist eine graphische Darstellung Abb. 1 entwickelt worden, die die Werkzeugkosten in Abhängigkeit von der Drehlänge zeigt. Während die Diamantkosten von 0 bis 2000 km je nach Art der Betrachtung bei 150 oder nur 50 RM gleichbleiben, steigen die Kosten für die anderen Werkzeugkosten von ihren Anfangswerten von 8 bzw. 25 RM an. Die Kosten für das Nachschleifen sind, um das Bild nicht zu unübersichtlich zu machen, jeweils proportional verteilt. Man erkennt, daß sich die Kosten bei Verwendung von Schnellstahl durch das häufige Nachschleifen und die Neubeschaffung der

Werkzeuge rasch erhöhen. Das günstigste Ergebnis zeigen die geläppten Hartmetallwerkzeuge. Innerhalb der Darstellung liegen die Kosten für diese Werkzeuge stets unter denen des Diamantwerkzeuges. Dieses ist jedoch nur die rein rechnerische Seite; bezieht man noch die Ver-

Zahlentafel 3.

Vergleich der Leistung des Diamanten (nach Zahlentafel 1) mit denen anderer Werkzeuge

	Werkzeugart	I Schnellstahl	II Hartmetall	III Hartmetall geläppt	IV Diamant
15	Schnittweg Drehlg. km	8	20	33	2000
16	Anzahl des Nachschleifens um Drehlänge 2000 km zu erreichen	250	100	60	0
17	Anzahl der Werkzeuge	9	2 (3)[1])	2	1
18	Preis eines Werkzeuges RM	8,—	25,—	25,—	150,—
19	Gesamtpr. der Werkzeuge RM	72,—	50,— (75,—)	50,—	150,—
20	Kosten des Nachschleifens bezw. Nachläppens	100,—	40,—	60,—	0
21	Gesamtkosten der Werkzeuge	172,—	90,— (115,—)	110,—	150,— jed. nur $^1/_3$ ausgenutzt

[1]) Die eingeklammerten Zahlen beziehen sich darauf, daß über 2000 km ein weiteres Werkzeug beschafft werden muß.

besserung der Oberflächengüte, die größere Haltbarkeit, die Ausschußminderung und Zeitersparnis durch das Nachschleifen mit ein, so ist die Ansicht durchaus vertretbar, daß man einen kleinen Zuschlag auf die Werkzeugkosten je Stück gibt. Diese Zuschläge in Höhe von 0,1 bis 0,6 Pfg. sind auf das bisher beste Werkzeug, das Hartmetallwerkzeug mit geläppten Schneiden bezogen. Die 50-Mark-Preislinie wird bei einem Zuschlag von 0,5 Pf.

bei einer Drehlänge von 200 m = 4200 Stück geschnitten, die 100-Mark-Preislinie bei einem Zuschlag von 0,6 Pf. bei einer Drehlänge von 500 km = 10 500 Stück und die 150-Mark-Preislinie bei einem Zuschlag von 0,6 Pf. bei einer Drehlänge von 850 km = 17 800 Stück. Die angeführten Mehrpreise sind recht gering, da allein der Werkstoffpreis rd. 2 RM/kg ist, so daß eine Phosphorbronzebuchse von 52 · mm Außendurchmesser, 33 mm Innendurchmesser und 62 mm Länge, als Ausgang für das den Zahlentafeln 1 bis 3 zugrundegelegte Werkstück, 1,36 RM kosten würde. Die Arbeitskosten für eine derartige Außen- und Innenbearbeitung werden ebenfalls, einschließlich die Zuschläge zwischen 10 bis 20 Pf. je Stück je nach Bearbeitung liegen, so daß die sich durch die Diamantbearbeitung ergebenden Mehrkosten auf jeden Fall ganz geringfügig ausfallen werden.

7. Glasbearbeitung mittels Diamanten.

Eine der ältesten industriellen Anwendungen von Diamanten ist die zum Ritzen (Schneiden) von Glas. Trotz der verschiedenen anderen Hilfsmittel, wie z. B. Stahlrädchen, findet heute noch die Diamantschneide allgemeine Anwendung. Aber auch für andere Verfahren der Glasbearbeitung werden mit Diamanten besetzte bzw. mit Diamantstaub präparierte Werkzeuge vorzugsweise verwendet.

Für manche Zwecke lassen sich an Stelle von Diamantwerkzeugen solche aus Ersatzstoffen verwenden. Auch hier tritt ähnliches ein, was auch auf anderen Gebieten beobachtet wird, die Werkzeuge reißen einzelne Glasteilchen heraus anstatt zu schneiden[1]).

Glasschneiden. Über das von alters her geübte Glasschneiden (Ritzen) sind, obgleich es sich um einen leicht beobachtbaren Vorgang handelt, doch erhebliche Unklarheiten vorhanden.

Das eigentliche Werkzeug sind Diamanten im Gewicht von $^1/_{100}$—$^1/_{10}$ Karat in einem Eisen- oder Messinghalter verstemmt und mit Zinn hintergegossen. Es handelt sich nicht um einen Diamantsplitter, wie vielfach angenommen wird, sondern um einen richtigen kleinen Diamanten. Im allgemeinen werden kleine Diamanten mit scharf ausgebildeten Naturkanten bevorzugt (Abb. 1). Geschliffene und polierte Kanten erhalten günstigere Keilwinkel. Sie erfordern jedoch zur Herstellung besondere Einrichtungen, die sich nur bei großem Bedarf lohnen. Diese Diamanten, die in England aufkamen, haben sich bei uns nicht einführen können.

---

1) Werden z. B. Glasflächen mit Hartmetallen abgedreht, so ist noch, um glatte Oberflächen zu bekommen, wie z. B. für die Präzisionsoptik notwendig ist, sehr viel Schleifarbeit aufzuwenden, hierdurch gehen jedoch irgendwelche Vorteile gegenüber der Herstellung der Glasflächen mittels Diamantwerkzeugen wieder verloren.

Der Diamant arbeitet nicht mit seiner Spitze, sondern mit der leicht gewölbten, beilförmigen Naturkante.

Nicht selten wird versucht, mit gewöhnlichen Glaserdiamanten schlangenförmige Linien, Kreise und Ovale zu schneiden, wobei der Verbraucher dann feststellt, daß der

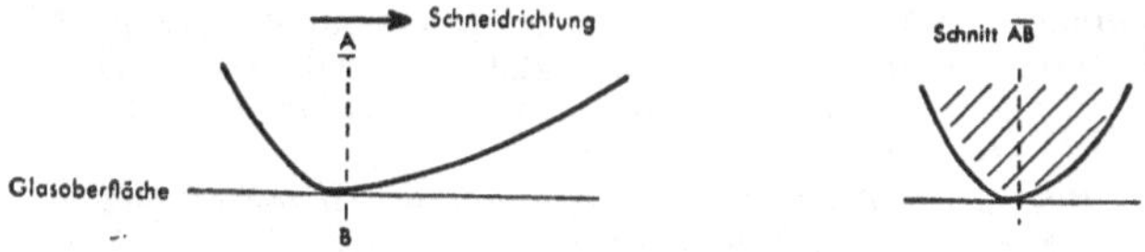

Abb. 1. Form eines gewöhnlichen Glaserdiamanten (vergrößert).

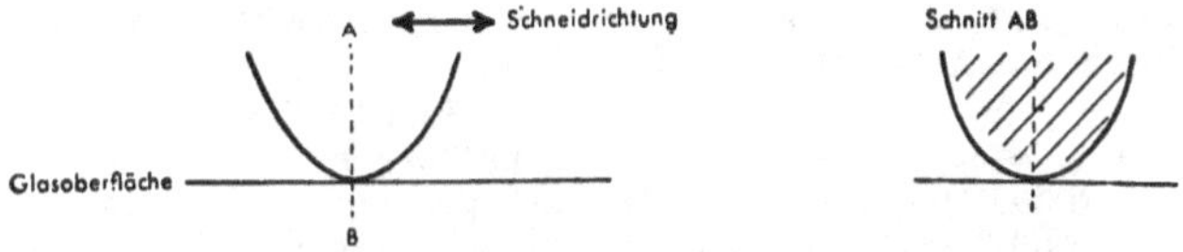

Abb. 2. Form eines Oval-Schneidediamanten (vergrößert).

Diamant aussetzt. Der Grund liegt in der falschen Form der Schneide. Die verhältnismäßig lange, beilförmige Schneide des gewöhnlichen Glasdiamanten (Abb. 1) kommt nicht um die Kanten herum. Für Kreise bzw. Ovale ist die Form des Diamanten so zu wählen, wie sie Abb. 2 zeigt. Derartige Diamanten werden, da sie nur vereinzelt vorkommen, gut bezahlt.

Beim Schneidvorgang ist die Kante des Diamanten leicht auf das Glas zu setzen und etwas zu neigen (Abb. 4). Der meist durch einen oder zwei Sterne (*) gekennzeichnete „Hammer" des Glaserdiamanten muß mit der Sternseite die Führungsleiste entlanggeführt werden. Das Schneiden erfolgt mit leichtem Druck.

Beim Schneiden verursacht der Diamant eine kleine, etwa 0,125 bis 0,17 mm tiefe Eindrückung von silberweißem Aussehen. Man muß darauf achten, daß der Diamant nicht zum zweiten Male in derselben Rille geführt wird, da er sonst sofort stumpf wird. Durch leichte Schläge gegen die Unterseite des Schnittes bricht das Glas an der vorgeritzten Linie. Der Schneidvorgang wurde zuerst von dem englischen Physiker Wollaston (1766—1828) näher untersucht. In der letzten Zeit sind die Untersuchungen von Dalladay und Twymann über diesen Vorgang bekanntgeworden. Danach entsteht beim Schneiden eine minimale Atomverlagerung, gekennzeichnet durch die Doppelbrechung, in deren Gefolge sich bedeutsame Atomverformungen vollziehen, die ein leichtes Brechen des gesamten Glaskörpers ermöglichen[1]).

Bei den heute viel verwendeten Sicherheitsgläsern, bei denen eine durchsichtige Kunstharzplatte zwischen zwei dünne Glasplatten gepreßt ist, schneidet man mit den Diamanten auf beiden Seiten ein, bricht dann das Glas und zerschneidet die Zwischenschicht zum Teil durch einen elektrischen Heizdraht.

Neben dem Abtrennen oder dem Abbrechen durch Druck oder Schlag werden Hohlgläser nach dem Ritzen mit dem Diamanten durch „Absprengen" oder „Feuerschneiden" getrennt. Auf der zu schneidenden Linie wird eine sehr kleine aber scharfe Stichflamme wiederholt entlanggeführt, nach kurzer Zeit springt das mit dem Diamanten vorgeritzte Teil auf dieser Linie auseinander. Das Heranführen eines kalten Stahles an die heiße Linie beschleunigt das Abtrennen. Abb. 3 zeigt eine hierzu dienende Maschine. Das abzusprengende Glas wird auf den feststehenden Tisch 1 gestellt und leicht am Diamant D vorbeigeführt, so daß ein möglichst feiner Ritz entsteht. Zu beiden Seiten befinden sich Drehtische 2 und 3 und darüber in genau gleicher Höhe wie der Diamant zwei Absprengbrenner B_2 und B_3. Nachdem das Glas angeritzt ist, wird es auf den Drehtisch 2 gesetzt, so daß es in Höhe des Ritzes vor der Stichflammenschneide des Brenners B_2 umläuft. Dadurch wird an der angeritzten Stelle eine feine Zone schnell und stark erhitzt, wodurch

---

1) Danach ist die Ansicht von Crookes falsch, daß die Diamantschneide geradezu kleine Spänchen herausschält. Ein so geritztes Glas würde nicht brechen.

ein großer Spannungsunterschied gegen die nächstgelagerten Zonen entsteht, was das glatte Auseinandersprengen der Gläser bewirkt. Man wartet nun nicht, bis der Sprung erfolgt ist, sondern ritzt inzwischen ein zweites Glas an und stellt es auf den Drehtisch 3. In-

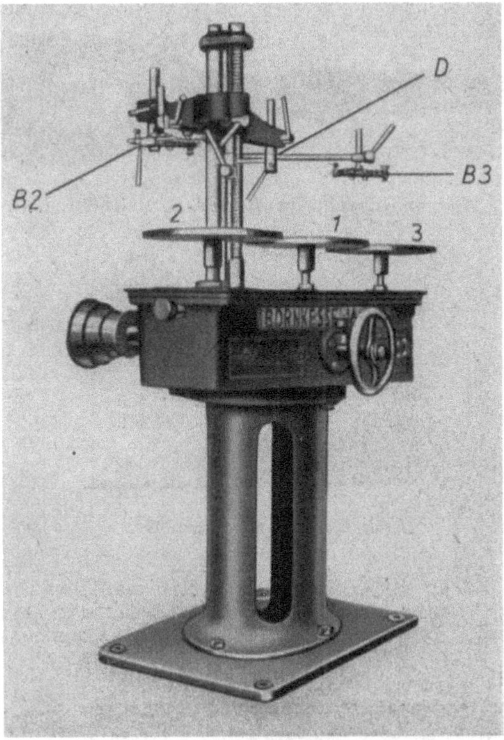

Abb. 3. Absprengmaschine für stehende Gläser.

zwischen ist das auf dem Tisch befindliche Glas abgesprengt, so geht die Arbeit laufend vor sich.

Abb. 4 zeigt einen Glasschneidediamanten. Im Handel gibt es die verschiedensten Formen. Sie werden auch als Glashobel (Abb. 5) ausgebildet.

Abb. 4. Glasschneidediamant mit Holzheft.

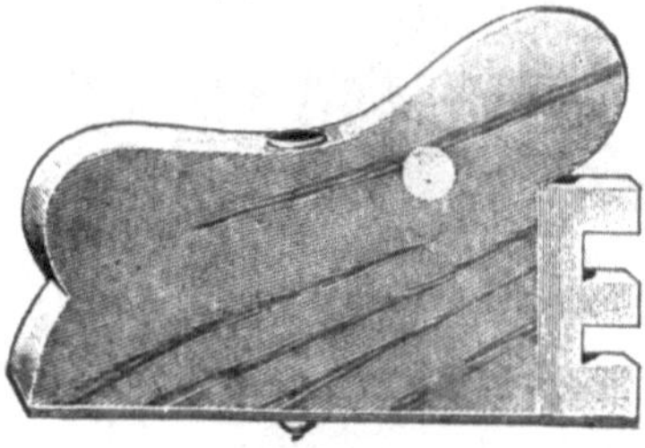

Abb. 5. Glasschneidehobel.

Je dicker das Glas, desto breiter muß der Diamant gewählt werden. Dünne Gläser werden auch mit besonderen Diamanten (Abb. 6) geritzt, erwähnt sei das

Abb. 6. Glas- und Steinschreibdiamant.

Schneiden von Deckglas und mikroskopischen Präparaten.

In den Glashütten werden die großen gegossenen Glastafeln auf großen Schneidtischen von den Arbeitern von Hand mittels Glasschneidediamanten geschnitten. In achtstündiger Schicht schneidet ein geübter Glasschneider etwa 250 m^2. Photographische Platten werden auf selbsttätigen Maschinen geschnitten. An einer Schiene sind soviel Diamanten angebracht als Schnitte ausgeführt werden sollen. Durch Führen zwei solcher gekreuzten Schienen über die Glasplatte wird diese in kleine rechteckige Platten aufgeteilt.

Glasröhren, z. B. Wasserstandgläser, werden mit einem Diamanten geschnitten, wobei das Rohr an einer verstellbaren Rosette liegt (Abb. 7). Der Schnitt er-

Abb. 7. Gerät zum Schneiden von Glasröhren, Wasserstandgläsern usw.

folgt hierbei von innen. Durch leichtes Klopfen von außen gegen die Schnittlinie platzt das Rohrende ab.

Runde und ovale Teile, z. B. Uhrengläser, Bildergläser usw., werden auf kleinen Maschinen mit einem entsprechend geführten Diamanten geschnitten, oder man verwendet einfache Zirkel. Diese Einrichtungen entsprechen den sonst zum Zeichnen und Anzeichnen üblichen Geräten, nur ist hier an Stelle der Reißspitze, Reißnadel oder des Bleistiftes ein in einem Halter gefaßter Diamant (Abb. 8) getreten.

Abb. 8. Diamanteinsatz für Rund- und Ovalschneidemaschinen.

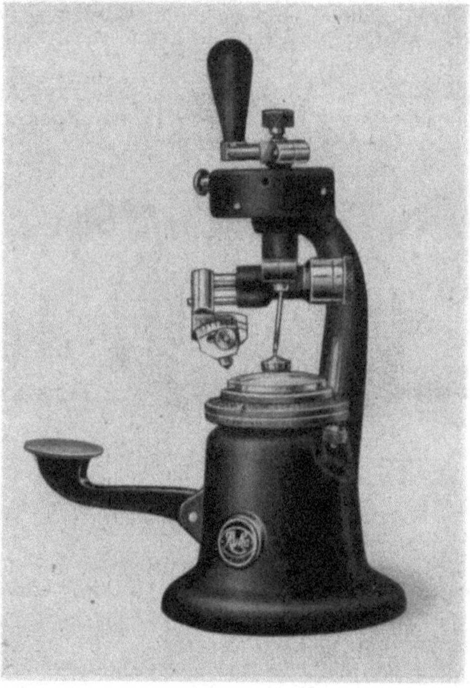

Abb. 9. Brillenglasschneidemaschine.

Brillengläser werden meist auf Sondergeräten geschnitten (Abb. 9). Diese Maschinen besitzen eine Verstelleinrichtung für den Diamanten, damit der Diamant richtig „auf Schnitt“ steht. Oben ist eine Kurbel angebracht, mit der jeweils von Hand eine Volldrehung ausgeführt wird, unten befindet sich ein Handhebel, der das auf dem Tisch liegende Glas leicht anhebt und gegen den Diamanten drückt oder umgekehrt. Der überstehende Rand des Glases bricht von selbst oder wird mit einer Zange leicht abgebrochen. Neuerdings sind auch Maschinen für ovale und beliebige Formen von Brillengläsern entwickelt worden, bei denen der Diamant stets in Richtung der Tangente an die zu schneidende Form geführt wird.

Glasteilen, hierüber Näheres auf Seite 167.

Abb. 10. Kleine Schneidmaschine für Glas und Mineralien.

Glassägen. Das Zerteilen von Glasblöcken, z. B. zur Herstellung optischer Linsen, wird auf Kreissägen vorgenommen. Diese Sägen (Abb. 10 u. 11) gleichen den für die Edelsteinbearbeitung entwickelten Sägen. Das Sägeblatt besteht aus gehämmertem und gespanntem Weißblech oder doppelt dekapiertem Stahlblech von 0,9 bis 1 mm Dicke. Üblich sind Scheiben mit etwa 400 mm Durchmesser, die mit 400—500 U/min. umlaufen (bei kleineren Durchmessern mit entsprechend höherer Drehzahl, etwa 500 bis 600 U/min.). Die Sägescheibe ist am Rande mit kleinen Kerben versehen, in die mit Öl ver-

Abb. 11. Größere Glasschneidemaschine.

setzter Diamantstaub hineingepreßt ist. Der zu zerschneidende Glasblock wird in einem Spannstock gehalten, die Anpressung gegen die Scheibe erfolgt durch Gewichtszug (in seltenen Fällen auch von Hand). Die Sägescheibe wird durch Petroleum- oder Sodalösung, die sich in einem Behälter befinden, dauernd gekühlt. Mit diesen Sägen, die auch zum Teil als Mehrfachsägen ausgebildet sind, werden aus den Glasblöcken Platten für Linsen oder Prismen ausgesägt. Hat man etwa die Mitte des Blockes erreicht, so wird durch die in Abb. 11 sichtbare Spanneinrichtung der Block um 180° gedreht. Auf diese Weise ist es möglich, auf einer Sägescheibe mit 400 mm Durchmesser und 80 mm Durchmesser der Befestigungsnabe Blöcke bis zu 240 mm Breite durchzusägen. Man rechnet bei diamantpräparierten Sägescheiben mit Schnittbreiten von 1 bis 1,3 mm Bei nicht mit Diamantstaub versehenen Sägen würde man wesentlich breitere Schnitte, d. h. größeren Abfall, erhalten, und es wäre eine geringere Schnittgeschwindigkeit in Kauf zu nehmen, die das Sägen ohne Diamant unwirtschaftlich macht. Der Vorschub richtet sich nach der Gewichtsbelastung.

Normale Schnittleistungen sind Schnittiefen von 1,5 bis 2 cm in der Minute.

Der Kraftbedarf des Antriebsmotors ist bei der Maschine Abb. 10 etwa $^1/_{16}$ PS, bei der Maschine Abb. 11 etwa ½ bis ¾ PS. Die Lebensdauer eines Sägeblattes beträgt nur etwa 4 bis 8 Tage, je nach Art der Beanspruchung und der Härte des zu schneidenden Glases, dann muß es neu mit Diamantstaub präpariert werden. Das Präparieren der Sägen erfordert hohe Geschicklichkeit. Es werden je nach Art der Arbeit grobere oder feinere Diamantkörner benutzt. In der optischen Industrie unterscheidet man zwei Arten von Präparieren. Das Flachpräparieren, das vielfach auch in den eigenen Werkstätten vorgenommen werden kann. Es ist für dünne Scheiben von 0,5 bis 0,8 mm Dicke geeignet, die bis zu 0,5 mm Tiefe mit Diamanten durchsetzt werden. Beim Tiefpräparieren für Scheiben von 1 mm Dicke und mehr werden in den Rand Kerben von 3 bis 4 mm Tiefe eingeschnitten, die dann mit dem mit Öl versetzten Diamantstaub versehen werden. Zum Präparieren einer Sägescheibe ist je nach Art der Benutzung und ihrer Größe 1 bis 5 Karat Diamantstaub erforderlich.

Neben Kreissägen werden auch vereinzelt Gattersägen angewendet.

Glasbohren. Für das Glasbohren, das eine recht häufig vorkommende Arbeit ist, werden die verschiedensten Hilfsmittel empfohlen. Nach Untersuchungen der letzten Zeit ergibt sich als wirtschaftlicher Bereich der einzelnen Werkzeuge:

Durchmesser bis 4 mm: Diamantspitzbohrer,
Durchmesser über 4 mm bis 8 mm: Hartmetallbohrer,
Durchmesser über 8 mm: Stahlrohrbohrer, Kupferrohrbohrer, die mit Diamant präpariert sind.

Für den Diamantspitzbohrer ergibt sich hierdurch noch ein umfassendes Arbeitsgebiet, insbesondere werden sie zum Bohren der Brillengläserlöcher verwendet.

Die Lebensdauer der Bohrdiamanten ist sehr unterschiedlich, je nachdem, aus welchem Rohstoff sie hergestellt werden, ob dieser hart oder weich ist, oder zur Zersplitterung neigt. Bohrdiamanten, die aus Spaltstücken geschliffen werden, haben nur einen Bruchteil der Lebensdauer der Steine, die aus dem Vollen herausgeschliffen werden. Wenn letztere auch das Doppelte kosten, so besitzen sie doch eine wesentlich höhere Lebensdauer. Der Grund liegt darin, daß die Schneiden nicht in richtiger Schnittstellung stehen. Bemerkt sei, daß man am fertiggeschliffenen Diamanten nachträglich nicht feststellen kann, ob es sich um ein Spaltstück handelt.

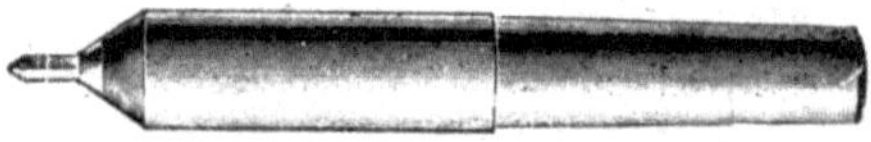

Abb. 12. Glasbohrdiamant

Das Bohren erfolgt auf Sondermaschinen (siehe weiter unten) mit Hand und Gefühlsvorschub. Die Bohrer sind vorn kegelig zugeschliffen (Abb. 12), ihre freie Länge beträgt etwa 3—5 mm. Dünnere Gläser werden einseitig durchbohrt. Dickere Gläser werden im allgemeinen von zwei Seiten durchbohrt, somit können mit einem etwa 3 mm langen Bohrer Löcher in 5 mm dicke Glasplatten gebohrt werden. Die Bohrtische werden mit seitlich einstellbaren Anschlägen ausgerüstet. Die Drehzahl der Bohrspindel in Abhängigkeit vom Bohrdurchmesser ist in Zahlentafel 1 angegeben. Als Kühlmittel dient vorzugsweise Terpentin mit Rüböl; der Verbrauch ist sehr gering. Die Diamantspitze darf auf keinen Fall beim Durchtreten auf die Unterlage des Glases stoßen, da sie sonst beschädigt wird (Abhilfe durch einstellbare Anschläge). Mehrmaliges Anheben beim Bohren, damit das Bohröl besser in das Loch einlaufen kann, ist notwendig. Fehlen des Bohröles zeigt sich an der weißen Färbung der Bohrstelle. Mit gut geschliffenen Diamantbohrern und auf guten Maschinen lassen sich bis 350 Löcher in der Stunde bohren. Dickere Gläser werden, wie oben angegeben, von beiden Seiten gebohrt, auch hier lassen sich Leistungen bis zu 200 Loch je Stunde erreichen.

Zahlentafel 1.

Für das Glasbohren empfohlene Drehzahlen[1]).

Bohrerdurchmesser mm	1	2	3,5	4	5
Drehzahl U/min	3500	2400	1200	950	700
Bohrerdurchmesser mm	6	7	8	9	10
Drehzahl U/min	630	550	480	430	380

Um den im neuen Zustand empfindlichen Diamantbohrer zu schonen, soll man die ersten 50 bis 100 Löcher langsam mit wenig Druck bohren. Die Lebensdauer von Brillenbohrern wird mit 30000 bis 50000 Löcher vor dem Nachschleifen angegeben[2]). Wichtig ist, daß der Bohrer genau zentrisch ist und auch die Fassung genau zentrisch läuft.

---

[1]) Umfangsgeschwindigkeiten zwischen 10—12 m/min.

[2]) Hieraus erklärt es sich, daß sich ein solcher Diamantbohrer vielfach von dem Vater auf den Sohn vererbt.

Abb. 13 zeigt eine einfache Glasbohrmaschine. Wegen der hohen Antriebsdrehzahl (bis 2000 U/min) läuft die geschliffene Bohrspindel in gehärteten Stahllagern. Tiefen-

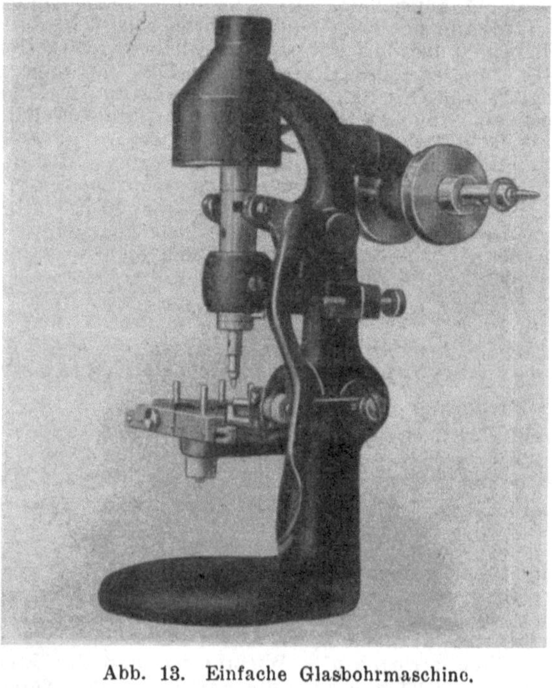

Abb. 13. Einfache Glasbohrmaschine.

einstellschrauben und seitliche Anschlagschrauben sind vorgesehen. Das zu bohrende Glas wird zwischen Haltestiften eingespannt. Bei gewölbten Gläsern wird der Glashalter soweit geneigt, bis die Bohrrichtung parallel zum

Glasrande steht. Die Universalglasbohrmaschine (Abb. 14) besitzt einen nach Lösen einer Knebelschraube wegschwenkbaren Bohrtisch. Hierdurch wird das doppelseitige Bohren wesentlich erleichtert, indem das zur Hälfte durch-

Abb. 14. Universal-Glasbohrmaschine.

bohrte Glas nun freihändig von der anderen Seite weitergebohrt wird, da das angebohrte Stück jetzt eine sichere Auflage auf der Glasunterlage besitzt. Die Arbeitszeit wird hierdurch wesentlich verkürzt, insbesondere bei gewölbten Gläsern, deren Ausspannen sehr schwierig ist.

Für größere Durchmesser werden in verschiedenen Industriezweigen vorzugsweise wieder diamantbesetzte Hohlbohrer verwendet. Es sind dies meist Kupferrohre, die ähnlich wie die Glassägen (Seite 125) an der Schnittfläche mit zerstoßenem Diamant präpariert sind. Gebohrt wird mit Öl oder Petroleum. Es ist nur geringer Vorschubdruck anzuwenden, da sonst das Glas einspringt. Man bohrt auch hier bis auf halbe Tiefe, wendet den Block um und bohrt von der anderen Seite fertig; man vermeidet so ein Ausspringen des Glases auf der Ausbohrseite. Diese Arbeiten kön-

Abb. 15. Diamantfräser aus Duralumin zum Fräsen von Glas (nach DRP 591 879).

nen auf normale Bohrmaschinen mit geringer Leistung bei 300 bis 800 U/min vorgenommen werden. Hier soll die Umfangsgeschwindigkeit etwa 5 bis 7 m/min betragen.

Glasfräsen. Fräsen von Glas wird angewendet zum Erzeugen von Oberflächen besonderer Form, auch für große Glaslinsen, Hohlspiegel usw. Als Werkzeug dient eine mit Diamantstaub präparierte Kupferscheibe zylindrischer oder walzenförmiger Gestalt. Die Oberfläche wird ähnlich wie bei den Glassägen (Seite 125) und den Schleifscheiben (Seite 196) aufgehauen, die Kerben sind mit Diamantstaub gefüllt und dann zugehämmert. Kupfer hatte sich für diese Zwecke bisher am geeignetsten erwiesen, da sich die Diamantkörnchen fest in die Oberfläche einfressen.

Neuerdings hat die Firma Ahlberndt, Berlin O, sich in DRP 591 879 ein Verfahren schützen lassen, nach dem die Diamantkörnchen in vergütbare Leichtmetalllegierungen, z. B. Duralumin, eingesetzt werden. Die

Abb. 16. Diamantschleifdorne aus Duralumin (nach DRP 591 879).

Werkzeuge werden dann mit eingesetztem Diamantkorn bei 500° gehärtet und veredelt. Diese Temperatur ist für den Diamanten unschädlich. Abb. 15 zeigt verschiedene Größen dieser Diamantfräser mit Durchmessern zwischen 40 bis 50 mm, während in Abb. 16 Diamantschleifdorne aus Duralumin dargestellt sind.

Die Art des Diamantbesatzes und die Feinheit der Körner richtet sich jeweils nach der vorzunehmenden

Arbeit. Üblich sind Umfangsgeschwindigkeiten von 1000 bis 1400 m/min. Während der Arbeit empfiehlt sich ein Kühlen mit Petroleum oder anderen Flüssigkeiten.

Abb. 17 zeigt eine selbsttätige Fräsmaschine zum Fräsen von großen optischen Linsen nach Schablone.

Abb. 17. Kopierfräsmaschine für Glaskörper.

Der Fräser hat 150 mm Durchmesser und läuft mit 3000 U/min (v = 1400 m/min), seine Breite beträgt 10 mm. Nähere Angaben über die Leistungen dieser Maschine können nicht gemacht werden, sie ändern sich von Fall zu Fall.

Abb. 18 stellt eine selbsttätige Maschine zum Abfräsen der Ränder von Uhrgläsern dar. Die Fräs- und Schleifscheibe mit 200 bis 300 mm Durchmesser ist fest-

Abb. 18. Brillenglasfräsmaschine.

gelagert. Das Uhrglas ist auf einen schwingenden Halter befestigt. Nach Erreichen des eingestellten Durchmessers rückt die Maschine selbsttätig aus.

Schrifttum:

Dralle, Die Glasfabrikation, München 1931.
Zschacke, Glas, seine Herstellung und Verwendung, Dresden 1930.
F. Rinne, Ztschr. f. Min. u. Geol. A (209), 1926.
A. J. Dalladay u. T. Twymann, Transactions Opt. Soc. 23/265 (1925).
Ewald, Die optische Werkstatt, Berlin 1930.
Litcher, Glas.-Ind.-Zeitung „Diamant", Jahrg. 1930, Nr. 23, S. 371.
Fischer - Karmarsch, Die Bearbeitung der Steine, Glas- und Tonwaren, Leipzig 1891.
Prechtl, Technolog. Encyklopädie 1836, Bd. 7.
F. W. Preston, The Structure of abraded glass surfaces Transact, Optical. Soc. Vol. XXIII, 1921/22, p. 144.
Wetzel, Bearbeitung von Glaskörpern, 1901.
Dr. Joh. Flügge, Das optische Glas und seine Verarbeitung, Feinmechanik und Präzision, April 1935.

8. Natur- und Kunststeinbearbeitung mittels Diamanten.[1]

In der Steinbearbeitung haben sich mit Diamanten besetzte Werkzeuge seit etwa 70 Jahren eingeführt. So berichtet die Zeitschrift Engineering, April 1877, daß in den nordamerikanischen Gebirgen zum Schneiden harter und griesiger Felsstücke Diamantkreissägen Tag und Nacht in Betrieb seien. Die Lebensdauer einer Säge betrage etwa vier Monate. Heute ist die Lebensdauer der Diamantsägen infolge der langjährigen Erfahrungen wesentlich größer.

Diamantwerkzeuge werden nicht nur für recht harte Gesteine angewendet, sondern sie sind gerade für weiche Gesteine, die auf andere Werkzeuge stark abschleifend wirken, günstig. Auch ganz weiche feuerfeste und säurefeste Steine werden aus diesem Grunde mit Diamanten bearbeitet. Bei der Bearbeitung von Steinen finden fast alle Bearbeitungsverfahren Anwendung, wie sie auch bei der Holz- und Metallzerspanung benutzt werden. Die Vorteile der Diamantwerkzeuge gegenüber anderen Werkzeugen auf diesem Arbeitsgebiete liegen in der großen Arbeitsgeschwindigkeit, dem geringen Materialverlust und der sauberen und genauen Oberfläche, die in vielen Fällen keine weitere Nachbehandlung erfordert.

Sägen:

Während vielfach die Steinblöcke noch durch die Meißel und Hammer zerteilt werden, wobei große Verluste durch Zerspringen entstehen können, haben sich diamantbesetzte Sägen als wirtschaftlich er-

---

[1]) Da für die verschiedenen Steinarten, wie Natur- und Kunststeine, ähnliche Einrichtungen, Maschinen und Werkzeuge benutzt werden, sollen diese zusammen in diesem Abschnitt beschrieben werden. Getrennt behandelt werden Glas, Schleifsteine, da hier näher auf Beschaffenheit der einzelnen Stoffe einzugehen ist.

wiesen. Die ältesten Sägen sind die Handsägen, und zwar in der Form als Nutensägen (Abb. 1) zum Herstellen von Einschnitten und für flache Stücke, und als eigentliche Handsäge (Abb. 2) zur Bedienung durch zwei Mann. Auf die Maschine übertragen, entwickelten sich aus der Handsäge die Diamant-Gatter- und Trennsägen (bis 7,2 m Länge im Betrieb). Weiterhin entstanden die Diamantkreissägen, mit denen man allerdings wegen des begrenzten Durchmessers keine so großen Schnitthöhen erreichen kann.

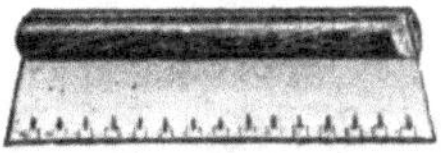

Abb. 1. Nutensäge mit Diamanten besetzt.

Abb. 2. Handsäge mit Diamanten besetzt.

Hauptsächlich werden diamantbesetzte Sägen verwendet zum Trennen von Marmor, Muschelkalk, Sandstein. Travertin, Basaltlava, Diabas usw., die in massive Blöcke oder schmalere Platten getrennt werden müssen, z. B. Bausteine und Grabsteine. Zum Herstellen von Platten bis 6 cm Dicke benutzt man dünne Stahlbänder, die auf Gattersägemaschinen mit Quarzsand oder Stahlmasse arbeiten. Eine besondere Art von Sägen sind die in Steinbrüchen angewendeten Drahtseilsägen, die mit einem endlosen Stahlseil arbeiten. Das Sägen erfolgt durch den Quarzsand, der durch das umlaufende Seil unter Zugabe von Wasser stets von neuem zugeführt wird[2]). Man

[2]) Vgl. Berichte über Betriebswissenschaftliche Arbeiten, Steinbearbeitung, Bd. 10, VDI-Verlag, 1933.

hat jedoch festgestellt, daß alle diese Schneidmittel nicht die hohe Schneidleistung wie mit Diamanten besetzte Werkzeuge aufweisen.

Die Diamanten werden in sogenannte Stahleinsätze (Disken, Abb. 3) gefaßt, die in bestimmten Abständen am Umfang eingesetzt werden. Der Abstand der einzelnen Diamanten beträgt etwa 3 bis 4 cm. Sie sind so angeordnet, daß immer auf einen Diamanten nur ein Teil des Vorschubdruckes und der Schneidarbeit fällt. Wichtig ist reichliche Zufuhr von Spülwasser, damit das ab-

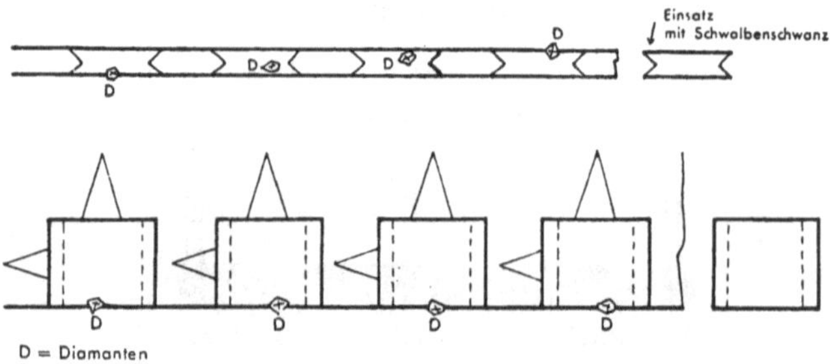

Abb. 3. Stahleinsatz mit Schwalbenschwanz für diamantbesetzte Sägen.

gearbeitete Gesteinmaterial sofort ausgespült wird und keine Schleifwirkung auf die Diamanten, ihre Stahlfassung und auf das Sägeblatt selbst ausübt. Das Spülwasser kann immer wieder verwendet werden, nachdem sich der Steinschlamm in einer Grube abgesetzt hat.

Gattersägen:

Aus den Handsägen entwickelten sich die Gatter- und Trennsägen mit hin und her gehender Bewegung. Man bezeichnet Sägen mit 20—30 und mehr Sägeblättern als Vollgatter- und solche mit nur 1—5 Sägeblättern als Trennsägen. Abb. 4 zeigt ein Sägeblatt, das mit in Einsätzen gefaßten Diamanten ausgerüstet ist.

Derartige Sägen sind in Längen bis zu 7,2 m im Betrieb. Abb. 5 zeigt eine Vollgattersäge. Die Drehzahl der Antriebswelle beträgt etwa 80 bis 90 U/min. Diese Sägen

Abb. 4. Trenn- bzw. Gattersäge.

Abb. 5. Steinsäge-Vollgatter mit Rahmenführung.

schneiden stündlich etwa 2—2,5 m^2 Marmor[3]). Der Kraftbedarf ist etwa 16—18 PS. Die Schnittgeschwindigkeit beträgt durchschnittlich 2 m/sek; wegen der großen hin- und hergehenden Massen kann sie schwerlich gesteigert

[3]) Dies entspricht etwa einer stündlichen Schnittiefe von 70—80 mm.

werden. Die Diamantsägengatter dienen hauptsächlich zur Herstellung von Treppenstufen, Grabsteinen u. dgl. aus Marmor und ähnlichen Baustoffen. Bei Diamantsägen wird der Gatterrahmen auf Rollen oder Gleitschuhen geführt, da ein Abheben der Sägen hier im Gegensatz zu Sägen mit besonderen Schneidmitteln nicht erforderlich ist. Zum Herstellen der quadratischen Materialprüfkörper von 6 bis 7 cm Kantenlänge werden neben Diamantkreissägen, auch Diamantgattersägen kleiner Größe benutzt.

Zahlentafel 1 gibt übliche Abmessungen an.

Zahlentafel 1.
Abmessungen von diamantbesetzten Sägeblättern für Gattersägen.

Länge mm	Höhe mm	Schnittbreite mm	Zahl der Diamanten
1000	120	4,0	30
2500	200	5,0	68
4000	200	6,0	118
5000	225	6,5	148
6000	225	6,5	187

Kreissägen:

Diamantkreissägen können etwa das Hundertfache in gleichem Zeitabschnitt leisten, wie alte Sägeverfahren, die mit Quarzsand oder Stahlmasse als Schneidmittel arbeiten. Allgemein verwendet werden Sägeblätter von 1,2 bis 2 m Durchmesser (Abb. 6). Um größere Blockhöhen schneiden zu können geht man noch darüber, jedoch setzen die Blattabmessungen eine Grenze, da ein Kreissägeblatt von 2500 mm Durchmesser bereits ein Gewicht von fast 400 kg hat. Normale Umfangsgeschwindigkeiten sind etwa v = 40 m/sek, d. h. die 20fache Schnittgeschwindigkeit, wie sie Gattersägen erreichen. Es gibt jedoch auch Fälle, wo 20 bis 30 oder 60 m/sek zweckmäßiger sind. Die Vorschübe betragen je nach der Gesteinsart (vgl. auch Zahlentafel 3, S. 163) und der Schnitthöhe s = 50 bis 250 mm/min. Bei einem Durchmesser von 2500 mm und einer Drehzahl n = 380 U/min beträgt also der Vorschub

Abb. 6. Diamantkreissägeblätter verschiedener Größe.

je Umdrehung der Sägewelle 0,13 bis 0,66 mm. Zahlentafel 2 gibt einen Überblick über die Abmessungen von Diamantkreissägen. Der Diamantbesatz ist etwa der gleiche wie für Gattersägen; der Abstand der einzelnen Diamanten ist etwa 3 bis 4 cm.

Zahlentafel 2.
Abmessungen von diamantbesetzten Kreissägeblättern.

Außen Ø mm	Schnittbretie mm	Zahl der Diamanten	Normale Drehzahl [1])
350	4	38	2175
600	5,5	64	1270
1000	7,0	104	760
1500	8,5	158	510
2000	11,0	200	380

[1]) Für eine Schnittgeschwindigkeit von 40 m/sek berechnet.

Über die Leistungsfähigkeit von Diamantkreissägen geben folgende Betriebsergebnisse Auskunft: Eine Säge mit einem Durchmesser von 3000 mm durchsägte Muschelkalk mit einer Stundenleistung von 18,3 m, sowie Carrara-Marmor mit 15,3 m in der Stunde, bei einem Kraftverbrauch von 15 bis 25 PS/h.

Die Kosten von etwa 5000 bis 6000 RM für ein Kreissägeblatt mit 2000 mm Durchmesser machen sich in kurzer Zeit durch die hohe Leistung bezahlt. Die neuzeitlichen Sägeblätter haben in mittelhartem Gestein häufig eine Betriebsdauer von 6000 Betriebsstunden überschritten. Einfache Diamantkreissägemaschinen (Abb. 7) besitzen feste,

Abb. 7. Einfache Diamant-Kreissäge-Maschine (für Blattdurchmesser von 1000—1300 mm).

in der Höhe unverstellbare Lagerung der Sägewelle. In der Regel werden zwei Sägeblätter angeordnet, deren Abstand eingestellt werden kann. Der zu zersägende Steinblock ist auf einem Wagen aufgesetzt, der durch Schnecke und Zahnstange angetrieben wird. Bei neuester Bauart wird ein Vorschub durch Flüssigkeitsdruck angewandt, der gleichmäßiger ist. Die Vorschubgeschwindigkeit kann innerhalb weiter Grenzen geregelt werden, zum Rücklauf des Wagens kann ein besonderer schneller Gang eingeschaltet werden. Für größere Sägen wird noch vielfach eine Höhenverstellung der Sägewelle vorgesehen. Bei einer anderen Maschine besitzt die Säge unmittelbaren Antrieb durch einen Motor. Der Sägeschlitten bewegt sich längs einer Art Brückenträger. Derartige Maschinen werden zu Block- und Massivarbeiten für alle Gesteinarten verwendet. Zum Durchsägen runder Teile, wie z. B. eines Bohrkerns (nach Abb. 12 auf Seite 148), wird ein Verfahren angewendet, wobei das Werkstück ebenfalls umläuft. Hierdurch kommt man mit wesentlich kleineren Sägedurchmessern aus. Ein Ausbrechen oder Ausplatzen am Außendurchmesser ist nicht möglich, da der Schnitt auf dem größten Teil des Umfanges von innen nach außen erfolgt.

Kleinere Natur- und Kunststeine werden vielfach auch auf Bohrmaschinen mit Säulenständer und schwenk-

Abb. 8. Steinsäulendrehbank, schwere Ausführung.

barem Rundtisch gesägt (vgl. das Zerteilen von Schleifscheiben in Abb. 5 auf Seite 80).

Auf derartigen Bohrmaschinen lassen sich auch rechteckige Körper herstellen. In Ausnahmefällen kann an Stelle der sonst allgemein angewendeten flüssigen Spülung ein Ausblasen des Steinstaubes durch Preßluft erfolgen.

Drehen und Bohren:

Das Abdrehen der Steinsäulen, Balustern, Urnen, Vasen aus Marmor, Granit usw. wird auf großen Drehbänken (Abb. 8) vorgenommen. Zum Abdrehen von Hartgesteinen kommen Diamantdrehmeißel nur für feinste Nacharbeit in Frage, also nicht zum Schruppen. Zum Herstellen von Steinsäulen auf Drehbänken gebraucht man auch sogen. Schälmeißel (Abb. 9 a u. b). Ein solcher Meißel schält die Säule aus dem Rohblock heraus. Der Schälmeißelhalter wird im Schlitten eingespannt und nach einem Vorschub von etwa 6 bis 10 cm (= Länge des diamantbesetzten gebogenen Teiles) wird die überstehende Außenschicht während des Schälprozesses mittels Ham-

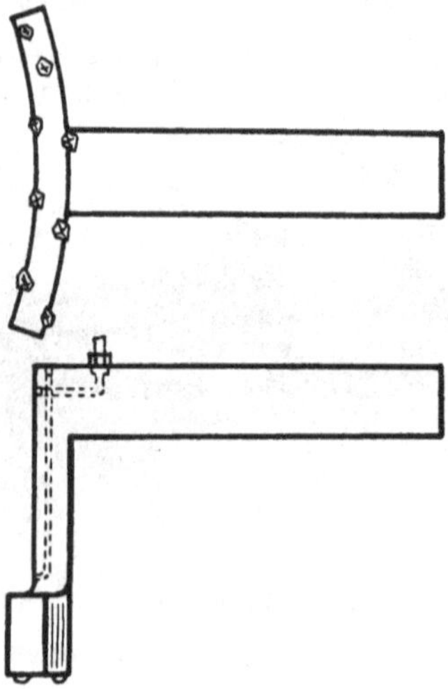

Abb. 9 a. Schälmeißel für Drehbänke.

mer abgeschlagen und dadurch ein ununterbrochenes Arbeiten ermöglicht. Die Schnittgeschwindigkeit kann etwa 10 bis 15 m/min betragen.

Zum Ausbohren von Natur- und Kunststeinen benutzt man dagegen allgemein mit Diamanten besetzte Hohlbohrer[4]) von 8 bis etwa 400 mm Durchmesser

---

[4]) Hohlbohrer sind neben Sägen wohl die ältesten mit Diamanten besetzten Werkzeuge (vgl. Anhang S. 205).

(Abb. 9). Zur gelegentlichen Herstellung von Löchern über 100 mm Durchmesser würde ein Diamanthohlbohrer sich nicht bezahlt machen, man benutzt deshalb auch

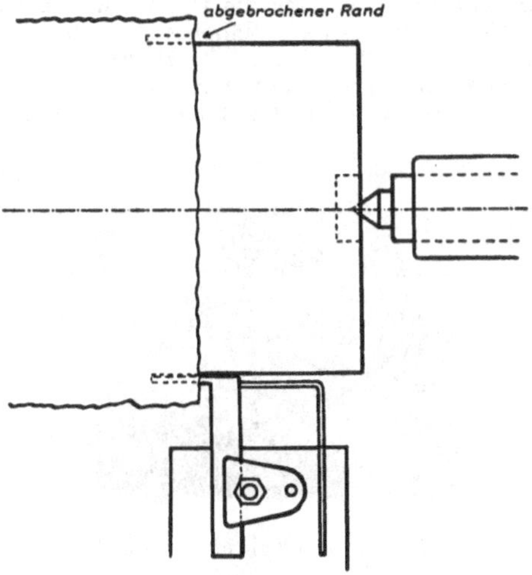

Abb. 9 b. Schälmeißel bei der Arbeit.

verstellbare Bohrvorrichtungen. Die mit Diamanten besetzten Bohrmesser dienen zum Ausschneiden flacher Platten von nicht allzu großer Dicke, während sich mit Bohrkronen (Abb. 10), je nach ihrer Länge, Tiefen bis 2 m und mehr erbohren lassen. Die Bohrmesser werden sowohl einzeln, als auch zu drei oder vier vereinigt verwendet, vielfach auch mit verstellbarem Durchmesser. Zum Bohren kleiner Löcher werden die Hohlbohrer in Futter eingesetzt. Seitlich ist eine Einrichtung zum Einführen des Spülwassers (eine Wasserspülbüchse) angebracht[5]).

[5]) Näheres über das Einsetzen der Diamanten und ihre Anordnung s. Abschnitt Tiefbohren, S. 155.

In Sonderfällen werden auch mehrere Hohlbohrer ineinandergesetzt, diese erbohren dann ringförmige Körper. Dieses Verfahren ist patentiert und zur Herstellung von Kleinstschleifscheiben angewandt, da so in einem Arbeitsgang die Schleifscheibe im Innen- und Außendurchmesser fertiggestellt wird (Näheres hierüber im Abschnitt 5c, Seite 83). Die Bohrarbeiten können auf handelsüblichen Bohrmaschinen für etwa 0,5 PS Leistung mit einer Drehzahl von 500 bis 1500 U/min vorgenommen werden.

Abb. 10. Hohlbohrer verschiedener Größen.

In der Steinindustrie werden vielfach Wandbohrmaschinen, die wenig Platz beanspruchen, angewendet. Für größere Ausladungen (etwa 1500 bis 2000 mm von der Mauer aus) werden sogen. Gelenkarm-Bohrmaschinen benutzt, die zwei gelenkig miteinander verbundene Träger besitzen, mit Antrieb durch einen Doppelriemen. Der Vorschub erfolgt durch Hand. Der Arbeiter bohrt so die verschiedenen Gesteine nach Gefühl, wodurch die Bohrer möglichst geschont werden. Für den Gebrauch von Diamantbohrern müssen die Gelenke während des Bohrens festgestellt werden, da sonst die Bohrer beschädigt werden. Die normalen Bohrmaschinen erlauben nur Bohrtiefen bis etwa 150 mm. Für größere Bohrtiefen, z. B. Ausbohren von Säulen und Walzen, sind Sonderbohrwerke (Abb. 11) entwickelt worden. Der Diamant-Hohlbohrer, mit einem Außendurchmesser von 420 mm, wird von dem oberhalb des Steines angeordneten Bohrwerk mit 100 U/min angetrieben (v = 125 m/min). Gebohrt wird ein natürlicher

Abb. 11. Sonderbohrwerk zum Ausbohren von Säulen und Walzen.

Sandstein, zur Herstellung der Achslöcher für einen Papierschleifstein. Der Steinblock liegt auf einem Wagen, der zur Erleichterung des Ausrichtens auf einem zweiten Wagen angeordnet ist. Dieses Verfahren dient als Ersatz des Ausstemmens des Loches mittels Preßluftwerkzeugen.

Außer ungenauer Arbeit waren die Kosten beträchtlich. Durch das Hohlausbohren wird an Kraft gespart und man gewinnt als Nebenprodukt den gesamten Bohrkern von 400 mm Außendurchmesser mit einem Gewicht von 350 kg, der für andere Zwecke nützlich verwendet werden kann, z. B. Walzen in Zerkleinerungsmaschinen oder in der Farben- und Zuckerwarenherstellung. Wie Abb. 12 erkennen läßt, sind die Wandungen völlig glatt und sauber. Der Vorschub bei neuen Bohrkronen beträgt in Sandstein etwa

Abb. 12. Die mit Bohrwerk Abb. 11 ausgebohrten Körper.

50 mm/min (Herstellzeit für eine 1,5 m hohe Säule = 30 Minuten), sonst mindestens 20 mm/min, das sind 0,5 bzw. 0,2 mm je Umdrehung der Spindel. Der Antriebsmotor von 10 PS wurde bei dieser Arbeit noch nicht voll ausgenutzt. Demgegenüber kann man z. B. mit einer Bohrkrone von 200 mm Durchmesser mit Stahlsand in Marmor nur mit einem Vorschub von 3 bis 4 mm/min bohren.

In den Materialprüfvorschriften wird im allgemeinen noch die Herstellung quadratischer Prüfkörper gefordert, die nur durch Sägen hergestellt werden können (siehe Abb. 13 links). Nachdem in den Diamantbohrkronen ein Hilfsmittel vorliegt, zylindrische Prüfkörper, wie sie in Amerika längst vorgeschrieben sind, einwandfrei zu erzeugen (siehe Abb. 13 rechts), dürften diese Prüfkörper sich auch bald bei uns einführen.

Abb. 13. Herstellung von Prüfkörpern; links: quadratische Prüfkörper durch Aussägen hergestellt; rechts: zylindrische Prüfkörper durch Hohlbohren hergestellt.

Wegen der außerordentlich großen Unterschiede in den Abmessungen und im Besatz können keine Normalabmessungen für Hohlbohrer angegeben werden.

Fräsen:

Ein seltener in der Steinbearbeitung angewendetes Bearbeitungsverfahren ist das Fräsen. Schon vor mehreren Jahrzehnten wurde eine fräsartige Einrichtung zum Schärfen von Mühlsteinen empfohlen. Es handelte sich um eine zylindrische Walze, die rings auf ihrem Umfange verteilte Diamanten erhielt. Die Diamanten (Abb. 14) waren in

Gewindebuchsen mittels Spannzangen eingesetzt. Die Fräser hatten einen Halbmesser von 3 cm und liefen mit n = 3500 U/min um. Somit hatte das Werkzeug eine Umfangsgeschwindigkeit von v = 11 m/sek. Es diente nur zum Abheben ganz dünner Schichten, und es wurden sehr genaue Flächen erzielt.

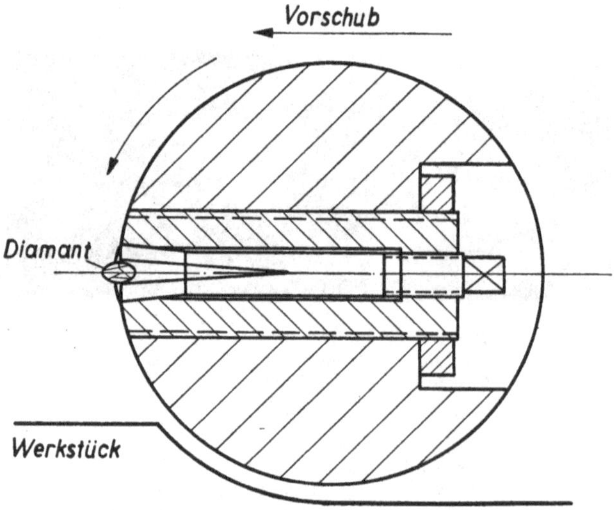

Abb. 14: Alter Vorschlag für einen Diamantfräser.

Abb. 15 zeigt einen neuzeitlichen Fräser, wie er zum Bodenausfräsen von Aschenbechern o. dgl. benutzt wird. Das Fräsen kann auf Bohrmaschinen vorgenommen werden.

Man hat derartige Fräsen für viele andere Zwecke ausgebildet und mit Erfolg benutzt, beispielsweise für Bildhauer-Kopiermaschinen in Pantographenführung, zum Ausfräsen von Flaschenhälsen usw.

Forschungsarbeiten.

Die Wirkungsweise der Diamantbohrkronen ist bisher nur von Pahlitzsch[7]) wissenschaftlich untersucht worden. Mittels eines vom Verfasser entwickelten optischen Meßsupportes wurde der Zerspanungsvorgang mit Kernbohrern von etwa 40 mm Außen- und 30 ÷ 33 mm Innendurchmesser an verschiedenen Kalksteinarten untersucht.

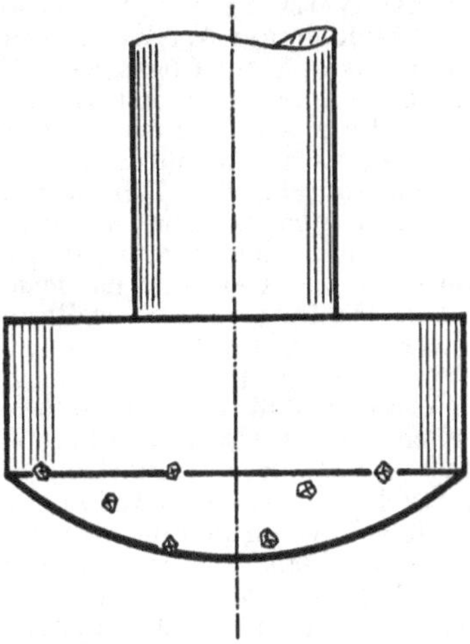

Abb. 15. Diamantfräser.

Die durchschnittliche Lochtiefe war 50 mm. Der Verfasser stellte fest, daß die Diamantbohrkronen nicht schneidend, sondern schürfend und brechend arbeiten. Bei kleinen Vorschüben bis etwa 0,08 mm/U überwiegt das Schürfen, bei größeren das Brechen. Die Schnittkraft (Umfangskraft) wird stark von der Zermalmung der Steintrümmer zwischen Bohrer- und Bohrlochwand beein-

[7]) Berichte über betriebswissenschaftliche Arbeiten, Bd. 10. Steinbearbeitung von Dr.-Ing. Röder, Dr.-Ing. W. Gruner, Dr.-Ing. W. Kerner, Dr.-Ing. G. Pahlitzsch, mit 78 Abb. und 10 Zahlentafeln, VDI-Verlag G. m. b. H., 1933.

flußt. Die Zermalmung spielt eine um so geringere Rolle, je feinkristallisierter das Gestein, je kleiner der Vorschub und je besser das seitliche Freischneiden des Bohrens ist. Darüber hinaus hängt der Zerspanungsvorgang beim Rotationskernbohren von der Kristallgröße des Gesteins ab, wie durch Bohrmehlanalysen nachgewiesen werden konnte.

Auf Grund der Versuche konnten bestimmte Richtlinien für die Ausbildung der Werkzeuge gewonnen werden. Der radiale Überstand der Diamanten soll je nach der Struktur des Steines 0,1 bis 0,2 mm betragen. Die eigentliche Krone ist so kurz wie möglich auszuführen. Durch genügend breite und tiefe Spülrillen ist für gute Abfuhr des Bohrmehles zu sorgen. Die Zahl der auf dem Umfang verteilten Diamanten ist von wesentlichem Einfluß auf den Vorschubdruck. Bei den untersuchten Bohrern von 40 mm Außendurchmesser war bei mehr als 12 Diamanten auf dem Umfang keine weitere wesentliche Senkung der Zerspanungskräfte zu erzielen. Der Vorschubdruck wächst etwa proportional der Wanddicke des Bohrers. Nach Versuchen in Blanc clair scheinen Bohrer mit brasilianischen Boarts einen höheren Vorschubdruck zu erfordern als solche mit afrikanischen Boarts.

Beachtlich ist ferner die Feststellung, daß die Diamantbohrkrone nicht von vornherein ihre volle Leistungsfähigkeit entwickelt. Vielmehr wird sie beim Bohren in Kalkstein erst nach rund 2 m Bohrweg erreicht, nachdem die Diamanten durch geringes Abschleifen der Stahlfassung freigelegt worden sind. Durch einige kurze Bohrungen in Sandstein mit unzureichender Wasserzufuhr läßt sich die Einlaufzeit abkürzen. Ein ausgesprochener Bestwert für Schnitt- und Vorschubgeschwindigkeit hat sich nicht ergeben. Die Untersuchungsbereiche waren Schnittgeschwindigkeiten von 20 bis 40 m/min; Vorschübe von 6 bis 70 mm/min oder 0,04 bis 0,25 mm/U. Am ruhigsten arbeiteten die Bohrer im Schnittgeschwindigkeitsbereich von 25 bis 30 m/min. Ein Einfluß der Schnittgeschwindigkeit im untersuchten Bereich auf Umfangskraft und Vorschubdruck ist praktisch nicht nachweisbar. Die teilweise festgestellten Unterschiede lassen eine eindeutige Tendenz nicht erkennen.

Der Vorschub ist bei Blanc clair möglichst nicht größer als 0,16 bis 0,20 mm/U und bei Juragelb und Blaubank nicht größer als 0,12 bis 0,16 mm/U zu wählen. Er muß aber mindestens so groß sein, daß der sich ergebende Vorschubdruck das Eindringen der Diamantschneide in den Stein ermöglicht. Demnach sollte man mindestens mit einem Vorschub von 0,04 bis 0,06 mm/U oder einem Mindestvorschubdruck von 50 bis 80 kg arbeiten. P. Stein gibt in seinem Buche, Leitfaden der Tiefbohrtechnik, 1932, für mittelharten Kalkstein eine mittlere Vorschubgeschwindigkeit von rund 10 mm/min für Bohrer von 30 bis 40 mm Durchmesser an. Bei Annahme einer mittleren Schnittgeschwindigkeit von 25 m/min entspricht dies einem Vorschub von rund 0,05 mm/U. Die Praxis befindet sich danach mit ihren Werten an der unteren Grenze des Zulässigen.

Die erreichbaren Vorschübe sind auch begrenzt durch die Zahl der am Bohrer angeordneten Diamanten. Mit Bohrern, die nur zwei bzw. vier Diamanten hatten, konnte nicht gearbeitet werden, da die zu starke Belastung des einzelnen Diamanten zu Rißbildungen und zur Zersprengung des Werkzeuges führte. Bei Bohrkronen mit weniger als 6 bis 8 Diamanten sollte nicht über einen Vorschub von 0,1 mm/U hinausgegangen werden. Das Wasser soll mit mindestens 1,5 at Überdruck, besser aber 2,0 at, entsprechend 12 und 14 l/min Wassermenge, zugeführt werden. Beim Tieflochbohren wird wahrscheinlich ein höherer Wasserdruck noch Vorteile hinsichtlich der Spanabfuhr bringen.

Die Bohrarbeit der untersuchten Steinarten Blanc clair, Blaubank und Juragelb verhält sich annähernd umgekehrt proportional zu deren Zerreißfestigkeit. Die Abnutzbarkeit ist umgekehrt proportional der Druckfestigkeit.

Schrifttum:

K. Weiß, Handbuch der Steinindustrie, Berlin 1915.
Fischer-Karmarsch, Die Bearbeitung der Steine, Glas und Tonwaren (Handbuch der mech. Technologie), Leipzig 1891.
L. Litinsky, Prüfanstalt für feuerfeste Materialien, Leipzig 1930.
E. Probst, Handbuch der Zementwaren und Kunststein-Industrie, 1927, Halle (Saale).
Die Baumaschinen, IV. Teil, Handbuch der Ingenieurwissenschaft, 1911, S. 218.
Der Diamant in der Industrie, Werksleiter 1930, S. 94/96.

9. Tiefbohren mit Diamantbohrkronen.

Die Tiefbohrtechnik hat eine sehr lange Entwicklung hinter sich. Bis zur Mitte des vorigen Jahrhunderts wurde für weiche Gebirge ein drehendes Bohrverfahren, dagegen für härtere Gesteine ausschließlich ein stoßendes Bohren am starren Gestänge oder am Seile angewandt. Der Schweizer Ingenieur Leschot soll um 1864 auf den Gedanken gekommen sein, ein reines drehendes Arbeitsverfahren mit Diamantbohrkronen anzuwenden (Diamantbohrkronen zur Steinbearbeitung sind schon viel älteren Ursprungs, z. B. von Ägyptern und Arabern angewandt). Dieses Verfahren hatte großen Erfolg. Schon 1886 war bei Schladebach ein Bohrloch von 1784,4 m Tiefe nach diesem Verfahren hergestellt. Die größten Tiefbohrungen bis 2500 m Tiefe sind fast ausschließlich durch drehende Bohrung mit Diamantkronen erreicht worden. Neuerdings ist den Diamanten in bestimmten Hartmetallen auch hier ein starker Wettbewerb entstanden. P. Stein schreibt hierüber 1932[1]):

„Die vollkommenste Art der Rotationskernbohrungen ist diejenige mit Bohrdiamanten. Vor etwa 20 Jahren konnte letztere noch schlechtweg als Diamantbohrung bezeichnet werden. Auch jetzt nimmt sie immer noch den Hauptplatz ein und wird ihn voraussichtlich auch behalten; ohne aber, wie früher, allein zu herrschen.

Aufgaben:

Die Tiefbohrung dient zur Untersuchung der Lagerungsverhältnisse von Steinbrüchen und im Bergbau als Vorbereitung der bergmännischen Inangriffnahme (Aufschluß- und Schürfbohrungen). Bohrungen zur Erforschung der Art, Zusammensetzung, Lagerung und Mächtigkeit vorhandener Gebirgsschichten sind für den Bergbau ebenfalls

---

[1]) Leitfaden der Tiefbohrtechnik.

für das Schachtabteufen sehr wichtig, sie sind aber auch für Tiefbauten, wie Eisenbahn-, Brücken-, Schleusen-, Hafen- und Tunnelbauten im allgemeinen notwendig, um Gefahren durch Absenkungen, Einsturz u. dgl. zu vermeiden. Bohrungen dienen ferner zur Gewinnung nutzbarer Mineralien in flüssigem oder gasförmigem Zustand, wie Erdöl, Heizquellen, Sole, Erdgas, Kohlensäure (die bekannten Heilquellen in Hessen sind fast ausschließlich durch Diamantbohrungen erschlossen worden). Tiefbohrungen im Bergbau werden auch für Hilfszwecke ausgeführt, hauptsächlich beim Schachtabteufen, z. B. Bildung einer Frostmauer im schwimmenden Gebirge (Gefrierverfahren) oder zum Einpressen von Zement in klüftiges Gebirge (Zementierverfahren), ferner zum Abführen der Wasser eines im Abteufen begriffenen Schachtes nach unten, wie in Unterfahrungsquerschlägen u. dgl., um sie von einer bereits vorhandenen Wasserhaltung heben zu können.

Man unterscheidet verschiedene Ausführungsarten der Tiefbohrung: drehend oder stoßend, sowie mit zeitweiliger oder ununterbrochener Schlammförderung. Ferner unterscheidet man Vollbohrungen und Kernbohrungen. Die Diamantbohrung ist fast ausschließlich eine Kern- oder Hohlbohrung, da man an Arbeitsleistung spart und aus dem gebohrten Kern wesentlich leichtere Rückschlüsse auf die Art und Beschaffenheit der durchbohrten Schichten ziehen kann (Abb. 1). Sie erfolgt ausschließlich drehend und wird als die vollkommenste Bohrart angesehen (siehe oben Urteil von P. Stein).

Bohrkronen.

Beim Diamantbohren wird eine ringförmige Krone außen und innen mit einer Anzahl roher Diamanten besetzt, die bei Drehung der Krone schabend, mahlend und schleifend auf das Felsmaterial wirken. Beim Kernbohren wird ein ringförmiger Raum ausgebohrt. Der im Innern stehenbleibende Kern wird von Zeit zu Zeit mittels besonderer Einrichtungen abgerissen und herausgezogen.

Gebohrt wird stets mit kräftiger Wasserspülung; sie ist notwendig, um die Bohrkrone zu kühlen und um das zermahlene Gestein an die Oberfläche zu fördern. Aus der

Abb. 1. Bohrkern (verkleinert) aus Kohlenschiefer mit Quarzschichten.

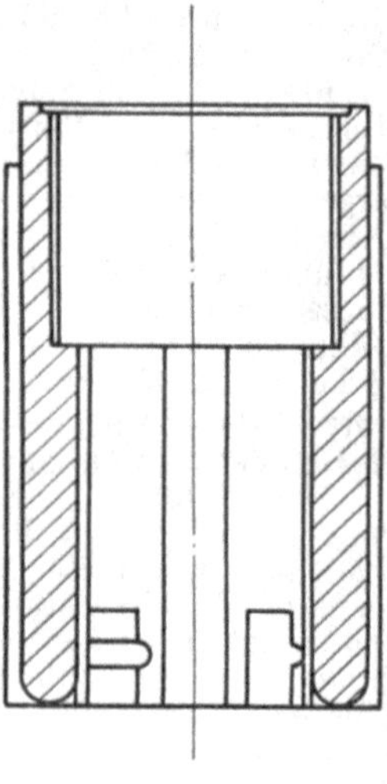

Abb. 2. Kronenkörper ohne Federhülse.

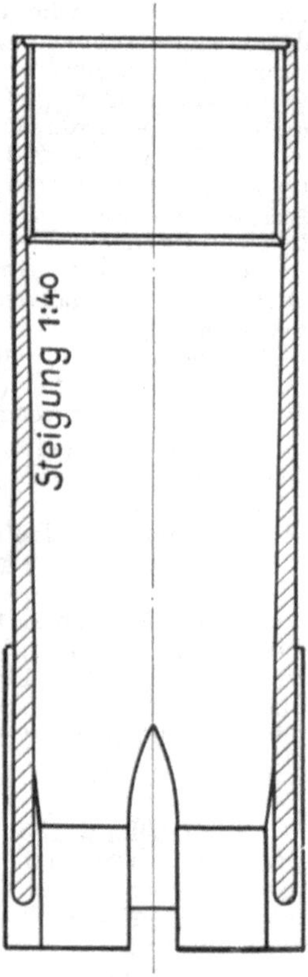

Abb. 3. Kronenkörper mit Federhülse.

Art des zutage kommenden Schmutzwassers kann man auf den Fortgang der Arbeiten schließen. Die Abmessungen von Tiefbohrkronen werden zur Zeit einheitlich festgelegt.

Abb. 2 zeigt einen Kronenkörper, der mit der für die Aufnahme des Kernes notwendigen Federhülse verschraubt wird. Der Kronenkörper, Abb. 3, ist mit der Federhülse aus einem Stück hergestellt. Die Federhülse besitzt einen schwachen, nach oben offenen Kegel, der durch einen Bund nach oben abgeschlossen ist. Hier wird der zum Kernheben dienende Kernfangring (s. weiter unten) angeordnet. Für schwere Tiefbohrausführungen werden Bohrkronenkörper mit Wanddicken von etwa 13—15 mm verwendet (Diamant-Einzelgewicht etwa 2—5 Karat). Für leichtere Ausrüstungen mit einer Wanddicke von 5—8 mm beträgt das Diamanteinzelgewicht etwa ½—1 Karat. Die Zahlentafeln 1 und 2 geben durchschnittliche Werte für den Diamantbesatz.

Zahlentafel 1.
Diamantbesatz (direkt) für größere Tiefbohrkronen (mit etwa 14 mm Wanddicke).

Kronen ⌀ mm	92	111	130	155	182	208
Zahl der Steine . . .	6	6	6	8	8	8
Gesamtgewicht des Besatzes etwa Karat	25	30	36	45	50	55

Zahlentafel 2.
Diamantbesatz (Disken) für kleinere Tiefbohrkronen (mit etwa 7,5 mm Wanddicke).

Kronen ⌀ mm	39	51	63	76	92
Zahl der Steine . . .	6	8	8	12	12
Gesamtgewicht des Besatzes etwa Karat .	4	5	5—6	7—8	8—9

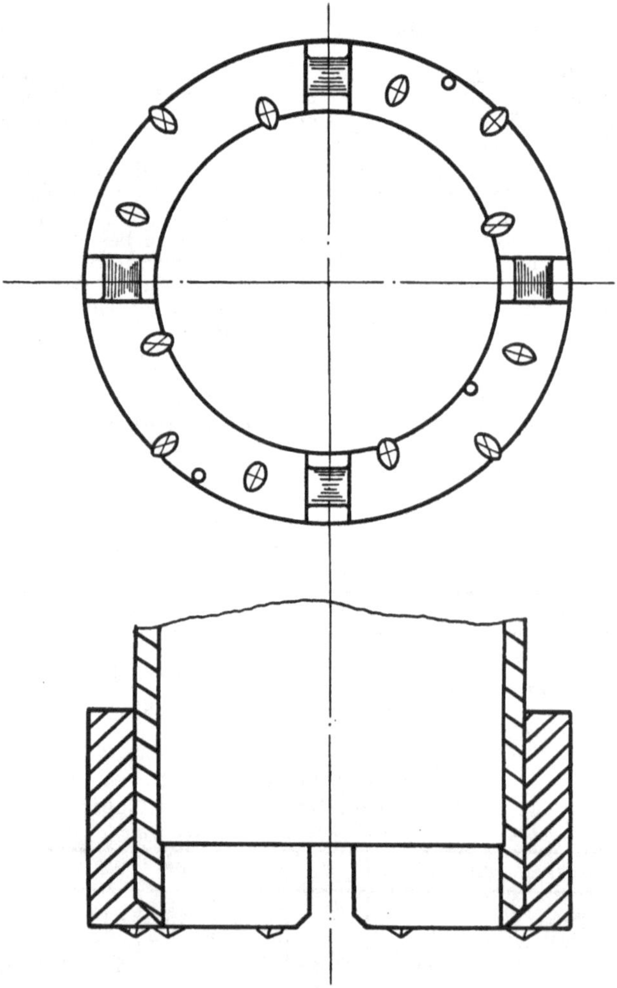

Abb. 4. Bohrkrone ohne Disken.

Früher wurden die Diamanten unmittelbar in die Stahllippen der Bohrkronen gefaßt (Abb. 4). Die Diamanten wurden in Löcher hineingesetzt und festgestemmt. Dieses Verfahren wird heute noch vielfach angewendet, wo das Einfassen der Kronen unmittelbar an der Bohrstelle erfolgt. Die Spezialfabriken liefern jedoch heute allgemein die Diamanten in auswechselbaren Einsätzen (Abb. 5). In diesem Fall kann auch ein wenig geübter Arbeiter an der Bohrstelle einen etwa schadhaft gewordenen Einsatz herausschlagen und durch einen neuen Reserveeinsatz ersetzen. Dieses Verfahren, das noch weitere Vorteile besitzt (s. Seite 163), wird deshalb heute fast allein angewendet.

Diamantarten:

Für das Bohren mittels Diamanten haben sich die teuersten Industriediamanten, das sind Karbone allerbester Qualität, stets am besten bewährt. In vielen Fällen sind jedoch Karbone bester Qualität als Bohrkronenbesatz nicht notwendig. Es genügen Karbone weicherer Art, die wesentlich billiger sind, oder auch Ballas oder Borts. So gebrauchen die Kenner bei sehr hartem Gestein, Konglomerat u. dgl., allerbeste Karbone (1karätige Steine = 400 RM/Karat; 2karätige Steine = 500 RM/Karat). Während mittlere Qualitäten von Karbonen etwa nur die Hälfte kosten, stellen sie sich im Gebrauch doch wesentlich teuerer, da sie viel schneller verschleißen. Geringe Qualitäten von Karbonen, die sogar nur ⅓ des Preises der besten Karbone kosten, stellen sich im Gebrauch vielfach teurer.

Bei nicht so hartem Gestein ist anzuraten, Ballas (im Preise zwischen Karbonen und Borts) oder Borts (50 bis 150 RM/Karat, je nach Qualität) zu verwenden.

Karbone werden sowohl in Naturgröße als auch geteilt verwendet. Viele Diamantverbraucher ziehen z. B. die ungespaltenen Karbone mit rundlichen Schneidkanten vor.

In solchen Fällen, wo der Bohrunternehmer möglicherweise die Bohrkronen viele Jahre verwenden will, wo er also höchste Lebensdauer von den Diamanten verlangt, ist die Wahl eines möglichst hochwertigen Besatzes anzuraten.

Es wird teilweise auch propagiert, die Diamantbohrkronen mit einer größeren Anzahl kleinerer Diamanten zu besetzen. Auch in Fachkreisen ist man sich bis heute

Abb. 5. Bohrkrone mit zylindrischen Disken.

nicht einig, ob derartige Kronen nun im Endergebnis stets wirtschaftlicher arbeiten, als die mit weniger, aber größeren Diamanten besetzten.

Einsetzen der Diamanten:

Die Diamanten werden in verschiedener Weise in die Bohrkronen aus Stahl eingesetzt. Vielfach werden die Diamanten in ausgebohrte oder ausgesägte Löcher des

Ringes eingesetzt und darin durch Verstemmen der Lochräder festgehalten (Abb. 4). Vielfach werden auch zunächst die Hohlräume um den unregelmäßig geformten Diamanten mit Kupfer ausgefüllt, besonders dann, wenn der Mann nicht sehr geübt ist.

Das Einstemmen zergliedert sich in folgende Arbeitsgänge: Einteilen der Bohrkrone, Ausbohren der Löcher, Auskleiden der Löcher mit Füllmasse (Kupfer, Stanniol- oder Bleiblech), Ausrichten des Diamanten, Heranziehen und Verstemmen des Stahles. Bei diesem Verfahren bereitet es erhebliche Schwierigkeiten, die Schneidkanten der Diamanten auf genau gleiche Höhe zu bekommen.

Ein anderes Verfahren ist, die Diamanten in zylindrische Einsätze zu fassen und diese Körper in die vorgebohrten Bohrkronenlippen einzusetzen (Abb. 5). Die vor dem Einsetzen verzinnten Zapfen müssen stramm eingepaßt sein. Wird die Bohrkrone im Betrieb sehr heiß, z. B. wenn die Wasserspülung aussetzt, so schmilzt das Zinn und man kann der Bohrmaschinenbedienung nachweisen, daß die Krone nicht richtig benutzt wurde.

Für Bohrkronenkörper mit zylindrischen Einsätzen kann naturgemäß ein härterer Stahl benutzt werden. Ein derartiger Kronenkörperstahl schleift sich weit weniger ab und die Diamanten werden im Laufe der Zeit weniger exponiert. Ferner können die Diamantschneiden sehr gleichmäßig verteilt werden.

Verteilen der Diamanten auf der Bohrkronenlippe:

Die Steine sind auf den Ringflächen der Bohrkrone so zu verteilen, daß die von jeder Steinkante bestrichenen Ringflächen sich überschneiden (Abb. 5 zeigt dies anschaulich). An der inneren und äußeren Wand der Krone werden ebenfalls einige Steine gleichmäßig verteilt und eingesetzt, damit sich die Krone stets gut freischneidet. Alle Diamanten sollen sehr tief eingefaßt sein, sie arbeiten sich im Gebrauch bei schleifkräftigem Gebirge von selbst so frei wie erforderlich. Nur beim Bohren von Marmor, Kalkstein, Kohle, Kali müssen die Diamantschneiden von Anfang an frei liegen, damit kein Stahl hindernd im Wege ist. Sämtliche Diamanten müssen unbedingt auf gleicher

Höhe stehen (deshalb verwendet man Einsätze, s. w. oben), sonst übernimmt e i n Stein die Hauptbohrarbeit und wird durch den Bohrdruck zu stark belastet, so daß er u. U. herausgerissen wird oder infolge der doppelten Beanspruchung auf Druck (Vorschubdruck) und Biegung (durch Drehen der Krone) bricht. Der abspringende Diamant kann andere Steine, ehe der Spülstrom die Diamantsplitter entfernt hat, stark beschädigen.

Abb. 6 zeigt anschaulich das Freiarbeiten der Diamanten. Hier ist links ein neuer Bohrer, rechts daneben sind Bohrer nach längerer Betriebszeit dargestellt. Man

Abb. 6. Neue und abgenutzte Bohrer.

erkennt, daß der Werkstoff der Hülse an den Diamanten völlig abgenutzt ist und eine besondere Wellenbildung der Ränder, die je nach der Beanspruchung der Bohrer verschieden ist.

Der Spülstrom wird der Krone von innen zugeführt; die Krone besitzt seitlich Schlitze, um den Spülstrom nach außen gelangen zu lassen. Die Kronen haben Durchmesser von etwa 40 mm bis über 200 mm. Man beginnt beim Bohren mit einem großen Durchmesser und arbeitet mit ihm so lange, bis die Krone sich nicht mehr leicht drehen läßt. Dann hebt man das Bohrgestänge, meist einschließlich des Kernes (siehe weiter unten) heraus und läßt jetzt eine Diamantbohrkrone geringeren Durchmessers herunter und arbeitet mit ihr weiter, bis auch sie durch ein kleineres Maß ersetzt werden muß.

M a s c h i n e n u n d A r b e i t s v e r f a h r e n :

Wegen der näheren Einzelheiten des Arbeitsverfahrens, z. B. das Gewinnen der Kerne und die Ausführung der Maschinenanlagen, sei auf die sehr umfangreiche Fachliteratur hingewiesen. Die Hauptwerke sind am Schluß des Abschnittes aufgeführt.

B e t r i e b s a n g a b e n :

Im folgenden seien einige Betriebsangaben und Zahlen zusammengestellt, wie sie zum Entwurf einer Anlage und Errechnung der Wirtschaftlichkeit notwendig sind.

D i a m a n t b e s a t z d e r B o h r k r o n e n s. Zahlentafeln 1 und 2.

K e r n r o h r d u r c h m e s s e r etwa 2—4 mm kleiner als Kronendurchmesser.

B o h r d r u c k. Der Druck auf die Bohrlochschale muß gering gehalten werden (Ausgleich durch Gestänge). Bohrdruck 10 bis 20 kg je Diamant.

D r e h z a h l. Die Drehzahl der Bohrmaschine soll 80 bis 150 U/min betragen, je nach Größe der Krone und Art des Gebirges. Es ergeben sich hiermit Umfangsgeschwindigkeiten zwischen 20 bis 50 m/min.

K r a f t b e d a r f. Bei Kernrohrdurchmessern zwischen 20 und 60 cm beträgt der Kraftbedarf etwa 5 bis 10 PS.

B o h r l e i s t u n g e n. Über die Bohrleistungen, das heißt die gewonnenen Tiefen in verschiedenartigem Gestein, gibt Zahlentafel 3 Aufschluß.

T a f e l 3.

Tiefbohrleistungen mit einer Rotations-Schürfbohrmaschine mit 92 mm Durchmesser mit Diskenbesatz in 8stündiger Schicht bei etwa 150 m Bohrtiefe (nach A. Wirth & Co.).

1,5—2,8 m in Konglomerat,
2—3 m in Schiefer und Kohle, sehr brüchig u. nachfallend,
2,2—3,6 m in quarzitischen Sandstein,
3,3—4,2 m in Anhydrit,
4—8,5 m in Kali- und Steinsalz,
2,1—3 m in Hämatit und Eruptivgestein,
3,5—5 m in Hämatit und Schiefer, wechsellagernd.

Gewichtsverluste s. Tafel 4.

Tafel 4.
Gewichtsverluste bei Diamantbohrungen (in Lothringen).

Nach Kronendurchmesser			
Kronen Ø mm	Gebohrte Meter	Gewichtsverlust in Karat zusammen	Gewichtsverlust in Karat je m
155	664,05	137,00	0,21
130	1163,24	418,10	0,36
111	1137,51	485,50	0,48
92	684,40	364,10	0,53
76	909,40	527,30	0,58
62	104,90	103,50	0,98
Durchschnitt	4664,00	2035,50	0,44[1])

Nach Gebirgsschichten			
	Gebohrte Meter	Gewichtsverlust in Karat zusammen	Gewichtsverlust in Karat je m
Decke Muschelkalk	135,73	6,22	**0,046**
Bunte Schiefer des Rotl.	517,10	29,01	0,056
Carbon			
Schiefer	534,54	64,95	**0.122**
Schiefer mit Sandstein	1599,14	304,98	0,191
Konglomerat, Sandstein u. Schiefer	623,10	148,89	0,239
Schiefer und Konglomerat	472,25	122,92	0,272
Sandschiefer	132,00	41,02	0,311
Sandstein	66,00	53,70	**0.820**
Konglomerat u. Sandstein	177,20	250,04	1,410
Konglomerat	406,94	1013,77	**2,500**
Durchschnitt	4664,00	2035,50	0,44[1])

[1]) Der Durchschnittswert von 0,44 Karat/m entspricht ziemlich genau dem Diamantverlust beim Abbohren der tiefsten Bohrung der Erde Czuchvor in Oberschlesien. Von der Gesamttiefe von 2240 m wurden 1672 mit Diamantbohrkronen erbohrt, der Verlust betrug 704 Karat, somit 0,421 Karat/m. Bei Bohrungen in England (insgesamt 2800 m) ergab sich jedoch nur ein durchschnittlicher Diamantverlust von 0,145 Karat/m.

Grenzen der Anwendung des Diamantbohrens:

Bei sehr großen Durchmessern sind die Diamantkronen natürlich teuer. Ferner sind sie nicht immer zu gebrauchen für Öl- und Gasbohren, da bei großen Sandeinbrüchen sich die Krone festklemmt. Bei weicherem

Gestein wird heute auch bereits mit Erfolg Hartmetall verwendet, das bei hartem Gestein schnell versagt. Bei mittlerem Gestein ist zu prüfen, ob man möglicherweise Hartmetalle verwendet oder zu einem billigeren Diamantbesatz übergeht.

Schrifttum:

Eingehende Angaben über Leistungen, Diamantverluste und Kosten finden sich im Mining Engineers Handbook (John Wiley a. Sons Inc, New York, 2 August 1927) und im Erkelenzer Bohr-Hilfsbuch (1922)

Tecklenburg, Das Tiefbohrwesen, Bd. 3, Das Diamantbohren, 2. Aufl., 1912.

Glockenmeyer, Diamantbohrungen für Schürf- und Aufschlußarbeiten, Berlin 1913.

Heise-Herbst, Lehrbuch der Bergbaukunde, 1. Band, Berlin 1930

Klutschansky, Das Diamantbohren im Bergbau (russisch), Berlin 1926.

Bansen, Das Tiefbohren, Berlin 1912.

Schwemann, Das Tiefbohren, Die Baumasch., IV. Teil d. Handbuchs d. Ing.-Wiss., Leipzig 1924

D Schüller Gesteinsbohrmaschinen, Handbuch der Ing.-Wissenschaften, Teil IV, Baumasch., 2. Band, Leipzig 1925.

Kögler, Taschenbuch f. Berg- und Hüttenleute, Berlin 1929

P Stein, Leitfaden der Tiefbohrtechnik, 3. Aufl., Berlin 1932.

10. Gravieren mittels Diamanten.

Werkstoffe verschiedenster Art müssen für Kennzeichnung oder Vorbereitung für andere Bearbeitungen mit Schriftzeichen, Linien oder Linienzügen versehen werden. Da es sich hier nur um sehr kleine Vertiefungen und Strichbreiten handelt, werden Stahlspitzen infolge des groben Gefüges dieses Stoffes sehr leicht stumpf, sie müssen ständig durch Nachschleifen gebrauchsfähig erhalten werden.

Ein grundlegender Gedanke war es deshalb, als etwa in den 30er Jahren des vorigen Jahrhunderts die stählerne Graviernadel des Lithographen durch eine zweckentsprechend hergerichtete Diamantspitze ersetzt wurde (z. B. B. Dondorf, Ernst Winter). Derartige Nadeln (Abb. 1a) haben eine nahezu unbegrenzte Haltbarkeit. Im folgenden sei eine kurze Übersicht gegeben, in welchen Industriezweigen heute Graviereinrichtungen mit diamantbesetzten Werkzeugen benutzt werden.

a) Ruhender Stichel.

D r u c k g e w e r b e. In der Lithographie, die allerdings heute vielfach durch photographische Wiedergabeverfahren ersetzt ist, werden Gravierdiamanten für zwei verschiedene Zwecke benutzt. Scharfe Diamantspitzen (Abb. 1b) dienen zum Einritzen der Zeichnungen, Schriften und Figuren in den Lithographiegrund. Kegelförmig geschliffene, an der Spitze abgerundete Diamanten (Abb. 1c) haben die Aufgabe, den aufgetragenen Ätzgrund (Asphaltschicht) abzunehmen, ohne den Lithographiegrund anzugreifen. Mittels Diamantspitzen werden nicht nur Lithographiesteine, sondern auch harte Metalle, wie glasharter Stahl, sowie weiche Metalle, z. B. Kupfer für Kupfergravierungen, graviert.

Nicht nur die Handwerkzeuge, sondern auch die Maschinenwerkzeuge, z. B. die Stichel der Gravier- und Guillochiermaschinen werden mit Diamantspitzen ausgerüstet (Abb. 1e). Der Diamant sitzt an einem Hebel mit Gewichtsbelastung. Diese wird von Fall zu Fall, je nach Werkstoff und Strichweite, eingestellt. Der Diamant ist etwas schräg aufzusetzen, da er beim gerade oder senkrecht Aufsetzen springt.

Die Raster für Autotypie werden ebenfalls mit Diamanten eingeritzt. Die Muster der Druckwalzen der Kattunfabrikation werden mittels Diamanten eingraviert.

Glas. Der Diamant dient zum Gravieren von Namen, Ziffern, Bildern in Glas. Im Kunstgewerbe sind die dia-

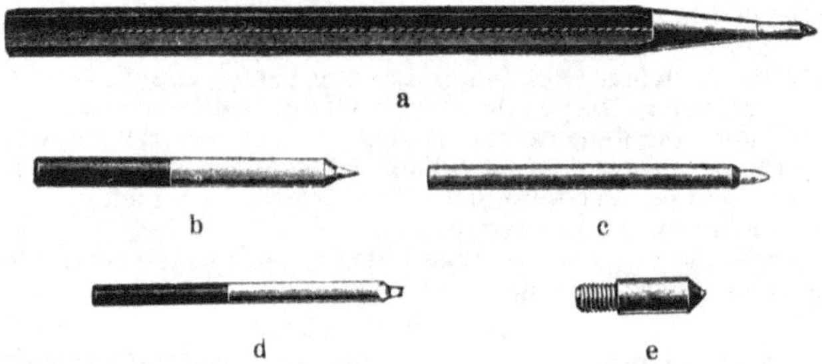

Abb. 1 a. Graviernadel für Handgebrauch.
Abb. 1 b. Graviernadel mit scharfer Spitze.
Abb. 1 c. Graviernadel mit kegelförmig geschliffener abgerundeter Spitze.
Abb. 1 d. Graviernadel für Teilungen mit dachförmig geschliffener Spitze.
Abb. 1 e. Gravierdiamant für Maschinenwerkzeuge.

mantgeritzten Gläser von Joh. Mathesius (1504—1562), des Freundes und Biographen Luthers, bekannt.

In Laboratorien und optischen Anstalten werden die Gläser mittels Gravierdiamanten mit Schrift und Zeichen versehen; z. B. werden hiermit auch Fadenkreuze auf optischen Linsen hergestellt.

Steine. Zum Vorzeichnen der Schrift auf polierten Steinen, z. B. Grabplatten, benutzen die Steinmetzen Gravierdiamanten.

Kunststoffe. Die eingravierten Namen und Firmenzeichen auf Füllfederhaltern aus Hartgummi und Patentbleistiften (meist aus Kunststoffen) werden mittels Diamanten vorgenommen.

Teilungen[1]. Die Feinteilungen auf Maßstäben, Rechenmaschinen, Sextanten und anderen Meßgeräten werden mittels Diamanten erzeugt. Hierfür verwendet man auch Diamanten mit dachförmig geschliffener Spitze.

Edelsteine (Abb. 1d). In Edelsteine werden seit alters her (vgl. Lessing, Briefe antiquarischen Inhalts, 27. bis 34. Brief) mit in Stahl gefaßten Diamantsplittern Figuren und dergleichen geschnitten (Gemmen, Kameen — erhabene Figuren, Intaglien — vertiefte Figuren).

Bei der Herstellung dieser Steine werden auch kleine eiserne Rädchen (vgl. auch Lessing, oben angef. Quelle), die auf einer Drehbankachse befestigt sind (sog. Zeiger) und mit angefeuchtetem Diamantpulver bestrichen sind, bearbeitet. Durch die geschickte Bewegung entstehen die gewünschten Vertiefungen. Die letzten Feinheiten entstehen durch Diamantstichel.

Metalle. Der Gravierdiamant ist für die verschiedensten Werkstoffe geeignet.

b) Umlaufende Werkzeuge.

Eine Sonderfirma für Gravier- und Kopiermaschinen vertritt den Standpunkt, daß Diamantstichel nur dort verwendet werden sollten, wo der Werkzeughalter starr gehalten wird. Beim Gravieren und Kopieren an Storchschnabelmaschinen ist jedoch der Werkzeughalter frei im Raum beweglich und soll an das starr gehaltene Werkstück herangeführt werden.

Eine andere Firma hat dagegen recht gute Erfahrungen mit Diamantsticheln an frei beweglichen umlaufenden Handwerkzeugen mit sehr hohen Drehzahlen gemacht.

Da die Stichel in einer Spitze endigen, sind überhaupt höchste Drehzahlen anzustreben. Für feinste Arbeiten werden gute Ergebnisse erzielt, wenn die Spitze ein klein wenig aus der Mitte gesetzt wird. In ihrer Grundform entsprechen die Diamantwerkzeuge den aus Stahl gefertigten einschneidigen Sticheln, während der Spitzenwinkel mit Rücksicht auf geringere Schleifarbeit etwas größer gewählt wird.

[1]) Am Feinmeß Schlitten des Lehrenbohrwerkes von F Lindner wird zum Messen ein gehärteter Stahlstab verwendet, in den eine feine Schraubenlinie mittels eines Diamanten eingeritzt ist Dieser Strich, der nur etwa 0.02 mm breit ist besitzt völlig scharfe Ränder auch bei 200facher Vergrößerung, im Gegensatz zu Rissen, die durch Ätzen hergestellt sind.

11. Das Ziehen feiner Drähte mittels Diamantziehsteinen.

Eine der wichtigsten technischen Anwendungen des Diamanten ist die als Ziehsteine für Metalldrähte.

Dem Diamantziehstein (Abb. 1), der bis vor wenigen Jahren ausschließlich für alle Drähte aus Metallen unter 2 mm angewendet wurde, ist jetzt in den Kunstziehsteinen aus Wolfram-Karbid ein starker Wettbewerber erwachsen. So sollen z. B. heute kupferne Leitungsdrähte erst unter 1,40 mm Durchmesser und Wolframdrähte

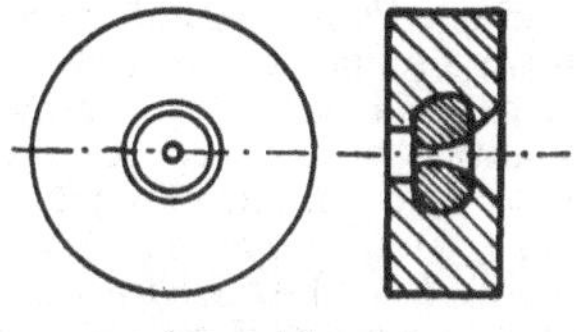

Abb. 1. Diamantziehstein.

unter 0,3 mm durch Diamantziehsteine gezogen werden. Bei Drähten, an die in elektrotechnischer Hinsicht keine besonderen Anforderungen gestellt werden, werden sogar in manchen Fällen Drähte bis herunter zu 0,1 mm mit Diamantersatzstoffen gezogen. Für Qualitätsdrähte jeder Art gilt jedoch noch immer die oben angegebene Grenze von 2 mm und mehr Durchmesser. Darunter werden in jedem Falle nach wie vor Diamantziehsteine angewendet, und zwar bis herunter zu 0,01 mm (z. B. Wolframdrähte für Glühbirnen).

Die Ziehsteine müssen die folgenden Eigenschaften aufweisen:

Große Härte und Abnutzungswiderstand;

hohe mechanische Festigkeit (kein Zerspringen bei Drähten hoher Festigkeit);

große Dichte und Gleichartigkeit des Gefüges (insbesondere muß der Ziehkanal völlig frei von Rissen, Poren und Fremdeinschlüssen sein).

In dieser Hinsicht übertrifft der Diamant alle anderen Stoffe. Allerdings sind hier nur ganz ausgewählte Steine zu benutzen, die einen möglichst gesunden Kern besitzen.

Die Diamantziehsteine werden in Einfachzügen und hauptsächlich aber in Mehrfachzügen verwendet, z. B. mit bis zu 25 hintereinanderliegenden Zügen, um das schwierige Einfädeln zu vermeiden. So verfeinert z. B. ein Mehrfachzug in 25 hintereinanderliegenden Zügen einen Kupferdraht von 1 mm bis auf 0,10 mm herunter in einem Arbeitsgang. Für das Grobziehen werden Ziehsteine aus Wolframkarbid bzw. Stahl verwendet. Diamantziehsteine dienen zum Ziehen sämtlicher Metalldrähte, wie z. B. Kupfer, Messing, Tombak, Phosphorbronze, Nickel, Eisen, Stahl und der Edeldrähte aus Silber[1], Gold[1], Platin sowie der Molybdän- und Wolframdrähte für Glühfäden. Die Ziehsteine finden auch gelegentlich Anwendung als Preßdüsen für Kunstseide[2].

Je nach dem zu ziehenden Durchmesser sind die Größen (Gewichte) der Diamantziehsteine auszuwählen, die Zahlentafel 1 gibt einen Anhalt für die Auswahl der Ziehsteine für Kupferdrähte.

---

[1]) Hierfür werden vielfach Ziehsteine aus Rubinen und Saphiren verwendet.

[2]) Vgl. auch S. 50.

Zahlentafel 1

Wahl der Größen von Diamantziehsteinen für Kupferdraht.

Bohrung Ø mm	1,4—2,5	0,8—1,4	0,5—0,8	0,25—0,5	0,1—0,25	0,05—0,1
Karat[1])	4—8	2—4	1—2	½—1	¼—½	⅙—¼

[1]) 1 Karat = 0,2 Gramm

Trotz ihrer Härte unterliegen auch die Diamantziehsteine dem Verschleiß und weiten sich im Gebrauch auf bzw. werden unrund oder rauh. Weiten sich die Ziehdiamanten ungefähr gleichmäßig auf, so bleiben auch die Abnutzungsunterschiede annähernd die gleichen und es ist dann nur notwendig die letzten Steine des ganzen Satzes durch neue mit engeren Bohrungen zu ersetzen und die ersten auszuschalten. Es kommt aber auch vor, daß sich die einzelnen Diamanten im Gebrauch verschieden stark aufweiten, dann geht die Ziehstufenfolge (siehe den betreffenden Abschnitt) verloren und der Satz muß neu zusammengestellt werden.

Zahlentafel 2

Leistungsergebnisse von Diamantziehsteinen bei Kupferdraht.

Bohrung mm	in 1000 kg	Leistung[1]) Million Meter
2,00	140	5
1,50	90	5,6
1,00	50	7,1
0,50	18	10,2
0,25	5	11

[1]) Die Leistungsangabe bezieht sich nur auf die Ausnutzung der Toleranz.

In Zahlentafel 2 sind Mittelwerte über durchschnittliche gezogene Gewichte und Längen bis zur Ausnutzung der Toleranzen für bestimmte Ziehsteindurchmesser angegeben. Nach Erreichen dieser Leistungen, die auf die Länge bezogen bei den kleineren Durchmessern wegen des geringeren Verformungswiderstandes wesentlich ansteigen, können die Diamantziehsteine noch mehrere Male ausgeschliffen werden, hierdurch vergrößern sich die Leistungen ganz erheblich. In der Regel lassen sich Bohrungen unter 1 mm auf das Doppelte der Anfangsbohrung ausschleifen, Löcher unter 0,5 mm noch weit mehr[1]). Voraussetzung ist, daß die ursprüngliche Form der Bohrung dabei nicht verändert wird.

Die Abnutzung der Diamantziehsteine wird durch folgende Faktoren beeinflußt:

Drahtwerkstoff,
Vorbehandlung des Drahtes,
Querschnittsverminderung je Durchgang
geforderte Oberflächengüte.
Ziehart: Geschwindigkeit,
Schmierung,
Kühlung.

Insbesondere hat die Querschnittsverminderung und die Schmierung und Kühlung eine großen Einfluß auf die Leistung; auf diese Fragen sei deshalb weiter unten besonders eingegangen.

Die Lebensdauer eines Diamantziehsteines ist begrenzt durch:

1. Aufbrauch durch Ausweitung,
2. Zerspringen und Ermüdung des Kristallgefüges.

Der Diamant ist gegen Schlag oder eine schlagartige Beanspruchung sehr empfindlich. Beim Ziehen von ungleichmäßigen Drähten mit harten Stellen, bei hohen Ziehgeschwindigkeiten und Drähten, die nicht einwandfrei geglüht, gereinigt und gebeizt wurden, besteht die Gefahr, daß der Diamant zerspringt. Aber auch wenn keine Überbeanspruchung den Stein zum Zerspringen bringt, tritt je nach Größe der Dauerbeanspruchung früher oder später eine Zerstörung des Steines durch eine gewisse Ermüdung ein. Der Diamant bildet bekanntlich verhältnismäßig große Kristalle mit ausgeprägten Spaltebenen. Seine hohe Härte läßt auf starke innere Spannungen schließen. Infolge der feinen Schwingungen beim Durchlauf der Drähte treten Lockerungen im Gefüge auf, die zur Bildung größerer oder kleinerer Risse in den Spaltebenen führen. Diese feinen Risse durchziehen bei Steinen, welche lange im Zuge waren, die ganze Masse. Sicherlich sind die Risse

[1]) Diese Angaben sind auch vom Gewicht des Diamanten im Verhältnis zur ursprünglichen Bohrung abhängig.

ursprünglich überhaupt nicht vorhanden gewesen, sondern sind allmählich entstandene Ermüdungsrisse, deren Ursache allein in Erschütterungen und Schwingungen beim Durchlaufen des Drahtes zu suchen ist. Nach jahrzehntelangen Erfahrungen der Diamant-Ziehstein-Fabriken ist dieser Ermüdungsvorgang die Hauptursache für das Unbrauchbarwerden der Diamantziehsteine. Die Aufgabe der Ziehsteinherstellung ist es, dieser Schlagempfindlichkeit durch sachgemäße, vorsichtige Bearbeitung des Rohstoffes und durch dichte Umschließung in einem festen Metall entgegenzuarbeiten.

Ermittlung der Ziehstufenfolge.

Der Ziehvorgang besteht darin, daß der Draht durch den Ziehkanal von einem bestimmten Querschnitt auf einen kleineren Querschnitt unter Vergrößerung seiner Länge gestreckt wird. Je größer die Querschnittverminderung und die Längung ist, eine um so größere Kraft muß zur Verrichtung der Formänderungsarbeit und zur Überwindung der Reibungswiderstände im Ziehkanal aufgewendet werden. Es darf jedoch nie eine größere Ziehkraft auftreten, als der jeweiligen Zugfestigkeit des Drahtes entspricht, die sich bekanntlich durch die Kaltverformung beim Ziehen erhöht. Eine auffallende Erscheinung, die viel beobachtet wurde, ist, daß ein geringer Abzug keineswegs den Stein schont und den Verschleiß mindert. Bei sehr geringen Abzügen tritt häufig sogar ein erhöhter Verschleiß auf. Der Bestwert ist bei den verschiedenen Drahtwerkstoffen verschieden. Bei der Ermittlung der Ziehstufenfolgen sind deshalb die Eigenschaften sowohl des zu ziehenden Werkstoffes als auch der Ziehsteine zu berücksichtigen.

Bei Ermittlung der Ziehstufen gehen einzelne Werke von der Durchmesser- oder Querschnittsabnahme, andere wieder von der Dehnung (Längung) des Drahtes aus. Zwischen allen Berechnungsarten besteht ein bestimmter Zusammenhang. Die Grundlage für die Berechnung ist, daß das Volumen eines Drahtabschnittes vor und nach der Querschnittsverminderung durch das Ziehen gleichbleibt. Es bezeichnet der Index a die Querschnitte Q, Längen l und Durchmesser d vor dem Ziehen, der

Index e die Querschnitte, Längen und Durchmesser nach dem Ziehen, dann erhalten wir für das Volumen V eines bestimmten Drahtabschnittes

$$V = la \cdot da^2 \pi/_4 = la \cdot Qa \qquad \ldots 1)$$
$$V = le \cdot de^2 \pi/_4 = le \cdot Qe \qquad \ldots 2)$$

Durch Gleichsetzen von 1 und 2 erhalten wir

$$\frac{le}{la} = \frac{Qa}{Qe} = \frac{da^2}{de^2} = \frac{1}{\alpha} \qquad \ldots 3)$$

Der Faktor α ist die Querschnittsverminderung, die durch das Ziehen erreicht wurde. Die prozentuale Querschnittsverminderung β ist

$$\beta\,\% = 100\,(1-\alpha) \qquad \ldots 3^*)$$

Die Längenänderung durch das Ziehen ergibt sich ebenfalls aus 3), nämlich

$$\lambda\% = \frac{le - la}{la} \cdot 100 = \left(\frac{le}{la} - 1\right) 100$$

$$= \left(\frac{Qa}{Qe} - 1\right) 100 = \left(\frac{da^2}{de^2} - 1\right) 100 = \left(\frac{1}{\alpha} - 1\right) 100 \qquad \ldots 4)$$

Wir erhalten also die folgende Beziehung zwischen der Querschnittsverminderung α und der Längung λ in %:

$$\lambda = \frac{1-\alpha}{\alpha}\, 100 \quad \ldots 4a) \qquad \alpha = \frac{100}{\lambda + 100} \quad \ldots 4b)$$

Aus Gleichung 3 und 4 läßt sich auch durch Auflösen nach de der Enddurchmesser de berechnen.

$$de = \sqrt{\alpha} \cdot da = da \cdot \frac{10}{\sqrt{\lambda + 100}} \qquad \ldots 5)$$

Der Faktor $\sqrt{\alpha}$ stellt die Durchmesserverminderung dar. Die prozentuale Durchmesserverringerung δ ist

$$\delta\% = 100\left(1 - \sqrt{\alpha}\right) \qquad \ldots 6^*)$$

B e i s p i e l 1: Ein Draht mit 1,20 mm Ausgangsdurchmesser soll mit 20 % Längenänderung oder -dehnung gezogen werden; die Querschnittsverminderung ist

$\alpha = \frac{100}{20 + 100} = 0{,}833$; $\sqrt{\alpha} = 0{,}913$; $de = 1{,}20 \cdot 0{,}913$ $= 1{,}096$ mm; der nächstfolgende Ziehdurchmesser ist dann $de_1 = 1{,}096 \cdot 0{,}913 = 1{,}006$ ... usw.

Mittels der angegebenen Formeln lassen sich nun beliebige Ziehfolgen berechnen. Will man überschlagen wieviel Ziehsteine benötigt werden, um bei bestimmter gegebener Längung von einem gegebenen Durchmesser auf einen zweiten zu gelangen, so geht man von Formel 5 aus:

$$de_1 = \sqrt{\alpha} \cdot da$$

$$de_2 = \sqrt{\alpha} \cdot de_1 = (\sqrt{\alpha})^2 \cdot da$$

$$den = (\sqrt{\alpha})^{n-1} \; de_{n-1} = (\sqrt{\alpha})^n \cdot da$$

$$\frac{den}{da} = (\sqrt{\alpha})^n \;; \; n = \frac{\lg den - \lg da}{\lg \sqrt{\alpha}} \qquad \ldots 6)$$

Der aus Formel 6 erhaltene Wert n ist jeweils auf eine ganze Zahl nach oben abzurunden.

Beispiel 2: Ein Kupferdraht ist von 2 mm auf 1 mm bei 20 % Längung herunterzuziehen. Wieviel Ziehsteine sind erforderlich?

$$\lg de = \lg 1 = 0$$

$$\lg da = \lg 2 = 0{,}3010$$

$$\lg \sqrt{\alpha} = \lg 0{,}913 = 0{,}9605 - 1 = -0{,}0395$$

$$n = \frac{0 - 0{,}3010}{-0{,}0395} = 7{,}65 \text{ abgerundet } 8$$

Es sind also acht Ziehsteine erforderlich.

Umgekehrt läßt sich unter Benutzung des obigen Zusammenhanges auch die jeweilige Querschnittsverminderung errechnen, wenn die Zahl der Ziehstufen vorgeschrieben ist:

$$\frac{den}{da} = \alpha^{n/2}$$

$$\alpha = \left(\frac{den}{da}\right)^{\frac{2}{n}} \qquad \ldots 7)$$

Beispiel 3: Ein Wolframdraht soll von 1 mm auf 0,01 mm heruntergezogen werden; es sind n = 75 Ziehstufen vorgesehen. Wie groß ist die Längung: Wir ermitteln zuerst:

$\alpha = \left(\frac{0,01}{1}\right)^{\frac{2}{75}} = (0,01)^{0,0267}$; diese Ausrechnung wird am einfachsten logarithmisch durchgeführt; wir erhalten dann $\alpha = 0,884$ und $\lambda = 13,2\%$.

Zur Erleichterung der Berechnung von Ziehstufen werden von Ziehsteinfirmen sogen. Dehnungstabellen oder -maße herausgegeben; bei gegebenen Anfangswerten kann man hieraus die Endwerte ablesen. Die Berechnungen lassen sich aber auch bequem numerisch oder mit dem Rechenschieber ausführen. Zur Erleichterung diene Zahlentafel 3, die die konstanten Grundwerte für die Formeln 4a, 4b, 5 und 6 enthält.

Zahlentafel 3
Grundwerte zur Berechnung von Ziehstufenfolgen.

Dehnung (Längung)	Querschnitts-abnahme		Durchmesser-abnahme		
λ %	α	β %	$\sqrt{\alpha}$	δ %	lg $\sqrt{\alpha}$
25	0,800	20	0,899	10,6	0,0485
20	0,833	16,6	0,913	8,7	0,0396
15	0,870	13	0,933	6,66	0,0303
12½	0,889	11,1	0,943	5,7	0,0256
10	0,909	9,1	0,954	4,6	0,0207
7½	0,930	7	0,965	3,5	0,0157
5	0,952	4,8	0,976	2,4	0,0105
3	0,971	2,9	0,985	1,5	0,0064
2	0,980	2,0	0,990	1	0,0043
Formel	4a u. 4b		5 u. 6*		6

Für bestimmte Werkstoffe ergeben sich auf Grund ihrer physikalischen und mechanischen Eigenschaften bestimmte gebräuchliche Längungen:

Kupfer- und andere weiche
gut ziehbare Drähte . . . etwa 15—20 % Längung,
Stahl . . . . etwa 10—7½ % Längung,
Wolfram und andere sehr
harte Werkstoffe . . . . etwa 10—17% Längung[1]).

1) Diese Werte beziehen sich auf stark erwärmte Drähte (etwa 600—700°).

Im allgemeinen wählt man den 1. Abzug etwas stärker, dagegen verwendet man zum Schluß einen Stein ohne Abzug zum Egalisieren.

Ziehgeschwindigkeit.

Die Angaben über die wirtschaftliche Ziehgeschwindigkeiten sind sehr unterschiedlich. Während in der Buchliteratur Angaben zu finden sind, daß Kupfer und Messing von 6—1 mm mit 4 m/sek und unter 1 mm mit 5 m/sek zu ziehen sind, macht die Firma Kratos für ihre Mehrfachziehmaschinen die folgenden Angaben:

Kupfer 1—0,25 mm mit 15—20 m/sek, 0,25—0,08 mm mit 20—25 m/sek, die erreichte Höchstgeschwindigkeit bei Kupfer soll 35 m/sek sein. Für Eisen und Nickel von 0,30 bis 0,02 mm werden 6—15 m/sek empfohlen.

Für leonische Drähte werden von anderer Seite Ziehgeschwindigkeiten von 0,66—1,5 m/sek angegeben.

Form des Ziehkanals.

Der Ziehkanal hat eine schwach kegelige Form, die sich nach vorn und hinten unter Vergrößerung des Kegelwinkels erweitert.

Die Form des Ziehkanals hat sich innerhalb bestimmter Grenzen dem zu ziehenden Werkstoff anzupassen. Es gelten folgende Regeln:

1. Weiche Werkstoffe, z. B. Kupfer, verlangen einen kurzen Kegel mit großem Öffnungswinkel (Abb. 2 b).
2. Harte Werkstoffe, z. B. Stahl, bedingen einen langen, schlanken Kegel (Abb. 2 a).

a

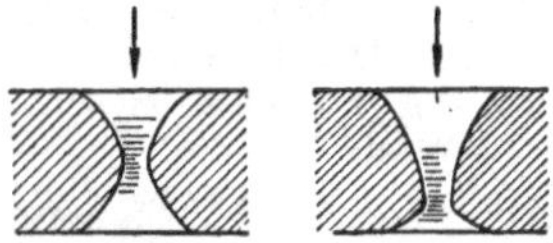

b

Abb. 2a und b: Form des Ziehkanals: a) für weiche Drähte, b) für harte Drähte.

Die längere Ziehfläche bei den harten Drähten ergibt eine geringere Abnutzung des Ziehkanals, während durch den kürzeren Kegel bei den weichen Drähten eine geringere Reibung erzielt wird. Die Gefahr des Steckenbleibens wird hierbei wesentlich verringert. Der Ziehkanal in Bild 2a weist deshalb kein eigentliches Kegelstück auf.

Die richtige, zweckentsprechende Form des Ziehkanals ist für das Arbeitsergebnis ebenso wichtig, wie etwa die Qualität des Rohdiamanten. Das ideale Ziehloch im Diamanten muß vor allem sanft gewölbte Ziehflächen haben, um das Fließen des Drahtes bei der Verformung zu begünstigen. Das Ziehloch muß ohne irgend welche störende Kanten oder Absätze von vorn bis hinten in einem Zuge glatt verlaufen.

Fassung des Diamanten.

Eine gute, sachgemäße Fassung ist allein schon notwendig, um eine Handhabe für den Diamanten zu haben, sie ist auch um eine genügende Lebensdauer zu erhalten, unerläßlich. Die Fassung hat die Aufgabe den Ziehstein gegen Bersten oder Springen bei den großen, beim Ziehen erzeugten Drücken zu schützen. Der Diamant wird also um so haltbarer sein, je widerstandsfähiger die Fassung ist. Die Diamantziehsteine werden im allgemeinen in Messingplatten gefaßt. Vor mehr als 30 Jahren kamen die ersten mit Stahlguß gefaßten Diamanten auf, die sich in der Folgezeit gut bewährten.

Für die Durchmesser der Fassungen haben sich die Größen 1" (25,4 mm) und 1⅛" (28,58 mm) eingeführt. Die Höhe der Ziehsteine richtet sich im allgemeinen nach der Dicke des zu fassenden Diamanten. Es bestehen hierüber im allgemeinen keine Vorschriften. Die Steindicken betragen etwa 4—15 mm. Der Diamant muß genau zentrisch und winkelrecht in der Fassung sitzen, da er nach der Fassung nachpoliert wird.

Herstellung der Diamantziehsteine.

Der sorgfältig und nach Größe ausgewählte Diamant (s. Zahlentafel 1) wird auf beiden Seiten plangeschliffen[1]),

[1]) Vielfach werden an den Seiten noch zwei weitere Flächen angeschliffen, um die Entstehung und Form des Ziehkanals genau verfolgen zu können. Ein Vorteil, den nur Ziehsteine aus Diamanten und Edelsteinen besitzen. Auch kann man hierdurch die Blasen- und Rißfreiheit des Rohstoffes beobachten.

dann wird er in eine Metallfassung (s. unter Fassung) zentrisch eingepreßt und zuerst vorgebohrt.

Das Vorbohren ist mit dem Ankörnen in der Metallbearbeitung zu vergleichen. Von beiden Seiten werden in die Diamantplatte mit Diamantspitzen kleine kegelige Vertiefungen ausgearbeitet. Das Herstellen des Loches erfolgt mit schnellumlaufenden Stahlspitzen, die mit Diamantschmirgel bestrichen werden (Diamantstaub mit feinem Öl gemischt). Die Steine führen zugleich schlagartige Bewegungen aus. Durch diese Bewegung werden immer wieder neue Diamantkörnchen zwischen Nadelspitze und Diamantloch hineingerissen, wodurch erst das Bohren zustande kommt, da die Nadel nur der Träger des Diamantstaubes und an der eigentlichen Bohrarbeit unbeteiligt ist. Je nach Lochgröße beträgt die Drehzahl der Nadel 1500—2500 Umläufe in der Minute, ferner erfolgen 200—300 Schläge in der Minute auf die Nadel. Die Bohrnadel ist eine weiche Stahlnadel (Stubsdraht, vielfach werden auch abgebrochene Nähnadeln benutzt). Das Bohren ist sehr langwierig und kann u. U. ein bis drei Tage, bei sehr feinen Bohrungen wochenlang, bei ununterbrochenem Betrieb dauern. Nach dem Bohren, das nacheinander von beiden Seiten erfolgt und wobei sich die Löcher genau in der Mitte treffen müssen, oder nur von einer Seite aus vorgenommen wird, erfolgt das Erweitern und kegelige Aussenken des Loches, sowie das Polieren und genaue Kalibermaßschleifen. Damit die durch das Vorbohren erzeugten Versenkungen beim Übergang in das verbindende gerade Loch keine scharfen Kanten bilden, werden für das Vorbohren nacheinander immer spitzer werdende Stahlnadeln benutzt.

Die Bohr- und Poliermaschinen werden vielfach zu mehreren nebeneinander gestellt und gemeinsam angetrieben. Der Arbeitsvorgang ist im allgemeinen selbsttätig. Mehrere Maschinen können dann von einem Arbeiter beaufsichtigt werden.

Sowohl für die Herstellung neuer als auch für das Nachpolieren abgenutzter und aufgeweiteter Bohrungen sind Poliermaschinen erforderlich. Diese arbeiten nach zwei Verfahren:

a) mittels eines dünnen laufenden Drahtes,

b) mittels Stahlnadeln.

Die Bearbeitung mittels des Drahtes hat den Nachteil, daß der Draht quer zur Bohrung stets etwas nachgibt, so daß es schwer ist, unrund gewordene Löcher wieder rund zu schleifen. Eine Stahlnadel bewirkt jedoch durch ihre Starrheit, daß die Bohrung diejenige Form bekommt, die der Nadel durch die Maschinenbewegung aufgezwungen wird.

Wegen Platzmangel können hier die einzelnen auf dem Markt befindlichen Maschinen nicht beschrieben werden, es sei nur kurz auf die Wirkungsweise der in vielen Betrieben eingeführten Bsteh- und Pohenkra-Maschinen eingegangen. Bei der Poliermaschine von Rudolf Bsteh wird durch das Ziehloch, das sich in einem umlaufenden Halter befindet, ein gespannter Draht hin- und herbewegt. Zur guten Ausnutzung der Drahtlänge und zur Verbesserung des Schleifvorganges wird die jeweils arbeitende Drahtlänge durch einen Schrauben- und Schalttrieb verlegt. An Stelle des Schleifdrahtes können auch andere Werkzeuge in die Maschine eingespannt werden. Bei der Pohenkra-Maschine wird ein senkrecht angeordneter Nadelträger aus Leichtmetall angewendet, der mit einem Ring oder Bund auf einer Nadelschiene aufhängt. Diese erhält eine hin- und hergehende Bewegung, wodurch sich die Nadel durch Gewichts- oder Federbelastung in dem Ziehkanal entlangführt und auf jeder Stelle mit gleichem Druck aufliegt. Während die Nadel nur diese Schwingbewegung ausführt, wird der Ziehstein schnell gedreht.

Bei der Soldixa-Poliermaschine wird jede Nadelstange von einer gemeinsamen Welle durch einen Hubnocken angetrieben. Die Nadelstange ist doppelt gelagert, und zwar können die beiden Lager in beliebigem Winkel zur Ziehsteinbohrung verstellt werden. Die Nadel wird also in einer bestimmten Richtung geführt. Für das Nachpolieren von Steinen wird eine Nadelstange mit federndem Ende eingesetzt, das die Nadel der Form des Ziehkanals entsprechend führt und stets gegen die Wandung mit bestimmten Druck preßt.

Die Abb. 3a und 3b veranschaulichen, deutlich den Poliervorgang. Der Schleifvorgang besteht also aus drei voneinander abhängigen Bewegungen: der Drehbewegung des Steines, der waagerechten Hin- und Herbewegung der Ziehnadel und drittens der hin- und hergehenden Bewegung in Richtung des Kegelmantels.

Bei der Bearbeitung des Rohdiamanten zum fertigen Ziehstein gehen bei Steinen normaler Größe etwa 20 bis 25 % an Gewicht verloren.

Einiges über Schmieren und Kühlen bei Anwendungen von Diamantziehsteinen.

Eine große Bedeutung für das wirtschaftliche Drahtziehen haben die Kühl- und Schmiermittel. Die Oberfläche des Drahtes kommt nie unmittelbar mit dem Ziehstein in Berührung, sondern stets muß sich zwischen beiden Oberflächen ein Schmiermittel, Öl, Talg oder Wachs, befinden, das die Reibung vermindert.

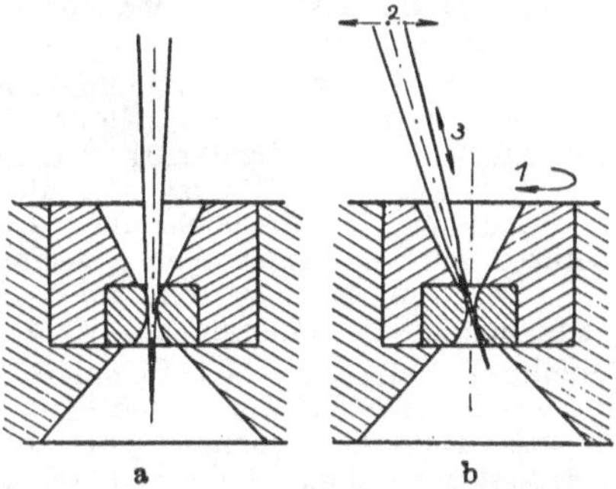

Abb. 3a und b. Wirkungsweise der Nadel in der Poliermaschine Pohenkra.

Abb. 3a. Die Spitze steht senkrecht und schleift sich der Lochform entsprechend ein. Sie berührt die Bohrung an ihren engen Stellen.

Abb. 3b. Beim Ausschwenken in Schrägstellung unter gleichzeitigem Herausziehen der Nadelspitze aus der Bohrung werden die kegeligen Lochwandungen der Ein- und Austrittsseite schleifend mit bestimmtem Schleifdruck bestrichen.

Beim Trockenzug verwendet man trockene Seife oder Wachs, diese besitzen einen hohen Widerstand gegen Abstreifen und behalten auch bei der hohen beim Ziehen auftretenden Erwärmung ihre hohe Schmierfähigkeit. An die Naßschmiermittel ist die Forderung zu stellen, daß das Schmiermittel durch die Erwärmung nicht verdampft und der Diamant dann „trocken zieht", wie der Fachausdruck lautet. Eine sehr einfache Kontrolle für die richtige Schmierung bietet sich dadurch, daß das Schmiermittel an der Ausgangsseite des Steines abtropfen muß. Ferner ist stets die Eingangsöffnung des Ziehsteines sauber zu halten.

Im Naßdrahtblankzug ist eine besondere Kühlung durch um das Ziehsteingehäuse fließendes Wasser nicht notwendig. Beim Ziehen des Drahtes vom Faß, d. h. wenn der zu ziehende Draht in einem Faß mit Kühlmittel liegt, ist darauf zu achten, daß das mitgenommene Kühlmittel nicht wieder in das Faß zurückläuft.

Die Schmiere wird in einem Kästchen vor dem Schmiertisch angebracht, das der Draht vor seinem Eintritt in den Stein durchläuft.

Stahl- und Eisendraht wird im allgemeinen vor dem Ziehen durch Einlegen in eine saure Kupfervitriollösung verkupfert, hierdurch wird die Ziehfähigkeit erhöht und die Reibung wird auch geringer. Es ist nun nicht zu vermeiden, daß die dünne Kupferschicht des Drahtes beim Ziehen abblättert. Kleine Kupferteilchen setzen sich fest und verstopfen den Ein- und Austritt am Ziehstein, dadurch wird zugleich die Schmierwirkung aufgehoben.

Zum Schmieren selbst werden Schmieren und Lösungen der verschiedensten Zusammensetzungen angewendet, die zum Teil als Geheimnis der betreffenden Ziehereien betrachtet werden. Jede Zieherei glaubt, daß die von ihr angewendete Schmiere das Ideal darstelle.

Im folgenden sei beispielsweise die Herstellung zweier Schmieren beschrieben:

Besonders für Eisendraht ist nachstehende Schmiere geeignet: 3 kg reines Unschlitt und 3 kg Schmierseife werden in einem erhitzten Kessel gut gemischt. Dann werden 2 kg Roggenmehl und 15 l Wasser zu einem dünnflüssigen Teig verrührt und dem ersten Gemisch unter stetem Umrühren zugesetzt. Alsdann setzt man noch 100 l heißes Wasser und nach dem Erkalten 3/8 l Schwefelsäure zu. Die Ziehrollen mit dem umschlungenen Draht laufen hier in Blechkästen, die mit der beschriebenen Schmiere gefüllt sind.

Eine weiße Beize und Schmiere zum Ziehen von Eisen- und Stahldraht erhält man wie folgt:

1 kg Unschlitt, 1 kg Schmierseife und ½ l Rüböl werden in einem Kessel zusammengeschmolzen. Dann wird soviel Roggen- und Gerstenmehl zugesetzt, daß es nach fleißigem Umrühren die Beschaffenheit einer Einbrennsuppe hat. Ist das geschehen, so gießt man unter fortwährendem Umrühren nach und nach Wasser zu und läßt alles gut aufkochen. Hierauf gibt man das Ganze in ein Petroleumfaß und füllt noch soviel heißes Wasser nach, bis das Faß voll ist. In diese Mischung gibt man dann 200 g Zinnsalz, 50 g Nickeloxydul und 200 g fein zerstoßenes Kupfervitriol, rührt nochmals gut durcheinander und die Beize ist zum Gebrauch fertig.

Leonische Drähte werden fast ausschließlich mit Bienenwachs gezogen.

Schmier- und Kühlvorrichtungen.

An Stelle der beschriebenen flüssigen Schmieren wird auch ein fetthaltiges Seifenwasser benutzt, das den einzelnen Steinen durch eine Schmiervorrichtung zugeführt wird. Das Seifenwasser besteht aus 7 kg prima grüne Seife, 5 kg gutes Maschinen- oder Rüböl und etwa 500 l reinem Wasser. Das Ganze wird, u. U. unter Zuleitung heißen Dampfes, eingekocht, bis alles aufgelöst ist. Diese Schmiere wird in einem Hochbehälter, der 5 bis 6 m über Tischhöhe steht, gebracht und von da durch natürliches Gefälle dem Stein während des Ziehens zugeführt. Die Zuführung erfolgt vom Behälter aus durch ein waagerecht liegendes Hauptrohr von etwa 80 mm Durchmesser und von diesen abgeleiteten Zweigröhrchen von 3 mm Durchmesser für jeden einzelnen Stein. Die Röhrchen sind unten mit einem Hahn versehen und spritzen das Wasser unmittelbar in die Einfuhr eines Steines. Die Röhrchen selbst sind aus Blei. Unter dem Ziehtisch ist ein Kupferbehälter angebracht, in dem sich das verbrauchte Kühlwasser ansammelt und von hier wird es durch eine Pumpe immer wieder in den Behälter zurückgeführt.

Beziehungen zwischen Diamantziehsteinen und Kunstziehsteinen.

Bei den hohen Rohstoffpreisen des Diamanten und seiner schwierigen und langwierigen Bearbeitung zu Ziehsteinen ist man von jeher bemüht, sie nur dort zu benutzen, wo sie unbedingt notwendig sind. Man suchte nach einem ähnlich harten Stoffe wie den Diamanten und fand diese in den sehr harten Kohlenstoffverbindungen verschiedener Elemente, wie z. B. Borkarbid, Wolframkarbid, Molybdänkarbid. Diese Stoffe waren jedoch als Ersatz für den Diamanten nicht geeignet, da sie sehr spröde waren und nicht die recht erhebliche Zähigkeit des Diamanten besaßen. Nach etwa zehnjährigen Versuchen wurde 1923 gefunden, daß die große Sprödigkeit des reinen Wolframkarbides durch Legieren mit geringen Mengen von Hilfsmetallen, z. B. mit Eisen, Nickel oder Kobalt, unter Beibehaltung ausreichender Härte sehr weitgehend behoben werden kann. Zugleich wurde ein neues Herstellverfahren, das Pressen und Sintern, zur einfachen Formgebung dieser Stoffe gefunden. Die neuen Stoffe zeigten sich wegen ihrer Härte für das Ziehen gröberer Drähte sehr geeignet und sie haben sich wegen ihrer relativen Billigkeit an Stelle größerer Diamanten gut eingeführt. Eine recht vielseitige Anwendung haben die gesinterten Metallkarbide, auch Hartstoffe genannt, für die spangebende Bearbeitung der Metalle gewonnen[2]). Bei der Beurteilung der Diamantziehsteine gegenüber den Kunstziehsteinen sind folgende Gesichtspunkte zu beachten:

a) Haltbarkeit der Ziehbohrung,

b) Eigenschaften (Güte, Aussehen, Genauigkeit) des Drahtes,

c) Anschaffungspreis und Wirtschaftlichkeit.

---

[2]) Das Osram-Hartmetall und seine Anwendung in der Technik von A. Fehse und K. Schröter, Techn. Wiss. Abhandlungen aus dem Osram-Konzern, 2. Band.

Zahlentafel 4

Leistung von Kunstziehsteinen in Beziehung zu Diamantziehsteinen.

Bohrung mm	Kunstziehstein[1]) Höchstwert	Mindestwert	mittel	Diamant
1 bis 1,29	20 900	2 900	6 850	50 000
1,30 bis 1,49	23 600	1 400	7 270	90 000
1,50 bis 1,99	30 700	1 400	8 800	140 000

Durchzogene Menge Kupferdraht in kg bis zur Ausnutzung der Toleranzen

[1]) Angaben nach Ch. Bernhoeft, Neuzeitliches Metalldrahtziehereien, Zeitschrift für Metallkunde, Heft 1, 1934, Seite 20.

Zu a): Haltbarkeit der Ziehbohrung. In Zahlentafel 4 sind Angaben von Bernhoeft den Werten nach Zahlentafel 2 gegenüber gestellt. Die Leistungen der Diamantziehlöcher sind hiernach das 2,4 bis 4,5fache der Höchstleistungen der Kunstziehlöcher. Leider ist nicht angegeben, welche Aufweitung die Ziehlöcher erfahren haben, so daß der obige Vergleich nur einen Anhalt geben kann. Eine Kunstziehsteinfirma gab (November 1931) folgende Werte bekannt: Ein Widiahol leistet im Eisenzug bei einem Durchmesser von etwa 2,00 mm etwa 150—200 t Draht (6—8 Millionen Meter), ehe es um die heute übliche Toleranz von $^{4}/_{100}$ mm größer geworden ist. Im Kupferzug liegt die Leistung etwa bei 5 t Draht (650 000 Meter) von 1,00 mm Durchmesser je $^{1}/_{100}$ mm Aufgang. Unter gleichen Verhältnissen würde der Diamantziehstein etwa die zehnfache Leistung bei Kupferdraht ergeben. Die Verhältniszahl 10 für Kupferdraht ergibt sich auch als Durchschnitt der Mittelwerte in Zahlentafel 4, so daß man annehmen kann, daß diese Zahl den praktischen Verhältnissen am nächsten kommt. Bei Eisen und Stahl liegen, wie die obige Angabe zeigt, die Verhältnisse wesentlich anders.

Zu b): Eigenschaften, Güte, Aussehen, Genauigkeit des Drahtes. Die Anwendung der Kunstziehsteine empfiehlt sich vor allen Dingen bei den größeren Durchmessern. Bei kleineren Durchmessern und überall da, wo es auf ein äußerst genau kalibrierten und glatten Draht ankommt, ist der Diamantziehstein vorzuziehen.

Infolge seines einheitlichen Gefüges ergibt der Diamantziehstein einen genaueren und besseren Draht und einen hohen Glanz. Deshalb hat sich auch in Fällen, wo mit Hartmetall gezogen wird, als empfehlenswert herausgestellt, als Schlußstein zum Egalisieren (d. h. ohne Abzug) einen Diamanten zu wählen, um alle Unebenheiten zu beseitigen und eine hochglänzende, glatte Drahtoberfläche zu erhalten. Beispielsweise können zum Ziehen der leonischen Drähte, d. h. Kupferdrähte, die auf galvanischem Wege einen dünnen Silberüberzug erhalten haben und die mit diesem Silberüberzug auf feinste Durchmesser heruntergezogen werden, nur Diamantziehsteine verwendet werden.

Indessen war es ein Irrtum, als man anfangs glaubte, ein großes Anwendungsgebiet für die Kunstziehsteine als Steine für die ersten Gänge in Mehrfachzügen zu haben. Die Verschiedenheit des Verschleißes und der raschere Verschleiß der vorgeschalteten Kunststeine brachte eine Überlastung des Diamantziehsteines mit sich. Die Diamantziehsteine mußten beim Aufgehen der Kunststeine nicht nur eine stärkere Vorformungsarbeit leisten, sondern auch die durch die Kunstziehsteine entstandenen Ungenauigkeiten beseitigen. Es ist daher nicht zu empfehlen, Kunststeine zum Vorzug in Mehrfachziehmaschinen den Diamantziehsteinen vorzuschalten.

c) Anschaffungspreis und Wirtschaftlichkeit. Der Preis des Diamantrohstoffes spielt nur bei relativ großen Bohrungen eine Rolle. Zum Ziehen feiner und feinster Drähte lohnt sich die Verwendung von Kunstziehsteinen auch deshalb vielfach nicht, da bei den kleinen Bohrungen der Rohstoffpreis des Diamanten gegenüber den Bearbeitungskosten kaum eine Rolle mehr spielt. Die Wirtschaftlichkeit des Ziehens mit Diamantziehsteinen ergibt sich aus der großen Kaliberhaltigkeit, wie unter a nachgewiesen wurde.

Trotzdem Hartmetalle sich, insbesondere bei größeren Durchmessern, für viele Zwecke als hervorragend brauchbar erwiesen haben, so wird man doch immer da, wo es auf genaues Kaliber, Oberflächengüte und Glanz ankommt, nach wie vor den Diamanten dem Hartmetall vorziehen.

Schrifttum:

Ch. Bernhoeft, Neuzeitliche Metalldrahtziehereien, Zeitschrift für Metallkunde, Heft 1, 1934, S. 19—23.

Diamanten zum Ziehen von Wolframdraht, Werkzeugmaschine 1932, Heft 23, S. 441/42.

Carl Michael, Ist die Normung der Diamant-Ziehstein-Bohrungen möglich? Drahtwelt Nr. 1, 1931, S. 3/4.

Drahtweltbuch, Verlag Martin Börner, 1929.

Handbuch für die Drahtindustrie, 5. Ausgabe 1927, Verlag des Anzeigers für die Drahtindustrie.

G. Berndt, Beiträge zur Messung kleiner Bohrungen, Feinmechanik und Präzision 42 (1934), H. 9, S. 133—135.

Das Herstellen feiner Bohrungen in Diamanten und Hartmetallen. TZ für prakt. Metallbearbeitung 45 (1935), Nr. 19/20, S. 478/81, und 21/22, S. 533—36.

Ziehen von Feindraht unter 1 mm Durchmesser (Mitt. Kaiser Wilh.-Inst. Eisenforschung, Düsseldorf, Bd. 17 [1935], Lieferg. 8, Abhdlg. 278).

Richtlinien für die Anwendung von Diamantziehsteinen.

Vorbehandlung.

Der durch Diamantziehsteine zu ziehende Draht muß eine wiederholte Wärmebehandlung durchgemacht haben und sorgfältig gereinigt und gebeizt sein. Dies trägt zur Erhaltung der Lebensdauer der Ziehsteine wesentlich bei.

Harte Stellen in den zu ziehenden Drähten wirken bei hohen Geschwindigkeiten (Schnellziehmaschinen) schlagartig auf die Steine ein. Da der Diamant sehr empfindlich gegen Schlag ist (s. S. 29), so ist eine einwandfreie, sorgfältige Vorbehandlung des Drahtes unerläßlich (s. oben).

Es ist darauf zu achten, daß die Diamantzüge stets nur blanken Draht erhalten. Der erste Abzug des gebeizten Drahtes soll deshalb durch Stahl- oder Hartmetallziehsteinen erfolgen, damit die äußere Kruste erst abgezogen wird.

Fassung.

Damit sich der Diamantziehstein der jeweiligen Zugrichtung des Drahtes anpassen kann, ist es empfehlenswert, wenn auch nicht Bedingung, daß der Stein im Halter locker sitzt. Hierdurch wird eine einseitige Beanspruchung des Steines vermieden. Die Steinbohrung muß genau zentrisch und winkelrecht zur Fassung sitzen, damit der Stein einwandfrei nachpoliert werden kann.

Einführung.

Der Draht muß an derjenigen Seite des Ziehsteines eingeführt werden, auf der die Bohrungsgröße und der Firmenstempel angebracht sind. Während des Ziehens müssen die Steine mit einem geeigneten Schmiermittel gut geschmiert und gekühlt werden (s. Absatz: Einiges über Schmiermittel).

Verschleiß.

Beginnt ein Stein im Zuge zu kratzen oder nicht mehr leicht und richtig zu ziehen, so ist er herauszunehmen und leicht nachzupolieren. Geschieht das rechtzeitig, so genügt eine geringe Nacharbeit, um den Stein gebrauchsfähig zu erhalten, während im anderen Fall sehr schnell ein Unrund- und Riefigwerden des Steines eintritt und seinen vorzeitigen Verschleiß verursacht.

Reservesteine.

Um Betriebsstörungen zu vermeiden und um die Steine stets rechtzeitig auswechseln zu können, empfiehlt es sich, stets passende Reservesteine für die einzelnen Größen und Drahtarten vorrätig zu halten.

Ziehgeschwindigkeit.

Weiche Drähte können rascher durchgezogen werden als harte; für feinere Drähte wählt man größere Ziehgeschwindigkeiten als für weniger feine. Die Ziehgeschwindigkeit für Diamantziehsteine soll etwa gleich der bei anderen Ziehsteinen gewählt werden.

Größe der Steine.

Das Steingewicht der Diamant-Ziehsteine ist nicht zu klein zu wählen, um eine möglichst große Ausnutzung der Diamanten durch mehrmaliges Aufpolieren der Steine auf die nächstgrößeren Durchmesser zu ermöglichen. Maßgebend für die Güte eines Ziehsteines ist weniger das Gewicht des Steines, als seine Qualität, seine Fassung und vor allem die Form des Ziehkanales.

In einem Mehrfachzug sollen möglichst nur gleichartige Steine laufen, entweder Diamantziehsteine oder nur Kunstziehsteine.

Behandlung.

Die Diamantziehsteine sind im Betriebe sorgfältig zu behandeln und vor schlagartigen Beanspruchungen zu schützen, z. B. dürfen die Steine nicht in den Schraubstock eingespannt werden und es darf nicht auf ihnen herumgeklopft werden.

12. Diamantstaub und seine Verwendung.

Die große Härte und der beträchtliche Abnutzungswiderstand des Diamanten verleihen ihm eine hohe Eignung als Schleifmittel. Diamanten können nur wieder mit Diamantstaub geschliffen werden, während für alle anderen Stoffe ein höherwertiges Schleifmittel und letzten Endes wieder Diamantstaub zur Verfügung steht.

Durch das Zertrümmern der größeren Diamantkristalle entstehen ganz kleine Körnchen mit einer Anzahl scharfer und widerstandsfähiger Kanten. Durch Einbetten dieser Körner in Körper aus weichen Metallen, in Kunstharzen und keramischen Stoffen, werden die verschiedenen Schleif-, Polier-, Läpp-, Säge-, Feil- und Bohrwerkzeuge geschaffen.

Herstellung:

Zur Herstellung von Diamantstaub (oder Diamantpulver) werden kleine Diamantkristalle, Bruchstücke und Abfälle verwendet. Die Schleifkraft des Diamantstaubes hängt in hohem Maße davon ab, aus welchem Rohstoff der Diamantstaub hergestellt ist. Da schon beim Ausgangsstoff, je nach seiner Güte, ein großer Unterschied besteht, so gibt es ebenfalls bei dem auf dem Markt befindlichen Diamantstaub, der noch eine langwierige Bearbeitung durchzumachen hat, erhebliche Preisunterschiede.

Vielfach wird auch Diamantstaub, der beim Schleifen entsteht, für Schleifzwecke in den Handel gebracht. Dieser Staub ist keineswegs brauchbar, da die einzelnen Körner keine scharfen Kanten mehr haben, also nicht mehr andere Körper angreifen. Derartiger Staub wird deshalb auch als „toter“ Staub bezeichnet.

a) Zerstoßen:

Zum Zerstoßen dient ein Stahlmörser, in dem ein genau passender Stahlstößel mit abgerundetem Ende hineinpaßt (Abb. 1). Um einen Verlust an Diamantstaub zu ver-

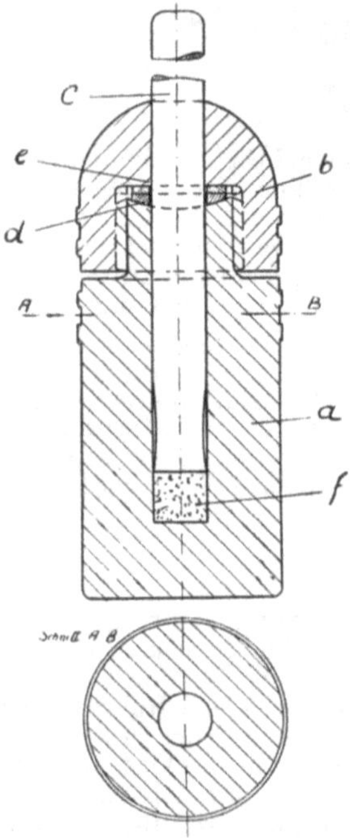

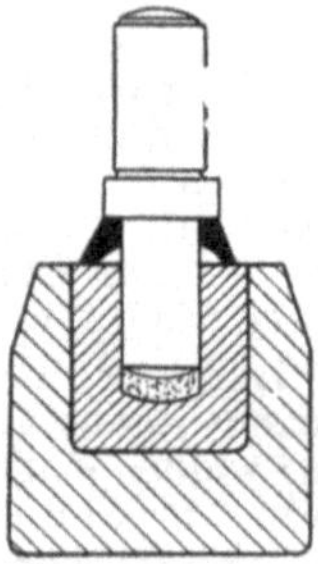

Abb. 2. Kleiner Diamantmörser.

Abb. 1.
Großer Diamantmörser.
a) Mörserkörper; b) Kappe mit Gewinde; c) Stößel; d) Kugelscheibe; e) Unterlegscheibe; f) Diamantbort.

meiden, ist der Mörser oben durch eine granatenähnliche Kappe mit Gewindering abgeschlossen, durch diese ragt der Stahlstößel hindurch. Vielfach wird auch nur ein Gummiring als Abdichtung benutzt (Abb. 2). Auf den Stahlstößel werden mit dem Hammer einige kräftige Schläge ausgeübt.

Hochwertiges Diamantkorn wird dadurch hergestellt, daß jeweils nur etwa 2 Karat Diamant im Mörser zerstoßen wird. Schneller geht es, wenn im Mörser gleich 10 bis 20 Karat zerstoßen werden, jedoch arbeitet der so hergestellte Staub nicht so gut.

b) Mahlen:

Da die Handarbeit recht mühsam ist und auch das entstehende Pulver recht ungleichmäßig wird, verwenden Industriezweige, wie z. B. die Schweizer Lagerstein-Industrie, besondere Walz- und Mahlmaschinen.

Abb. 3. Walzmaschine zur Herstellung von Diamantstaub.

Eine Art dieser Einrichtungen arbeiten nach Art der Pochwerke. Mehrere Mörser sind in einer Reihe angeordnet, die Stößel werden durch Hubnocken angehoben und fallen durch ihr Eigengewicht herunter, wobei die Diamantkörner zertrümmert werden.

Nach einem anderen Verfahren arbeiten Walzmaschinen (Abb. 3).

Auf einer großen polierten Walze aus gehärtetem Stahl führt eine kleine Walze eine hin- und hergehende

Bewegung aus. Der Anpreßdruck der kleinen Walze kann durch .Gewichtsbelastung geregelt werden. Die große Walze läuft mit etwa 100 U/min. um. Die zerkleinerten Körner fallen in den unter der großen Walze befindlichen Behälter.

Bei einer anderen Ausführung einer Diamantwalzmaschine rollt auf einer waagerechten, umlaufenden Platte aus hartem Stahl eine kleine zylindrische Walze hin und her (Abb. 4). Zwei verstellbare Schaber folgen der

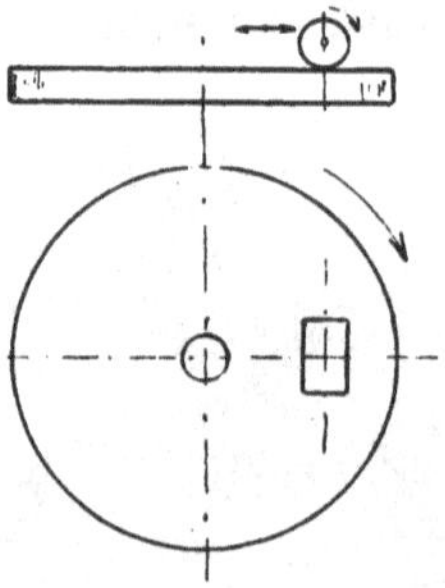

Abb. 4. Walzmaschine mit ebener Platte.

kleinen Walze und schaben das Pulver zusammen, diese Ausführung soll sich jedoch nicht so bewährt haben, wie die in Abb. 3 gezeigte. Das durch Zermahlen oder Zerreiben hergestellte Pulver wird billiger, soll aber weniger Schleifkraft besitzen als das durch Zerstoßen (s. oben) hergestellte, da die Körner anscheinend bei der Herstellung ihre scharfen Kanten einbüßen.

c) Sieben und Schlämmen:

Um für die Weiterverarbeitung brauchbar zu sein, muß der zerstoßene oder gewalzte Diamantstaub, der aus Körnern verschiedenster Größe zusammengesetzt ist, noch verschiedenen Sieb- und Schlämmverfahren unterworfen werden.

Für viele Zwecke genügt ein Diamantkorn, das durch Aussieben entsteht. Für hochwertige Zwecke, z. B. als Polier- und Läppmittel, kommt nur ausgeschlämmter Diamantstaub in Frage.

Die Sortierung der verschiedenen Grade von Diamantstaub erfolgt beim Schlämmen durch feines Öl, Spiritus oder Wasser.

Die Schlämmung mittels hochwertigen Olivenöls sei im folgenden beschrieben. Diese Mischung kann vorteilhaft gleich als Poliermasse verwendet werden. Man unterscheidet hierbei folgende Feinheitgrade: Der mit Olivenöl gemischte Diamantstaub, so wie er aus dem Mörser kommt, wird 5 Minuten stehen gelassen, danach wird das Öl in ein anderes Gefäß gefüllt. Der grobe Satz, der sich im ersten Gefäß befindet, erhält die Nr. 0. Das aus Nr. 0 abgegossene Öl wird wieder umgerührt und soll 10 Minuten stehen, danach wird es in ein anderes Gefäß gefüllt, der Rückstand erhält die Nr. 1. Dieser Vorgang wird mehrfach wiederholt, bis praktisch aller Diamantstaub dem Öl entzogen ist. Die Zeitdauer, während der das Öl stehen muß, wird jeweils verlängert, wie die folgende Tafel zeigt. Dies ist erforderlich, da die kleinen Teile längere Zeit für das Absinken brauchen.

Zahlentafel 1. Grade von Diamantstaub.

Nr. 1	10 Minuten,
Nr. 2	30 Minuten,
Nr. 3	1 Stunde,
Nr. 4	2 Stunden,
Nr. 5	10 Stunden,
Nr. 6	bis Öl klar ist.

Nr. 0 oder grobes Diamantkorn, das dem ersten Absetzen entnommen ist, wird gewöhnlich in Benzin gewaschen und dann nochmals im Mörser zerstoßen. Nr. 0 wird auch als nicht gradierter Staub bezeichnet.

Die obigen Zeiten sind nicht als allgemein gültig zu betrachten; sie sollen auch nur ein Beispiel für das Schlämmverfahren geben. So soll nach Ansicht deutscher

Fachleute ein gründlicheres Ausschlämmen durch Wasser, Spiritus u. dgl. erfolgen. Manchmal werden auch Diamanten nach dem Zerstoßen gesiebt und erst dann geschlämmt. Für die Verwendung jedoch ist sehr wesentlich, daß das Pulver oder der Staub eine durchaus gleiche Körnung erhält, da sonst keine gleichmäßige Schleif- und Polierarbeit geleistet werden kann. Im Handel erhältlicher Diamantstaub ist, wie Untersuchungen gezeigt haben, vielfach nicht hochwertig, zum Teil aus Schlamm oder totem Staub (s. oben) zusammengesetzt. Durch das mehrfache Schlämmen wird der Diamantstaub von anhaftenden Stahlteilen des Mörsers, Ölrückständen und anderen Fremdkörpern gereinigt.

Eine deutsche Diamantwerkzeugfabrik benutzt folgende Einteilung, in der gleich der Verwendungszweck mit angegeben ist:

Zahlentafel 2. Körnung und Verwendung von Diamantstaub.

Nr.	Art	Körnung	Verwendung
0	grob	Grieß in verschiedenen Körnungen über 0,18 mm	Grobschleifen, Bohren und Sägen
1	mittel	0,12—0,17 mm	Vorschleifen, Aufreiben großer Ziehlöcher
2	fein	0,08 — 0,12 mm	Schlichten u. für kleinere Ziehlöcher
3	fein-fein	0,05 — 0,08 mm	Feinschliff
4	extra fein	0,03 — 0,05 mm	Vorpolieren, Läppen
5	extra fein-fein	0 — 0,02⁵ mm	Fertigpolieren
6	superfein	0 — 0,005 mm	Glanzpolieren

Mischungen von Diamantstaub mit anderen Schleifmitteln:

Man hat die Erfahrung gemacht, daß Diamantstaub, für sich verwendet, manchmal zu stark und zu schnell angreift und dadurch Kratzer verursacht. Man greift deshalb für feinere Schleifzwecke, z. B. zum Polieren der Ziehlöcher in Hartmetallsteinen, zu dem Hilfsmittel, dem Diamantpulver andere Pulverstoffe, wie Polierrot, Tripel,

Glas, zur Abschwächung beizugeben. Hierdurch wird der Schleifvorgang verlangsamt und kann besser überwacht werden. Wegen ihrer geringen Härte können die beigemischten Stoffe jedoch nicht an der Schleifarbeit teilnehmen. In DRP 546 547 von R. Krause wird vorgeschlagen, ein Pulver aus ¼ bis ⅓ Teilen Diamant und den Restteilen des nächstharten Schleifmittels, z. B. Siliziumkarbid, herzustellen[1]). Hierdurch wird zwar die Schleifwirkung gegenüber 100proz. Diamantstaub gemildert, jedoch beeinflussen die Schleifkörper des hinzugefügten anderen Schleifstoffes den Schleifvorgang so günstig, daß für eine bestimmte Schleifleistung keine größere Pulvermenge notwendig ist.

Für das Polieren mit diesem Pulver benutzt man noch eine Beimengung von 1 bis 10% der üblichen Poliermittel, wie Aluminium- oder Chromoxyd, und trägt dieses Pulver auf einer elastischen Unterlage, z. B. einem Holzstab, auf.

Verwendung:

Der Diamantstaub behält gegenüber anderen Schleif- und Poliermitteln seine Schneidkraft sehr lange und greift infolge der Härte der feinen Kristalle sehr stark an. Es genügen deshalb meist sehr geringe Mengen von Diamantstaub, um eine hohe Wirkung zu erzielen. Man beobachtet jedoch, daß Diamantstaub auf gehärtetem Stahl und sonstigen harten Werkstoffen nur eine matte Oberfläche erzeugt. Man benutzt deshalb Diamantstaub vielfach nur zum Vorläppen, da durch die Diamantkörner Kratzer entstehen. Auch läßt sich das Diamantpulver von den geläppten Flächen schwierig entfernen, da sich die Diamantkörner auch in die Oberfläche fest eindrücken. Man verwendet deshalb vielfach Mischungen von Diamantstaub und dem nächstharten Mittel (siehe oben). Neuerdings ist es jedoch gelungen, ganz feinkörnige Diamantpulver herzustellen, die diese Nachteile vermeiden, so daß die Meßflächen gehärteter Lehren und auch gehärtete Wellen unbedenklich mit Diamantpulver geläppt werden können.

Der Diamantstaub kommt entweder als feiner Staub in verschlossenen und plombierten Röhrchen in den Han-

---

[1]) Neuerdings wird auch Borkarbid verwendet (s. S. 26)

del oder in Tuben als fertige Diamantpaste, vermischt mit Öl oder anderen Mitteln, z. B. Plastelin.

Trennen harter Stoffe:

Das Sägen harter Stoffe mittels gezahnter Sägen hat sich nicht als zweckmäßig erwiesen. Mit einem Schleifmittel, insbesondere mit Diamantstaub, imprägnierte, dünne Metallscheiben, haben sich jedoch hierzu recht bewährt. Man hat hier also auch eine Art Schleifvorgang vor sich, bei dem in den zu trennenden Körper eine schmale Nut eingeschliffen wird.

Zum Trennen dienen dünne Metallscheiben, die aus Stahl, Phosphorbronze, Kupfer oder Weißblech je nach dem Verwendungszweck hergestellt werden. Die Blechdicken betragen 0,3 bis 1,5 mm. Je nach Art des Stoffes werden die Sägen mit kleinen Diamantkörnchen sichtbarer Größe oder mit feinstem Diamantstaub imprägniert. Die Sägeblätter laufen mit hoher Drehzahl, die Umfangsgeschwindigkeiten sind etwa 20—25 m/sek. Neuerdings werden auch Scheiben auf den Markt gebracht, die Diamantstaub in metallischer Bindung enthalten[1]), sie haben nur eine Dicke von 0,4 mm und arbeiten mit 6000 bis 8000 U/min. Die Werkstücke werden entweder durch Gewichtsbelastung gegen die Scheibe gedrückt (z. B. bei Sägen für Glas und Edelsteine) oder werden in kleine Schraubstöcke fest eingespannt. Derartige Sägen werden sowohl zum Trennen von gehärtetem Stahl, Hartmetallen, Diamanten, Edelsteinen, Glas usw. benutzt. (Vgl. S. 125.)

Schleifen harter Stoffe:

Zum Schleifen werden Scheiben aus porösen Sondergußeisen, Phosphorbronze, Kunstharz und vereinzelt auch aus Holz verwendet. Diese Scheiben werden zumeist an der Stirnseite entweder mit trockenem Diamantstaub oder mit sogen. Diamantschmirgel, d. i. bereits mit Öl angemachter Diamantstaub, versehen. Die Scheiben dienen lediglich als Träger des Schleifmittels, das in ihren Poren fest haften muß. Auch hier wird die Körnung und Zusammensetzung der Paste entsprechend dem zu bearbeitenden Werkstoff gewählt. Die Umfangsgeschwindig-

[1]) Vgl TZ f prakt. Metallbearbeitung, Heft 13/14 1934, S. 279.

keit einer solchen Scheibe beträgt etwa 1800 bis 2400 m/min., nach innen zu ist sie selbstverständlich kleiner. Neben den Schleifscheiben, die auf ihrer kreis runden Stirnfläche mit Diamantstaub versehen sind, werden auch für Sonderfälle Schleifscheiben am Rand imprägniert. Zum Schleifen und Polieren von Bohrungen benutzt man zylindrische Schleifdorne.

Zum Erweitern und Polieren von Ziehsteinlöchern dienen Stahlnadeln, auf die Diamantpaste aufgestrichen wird (vgl. Abschnitt „Diamantziehsteine" S. 169).

B o h r e n:

Zur Herstellung großer Löcher in harte Stoffe, wie Glas, gehärteten Stahl, zum Ausschneiden von runden Plättchen aus Edelsteinen, bedient man sich Kupfer- oder Stahlröhrchen entsprechenden Durchmessers, die am Rand mit Diamantstaub versehen sind.

Gußeiserne Läppscheiben für Hartmetalle:

Diese Scheiben sind aus den Schleif- und Polierscheiben für Diamanten entwickelt worden. Sie sind aus einem besonderen porigen Guß hergestellt. Es ist wichtig, daß die Gußporen, in denen der Diamantstaub Aufnahme finden soll, im richtigen Größenverhältnis zum verwendeten Diamantstaub stehen. Sind die Diamantteilchen zu groß, so haften sie nicht in den Poren; der Diamant geht verloren, ohne daß er Arbeit geleistet hat. Sind die Diamantkörnchen wieder im Verhältnis zu den Poren zu klein, so liegen sie zu tief und ihre Angriffsflächen können nicht arbeiten. Daraus ergibt sich, daß ein bestimmtes Verhältnis gewahrt sein muß. Andererseits werden hierdurch auch Mißerfolge klar.

Am üblichsten sind Scheibendurchmesser von 150 und 200 mm, bei einer Dicke von 10 mm. Dieses Maß genügt vollkommen, da die Gußkörper so gut wie keiner Abnutzung unterliegen. Für diese Scheiben haben sich Umfangsgeschwindigkeiten von 8 bis 10 m/sek. bewährt, hierbei erzeugen die Diamantkörnchen eine ausgezeichnete Oberfläche. Es ergeben sich je nach Durchmesser Drehzahlen der Scheibe zwischen 800 bis 1250 U/min. Zum

Läppen wird nur ein Bruchteil der Kraft gebraucht, die zum vorhergehenden Feinschleifen der Werkzeuge notwendig ist.

Das Neupräparieren der Läppscheiben:

Die Läppscheiben werden im allgemeinen unpräpariert geliefert, um Diamantverluste möglichst auszuscheiden. Es ist deshalb wichtig, daß der Benutzer weiß, wie die Scheiben neu präpariert werden und wie das Nachpräparieren erfolgt.

Der Diamantstaub wird in einem kleinen, muldenförmigen Gefäß mit einigen Tropfen reinstem Olivenöl und einigen Tropfen Petroleum vermischt. Ein dünner Brei ist herzustellen und das Ganze mit einem kleinen Holzstäbchen (etwa Streichholz ohne Kuppe) umzurühren. Hierauf trägt man 4 oder 8 winzige Häufchen dieser Mischung in gleichen Abständen auf die Läppscheibenoberfläche auf und verteilt die Diamantmasse mit dem Mittelfinger über die ganze zu präparierende Fläche. Das Einreiben hat bei stillstehender Scheibe unter kreisender Bewegung des Fingers zu erfolgen, so daß sich die Diamantmasse gut in die Poren der Gußscheibe festsetzt. Zum Neupräparieren einer normalen Läppscheibe genügt etwa $^1/_{10}$ Karat Diamantstaub, während zum Nachpräparieren wesentlich weniger erforderlich ist (s. unten).

Das Nachpräparieren:

Läßt die Schärfe der Läppscheibe nach, was meist nach dem Läppen von 30 bis 40 Hartmetallschneiden der Fall ist, dann wird ein Nachpräparieren auf folgende Weise vorgenommen. Man läßt die Scheibe eingespannt in der Maschine, taucht den Mittelfinger in einen kleinen Napf mit reinem Petroleum, betupft die Läppscheibe damit und fahre (bei stillstehender Scheibe) in leicht kreisenden Bewegungen über die Oberfläche der Scheibe[1]). Hierdurch erfolgt eine Reinigung und eine Umlagerung der Diamantkörnchen, so daß die Scheibe, wenn man noch eine kleine Menge Diamantmasse zugesetzt hat, wieder greift. Es wäre verkehrt, die ganze Scheibe in Petroleum zu legen oder mit einem Pinsel abzuwaschen, weil da-

[1]) Häufig wird auch ein Umlagern der Diamantkörner mittels Achatstein vorgenommen.

durch der gesamte restliche Diamantstaub herausgeschwemmt würde.

Diamantdurchsetzte Schleif- und Läppscheiben:

Diamant als härtester Schleifstoff hat schon häufig Schleifmaschinenhersteller angeregt, die Herstellung von Schleifscheiben mit Diamantstaub als Schleifmittel zu prüfen. Infolge des im Verhältnis zu den üblichen natürlichen und technischen Schleifstoffen hohen Preises hat man jedoch immer wieder von der Verwendung von Diamantstaub abgesehen.

Neuerdings kommen Läppscheiben für Hartmetalle auf den Markt; es sind dieses kleine Bakelitscheiben, die mit Diamantstaub durchsetzt sind oder auch Metallscheiben, die nach einem besonderen Verfahren mit Diamantstaub versehen sind[2]). Die Scheiben brauchen nicht wie Gußscheiben für das Läppen besonders präpariert zu werden, sondern sind gleich gebrauchsfertig. Die Umfangsgeschwindigkeit soll etwa 1500 m/min betragen. Es ist dann für die kleinen Scheiben von 75 mm Durchmesser eine Drehzahl von 6000 U/min erforderlich. Meist werden nur die Vorderseiten zum Läppen benutzt, diese sind mit einem leichten Edelöl zu bestreichen und das Werkzeug ist mit leichten Druck an der Scheibe vorbeizuführen.

Bei dem Verfahren von Urbanek wird auf elektrolytischem Wege Diamantkorn auf vorhandene Werkzeuge aufgetragen. Es entsteht so eine diamantdurchsetzte Metallschicht (z. B. aus Chromnickel), die sehr widerstandsfähig ist.

Die Bakelitläppscheiben[3]) kosten naturgemäß das Mehrfache der Gußscheiben, die auch besonders sparsam im Diamantverbrauch sind. Die Ansichten über die Bewährung der beiden Scheibenarten sind zurzeit noch verschieden und es müssen noch weitere Ergebnisse abgewartet werden.

---

[2]) Vgl. Dr.-Ing. Karl Becker: Die Bearbeitungsmöglichkeiten von Hartmetallen durch Diamantwerkzeuge. TZ f. prakt. Metallbearbeitung Nr. 13/14.

[3]) Neue Bakelitscheiben der amerikanischen Carborundum Co. arbeiten mit Wasserkühlung und werden ihrer Wirkung entsprechend besser als „Diamant-Schleifscheiben" angesprochen.

Das Läppen von Hartmetallschneiden mit diamantimprägnierten und diamantdurchsetzten Scheiben:

Für das einwandfreie Läppen der Hartmetallschneiden sind einige Regeln zu beachten. An das Werkzeug ist an der Schneide eine Fase von 0,2 bis 0,7 mm Breite anzuläppen (Abb. 5). Die anzuläppende Fase an der Spanfläche erhält zweckmäßig eine Neigung, die nach Versuchen von A. Fehse die Hälfte des Spanwinkels beträgt. In der Regel wird nur am Spanwinkel eine Fase angeläppt, aber auch am Freiwinkel ist das Anläppen

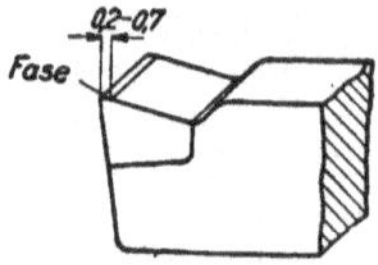

Abb. 5. Angeläppte Fase an Hartmetallschneiden (aus TZ f. prakt. Metallbearbeitung Nr. 11/12 [1934] S. 234).

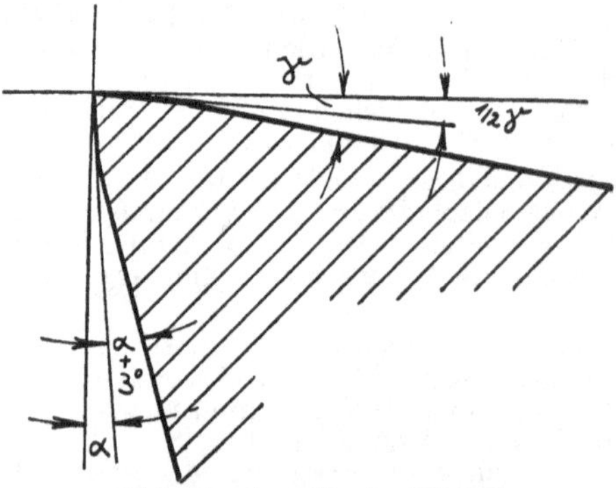

Abb. 6. Angeläppte Winkel.

einer Fase zweckmäßig (Abb. 6). Hier hält man jedoch beim Läppen den üblichen Freiwinkel von 4 bis 6° ein und schleift den Winkel um etwa 3° größer vor. Es ist nie freihändig zu schleifen und zu läppen. Für das zu läppende Werkzeug ist eine Auflage notwendig, die es gestattet, daß das Werkzeug während des Läppens leicht hin- und herbewegt wird.

Die Auflagevorrichtung verdient besondere Aufmerksamkeit. Eine große Anzahl von Werkzeugmaschinenfabriken haben sich bemüht, hier einwandfreie Einrichtungen zu schaffen. Es seien genannt: Abawerk, Aschaffenburg; Cordes & Sluiter, Bremen; Hillewerke, Dresden-Reick; Kärger A.-G., Berlin O 43; Loewe-Gesfürel-A.-G., Berlin NW 87; A. Meyer, Charlottenburg 4; Meier & Weichelt, Leipzig; Mayer & Schmidt, Offenbach; Friedrich Schmaltz, Offenbach; Vomag, Plauen i. Vogtl. (Hahn und Kolb). Daneben gibt es noch eine Reihe amerikanischer Ausführungen: erwähnt seien die Läppmaschinen von Ex-Cell-O, Heald und Sundstrand. Während bei allen anderen Maschinen die Querbewegung von Hand auszuführen ist, ist bei Vomag und Heald eine selbsttätige Querbewegung vorhanden. Bei sämtlichen Maschinen sind Einrichtungen vorgesehen, um eine Feststellung der Schneide nach allen drei Richtungen sicherzustellen. Die Maschine von A. Meyer besitzt noch eine Radius-Einstellvorrichtung, mittels der beliebige Halbmesser, z. B. an Gewindestählen, genau geläppt werden können, desgleichen wird eine Meßvorrichtung geliefert, die mittels einer Libelle eine genaue Einstellung der Winkel gestattet.

Die Ausführung der Einstellvorrichtung richtet sich ganz nach der Art des Betriebes. So kommen viele Betriebe mit ganz einfachen, behelfsmäßigen Einrichtungen aus. Kleine Bohrstähle mit Hartmetallschneiden werden, da sich die kleinen Einsätze schwer richtig führen lassen, in einem Halter aufgenommen, der entsprechend dem anzuläppenden Schnittwinkel geneigt ist.

Im Durchschnitt wird beim Läppen von der Werkzeugschneide etwa 0,0075 mm Werkstoff entfernt. Das Läppen eines Werkzeuges mit Diamantstaub dauert etwa ½ bis 2 Minuten, bei komplizierten Werkzeugen und genau einzuhaltenden Winkeln dürfte sich die Zeit etwas erhöhen.

Über die Lebensdauer von geläppten Schneiden gegenüber nichtgeläppten Schneiden wurden Vergleichsversuche ausgeführt (Zahlentafel 3). Sie zeigen, daß die geläppten Schneiden im Durchschnitt ein 30 bis 100% längere Standzeit gegenüber den nur geschliffenen Schneiden haben. In Fachkreisen wird vielfach die Meinung vertreten, daß das Läppen der Schneiden nur bei ausgesprochener Feinbearbeitung zweckmäßig sei, daß jedoch beim Vordrehen und Schruppen einfach geschliffene Werkzeuge genügen. Das ist aber nicht zutreffend, da die geläppte Schneide einen besseren Spanabfluß und einen höheren Abnutzungswiderstand besitzt.

Zahlentafel 3[1]). Leistungsergebnis von ungeläppten und geläppten Hartmetallschneiden.

Schneidenform	Werkstoff	Winkel in Grad					Schnittweg in km	Standzeit in Min.	Verlängerung der Standzeit (d. neue Schneidenform)
		α	β	γ	λ	Fase			
bisher	SM-Stahl 60 kg/mm² Festigkeit	5	68	17	5		6,62	40,2	100%
neue		5	68	17	5	8	11,3	80,5	
bisher	Phosphorbronze $HB_r = 85$	6	70	14	0		20,5	53	40 %
neue		6	70	14	0	7	33	74	
bisher	Grauguß $HB_r = 210$	4	78	8	4		1,12	14	32 %
neue		4	78	8	4	5	1,53	19,5	
bisher	Hartmetall 12% Mn	6	70	14	5		1,08	43	30 %
neue		6	70	14	5	7	1,29	56	
bisher	Chromnickelstahl	4	68	18	4		4,0	35,4	22,5%
neue		4	68	18	4	9	5,1	43,2	

[1]) nach C. Agte und A. Fehse in Werkzeugmaschine. Heft 11, 1931

Eine Diamantwerkzeugfabrik hat die für das Läppen einer Hartmetallschneide erforderlichen Diamantkosten auf rund 2 Pfennig unter Benutzung hochwertigen Diamantstaubes berechnet. Diese geringen Kosten lassen also das Läppen jeder Schneide in Anbetracht der erheblichen Verlängerung der Schneidhaltigkeit als zweckmäßig erscheinen.

Forschungen.

Kürzlich hat Ph. Kruel die Wirkungsweise und die Entstehung der Schleifwirkung von Diamantstaub im Verhältnis zu anderen Schleifmitteln untersucht[1]). Er faßt seine Versuchsergebnisse mit Diamantkörnern, die fest in Metallscheiben eingebettet wurden, wie folgt zusammen:

1. Die Leistung einer metallgebundenen Diamantschleifscheibe ist nicht gleichbleibend, sondern fällt nach einer Exponentialfunktion ab.
2. Trotz des zeitlichen Verfalls der Schleiffähigkeit bleibt ein großer Teil der Diamantmenge erhalten. Durch Umlagern der Kristalle werden neue und scharfe Schneidkanten wieder freigelegt, so daß die vorhandene Diamantmenge weiterhin verwendet werden kann. Der Gütegrad einer Scheibe, d. i. Verhältnis von Abschliffmenge zur Schleifmittelmenge, kann dadurch um mehr als das Doppelte gesteigert werden.
3. Die Leistungsfähigkeit einer Scheibe ist von der Härte und der Zähigkeit des Scheibenwerkstoffes abhängig. Am günstigsten verhalten sich Scheiben von großer Härte, die noch genügend zähe sind, um das Diamantkorn festhalten zu können. Scheiben aus hochwertigem Stahl[2]) ergeben daher die besten Leistungen.
4. Beim Einbetten der Splitter in den Metallträger durch Einhämmern oder Einwalzen darf nur ein möglichst geringer Druck ausgeübt werden, da die Leistung einer Scheibe um so geringer ist, je mehr sich der Druck erhöht.
5. Die Schleifleistung steigt mit der Korngröße quadratisch an.
6. Mit Diamantscheiben wird naß geschliffen. Leistungen und Oberflächengüte werden durch die Flüssigkeitsmenge in weiten Grenzen geändert. Die Ge-

---

[1]) Dr.-Ing. Ph. Kruel, Grundlegende Erkenntnisse über das Schleifen von Hartstoffen. Forschungsarbeiten aus dem Gebiete Schleifen und Polieren. Herausgegeben von Priv.-Doz. Dr.-Ing. A. Schröder, Fr. Vieweg und Sohn, Braunschweig 1935.

[2]) Vgl. Anmerkung zum Schluß.

setze über den Einfluß von Druck, Geschwindigkeit und Größe der Werkstückfläche ändern sich daher mit der Flüssigkeitsmenge. Die höchste Schleifleistung liegt weder beim Naßschliff noch beim Trockenschliff, sondern bei einer ganz geringen Benetzung der Scheibenfläche, einem Zustand, der als „halbtrocken“ zu bezeichnen ist.

7. Die Leistung einer Scheibe ändert sich mit der aufgetragenen Diamantmenge nach einem Potenzgesetz. Die günstigste Menge liegt bei 0,2 mg/cm². Scheiben mit größerem Diamantbelag verlieren ihre Schleiffähigkeit schneller als solche mit kleineren Diamantmengen.

Der Verfasser hat weiterhin festgestellt, daß bei besonderer Härte der zu schleifenden Körper, z. B. vom Diamanten selbst, ein Schleifen durch loses Korn günstiger ist, da hier die Möglichkeit besteht, daß durch Umwälzen der Körner (Walzschleifen!) stets neue Schneidkanten angreifen. So verwendet man zum Schleifen von Diamanten vorzugsweise ein poriges Sondergußeisen, in dessen Poren die Diamantkörner eingebettet sind. Da nach den Versuchen Diamanten, die in Metall gebunden sind, eine etwa sechsfache Leistung gegenüber Siliciumkarbidkörnern beim Schleifen von Hartmetall erzielten, ist nach dem Verfasser ein Arbeiten mit losen Diamantkörnern bei den heutigen Hartmetallen noch nicht erforderlich.

Schrifttum:

Agte/Fehse: Werkzeugmaschine 35 (1931), Heft 16/17, Seite 219.
A. Meyer: Werkstattstechnik 28 (1934), Heft 2, Seite 33.
K. Seidel: TZ für prakt. Metallbearbeitung 44 (1934), Heft 11/12, S. 234.
AWF-Druckschrift: Hartmetallwerkzeuge.

Anhang.

Geschichtliche Daten über den Diamanten in Technik und Wissenschaft.

2000 v. Chr. Die Ägypter verwenden zum Bau der Pyramiden und Tempel von Gizeh Steinsägen und Steinbohrer mit Edelsteinen, wahrscheinlich mit Diamanten, besetzt (Ausgrabungen von Flinders Petry in Gizeh).

etwa 30 v. Chr. Erste nachweisbare schriftliche Erwähnung des Diamanten durch Manilius (Zeitgenosse von Augustus; 63 vor bis 14 n. Chr.). „Der Diamant ist härter als Stein und kostbarer als Gold."

16—13 v. Chr. Vitruv beschreibt die Anwendung von Diamantwerkzeugen zum Gravieren.

70 n. Chr. Plinius wußte, daß Diamantsplitter in Eisen gefaßt wurden, um jeden harten Stein mit Leichtigkeit zu höhlen (Herstellung von Intaglien und Kameen) (Hist, nat. Buch 37, Kap. 15).

um 1200 Der Araber Al Quazwini beschreibt in seiner Kosmographie, daß die Werkleute Stücke des Diamanten am Rande von Bohrern befestigen und damit hartes Gestein bohren. Mit einem auf geeignete Weise gefaßten Diamant dringt ferner der Arzt in die Harnröhre ein, um steinige Konkretionen zu zertrümmern.

um 1400 Erste Diamantschleifer in Paris.

1476 Ludwig von Berquem in Brügge erster Meister der Diamantschleifkunst.

1495 Leonardo da Vinci erwähnt gelegentlich, daß man Diamanten zum Glasschneiden verwendet. Er skizziert 1495 einen Bohrapparat, den sogen. „Tanzmeister" zum Glasbohren (Manuskr. I. B. 23 v)[1]).

um 1530 Glasschneiden mittels Diamanten allgemein eingeführt. Johann Mathesius, Freund Luthers, fertigt diamantgeritzte Gläser an.

um 1650 Mazarin führt den heute noch üblichen Brillantschliff ein.

1675 Newton vermutete im Diamanten wegen seines hohen Lichtbrechungsvermögens einen brennbaren Körper.

1694 Cosmus III. läßt einen Diamanten im Brennpunkt eines Brennspiegels verbrennen.

1704 De Beaufré läßt sich ein Patent auf Uhrlagerungen in Edelsteinen erteilen.

1751 Franz I. läßt einen Diamanten im Brennpunkt eines großen Spiegels teilweise verbrennen. Stein ist innerlich und äußerlich geschwärzt.

um 1768 Lessing klärt in seinen Schriften auf, daß Vitruv nicht von Diamantstaub, sondern Diamantsplittern geschrieben hat.

1774 Erste Härteskala von A. G. Werner, oberste Stufe: diamanthart.

um 1799 Guyton sprach mit Bestimmtheit aus, daß der Diamant reiner Kohlenstoff ist. Vorher stattgefundene Versuche von Lavoisier und Tennant, spätere Versuche von Mackenzie, Allen, Papys und Humphry Davis bestätigten, daß beim Verbrennen des Diamanten kein anderes Erzeugnis als reines kohlensaures Gas entsteht.

1813 Pausner benutzt Diamantspitzen zur Ritzhärtebestimmung von Mineralien.

um 1820 Mohssche Härteskala; Diamant als härtester Stoff = Härtegrad 10.

---

[1]) Nach Feldhaus. Technik 1914 S. 458.

1825 Pritchard stellt auf Veranlassung von Dr. Göring optische Linsen aus Diamanten her.

1830 Dondorf benutzt umlaufende Diamantstifte an seinen Guillochiermaschinen.

1833 Seebeck beschreibt das erste Sklerometer, d. h. eine Einrichtung zur objektiven Bestimmung der Ritzhärte.

1847 Ernst Winter führt diamantbesetzte Lithographenstifte ein.

um 1864 Leshot erfindet die diamantbesetzten Tiefbohrkronen. Sie finden erstmalig beim Bau des Simplontunnels Anwendung.

1891 Auerbach stellt die absolute Eindringhärte von Stoffen auf Grund der Hertzschen Theorie fest, hiernach verhält sich Diamant zu Korund = 2,17 : 1.

um 1892 Rosiwal stellt hinsichtlich des Abnutzungswiderstandes der Mineralien fest: Diamant : Korund 140 : 1.

1893 Es gelingt Moissan durch Erhitzen stark gepreßter Zuckerkohle im elektrischen Lichtbogen kleine Mengen diamantähnlicher Kohle von großer Dichte und Härte zu gewinnen.

1907 Shore-Rückprall-Härteprüfapparat mit Diamantspitze.

1908 Tiefstes Bohrloch zu Paruschowitz bei Rybnik in Oberschlesien mit Diamantbohrkronen erbohrt. Tiefe 2003,34 m.

1923 Adams-Williamson stellen fest, daß der Diamant die kleinste Kompressibilität sämtlicher Stoffe hat.

Verzeichnis der Tafeln und Zahlentafeln

Verzeichnis der Abbildungen

Seite

1. Gewinnung des Diamanten.

3. Diamanten und andere Edelsteine als Werkstück.

6. Der Diamant als Schneidstoff für Metalle.

7. Glasbearbeitung mittels Diamanten.

8. Natur- und Kunststeinbearbeitung mittels Diamanten.

9. Tiefbohren mit Diamantbohrkronen.

10. Gravieren mittels Diamanten.

11. Das Ziehen feiner Drähte mittels Diamantziehsteinen.

12. Diamantstaub und seine Verwertung.

Druck: Paß & Garleb A.-G., Berlin W 57.

Für die Anzeigen verantwortlich: Kurt Kaufmann, Bln.-Grunewald.
M.A. 2000. W.Gen. d. 1877.

Druckfehler-Berichtigung

S. 26. Die 7. Zeile muß lauten:
-härte (Auerbach), der Bearbeitbarkeit (Jaggar) und des
19. Zeile: statt Durckfestigkeit Druckfestigkeit.

S. 47. 6. Zeile von unten: an Stelle Diamantlänge Diagrammlänge.

S. 48. 5. Zeile von unten: An Stelle Mikroskopobjektive Mikroskopobjektiv.

S. 64. 4. Zeile: An Stelle Benutzen Benutzer.

S. 86. 1. Zeile: „in" muß fortfallen.

S. 89. Die Druckstöcke Abb. 3 und 4 sind vertauscht.

S. 109. Der Fußnotenhinweis bei „Zusammenfassung" lautet [4]).

S. 110. 1. Zeile unter Schrifttum: statt Werkstattstehcnik Werkstattstechnik.

S. 131. Letzte Zeile: An Stelle Ausspannen Aufspannen.

S. 135. 1. Zeile: statt einen einem.

S. 172. 17. Zeile: statt eine einen.

S. 177. 5. Zeile von oben: statt wirtschaftliche wirtschaftlichen.
6. Zeile von unten: Abb. 2a.
5. Zeile von unten: Abb. 2b.

S. 181. 1. Zeile: Das Komma hinter „veranschaulichen" muß fortfallen.

S. 185. 3. Zeile von unten: statt ein einen.

S. 187. Vorletzte Zeile in Absatz „Vorbehandlung": statt Hartmetallziehsteinen Hartmetallziehsteine.

S. 202. 2. Zeile: statt ein eine.

S. 209. 5. Zeile: statt 115 116.

S. 213. 3. Zeile von unten: statt Walzer Walzen.

FSC
www.fsc.org
MIX
Papier | Fördert
gute Waldnutzung
FSC® C083411

Kolibri 360 GmbH
Ferdinand-Jühlke-Straße 7
99095 Erfurt, Deutschland
produktsicherheit@kolibri360.de